PURCHASING MANAGEMENT | 구매관리

박경종 윤재홍 한동철 공저

이프레스

머리말

1900년대 초반 산업혁명의 등장으로 시작된 과학적 관리기법이 생산의 기본개념을 만들었으며, 1900년대 중반의 고객지향 기법이 마케팅의 기본개념을 만들었다. 그 후 1900년대 후반의 전사적자원관리, 공급사슬관리, 인터넷전자조달, 제3자 물류관리의 개념들이 새로 개발되고 발전하면서 구매관리는 새로운 도약을 하게 되었다.

전 세계적으로 기업체가 수익을 얻는 유일한 방법은 신제품이나 새로운 서비스를 개발해서 고객에게 판매하는 것이다. 이때 최종판매가격에 대비해서 가장 비용이 많이 드는 부분이 바로 부품, 자재, 원재료, 가공품, 반제품들의 구매이다. 그에 따라 구매를 잘 하면 기업체가 가장 많은 이익을 낼 수 있다는 관점에서 글로벌 선두기업들이 2000년대에 들어 구매관리를 최고경영의 핵심으로 보고 구매관리에 집중하고 있다.

과거에는 구매가 생산의 전단계로서 구매와 생산만이 직결된다고 생각했었는데, 전사적자원관리, 공급사슬관리와 고객관계관리의 개념들이 모두 연결되면서 현재는 구매를 생산과 마케팅에 모두 직결된다고 생각하게 되었다. 이것이 현대 구매관리의 주요한 포인트이다.

저자들은 경영학의 양대 기둥인 생산과 마케팅을 전공하였으며 개념적인 부분이 강한 경영학과 기술적이고 수리적인 부분이 강한 산업공학을 전공하여 구매관리의 핵심 포인트인 생산과 마케팅 그리고 개념과 기술적인 부분을 전부 포괄하는 지식적 배경을 갖추었다.

이 책의 장점은 현대 구매관리의 거의 모든 개념과 이론들을 포함하고, 동시에 다른 책에서는 찾아보기 힘든 다양한 관점을 구매관리의 체계 속에서 일관성 있게 서술하고 있다는 점이다.

그동안 대학 강단과 기업체에서 이루어졌던 강의와 자문들을 기반으로 현대적이고 체계적인 새로운 구매관리의 책을 집필할 수 있게 된 것을 기쁘게 생각한다. 이 책을 읽으면서 독자 여러분이 구매관리에 대한 모든 것을 배울 수 있기를 희망한다.

2013년 겨울

박경종, 윤재홍, 한동철

차 례

1

Chapter

구매관리의 기본개념

도입사례 — 식품업계 원재료 구매↓… "가격인상 요인 없다"

매출상위 20곳 모두 흑자 … 매출 20.3% 성장

지난해 식품업계의 매출 대비 원재료 가격 비중이 오히려 낮아진 것으로 나타났다. 이에 따라 원재료 가격 상승으로 제품가격 인상이 불가피했다는 업계 주장이 불합리하다는 지적을 받고 있다.

2일 금융감독원의 전자공시시스템에 따르면 지난해 매출액 상위 식품업체 20곳(빙그레 제외)의 매출액 대비 원재료 구입 비중은 45.2%로 전년도의 46.9%에 비해 1.7% 포인트 하락했다. 빙그레를 포함한 20개 업체의 지난해 매출은 35조6,613억6,500만 원으로, 전년의 29조6,310억1,500만 원에 비해 20.3%나 성장했다. 이들 업체의 작년 영업이익은 2조1,705억8,800만 원으로 2011년의 1조8,862억1,500만 원으로 15.1% 증가했다. 영업적자를 본 업체는 단 1곳도 없었다. 매출액 1위인 CJ제일제당은 영업이익이 전년보다 33.8% 증가한 6,155억2,900만 원을 기록했다.

매출대비 원재료 구매 비중은 60.8%에서 55.2%로 낮아졌다. 작년 21.6%의 영업이익 증가율을 기록한 대상의 매출대비 원재료 구매 비율도 52.0%에서 50.9%로 떨어졌다. 농심(−1.4%포인트), 하이트진로(−6.2%포인트), 롯데제과(−7.6%포인트), 오뚜기(−2.2%포인트), 동원F&B(−0.1%포인트), 동서식품(−4.9%포인트), 크라운제과(−3.3%포인트), 대한제분(−10.6%포인트), 동아원(−1.4%포인트), 삼양식품(−0.4%포인트)의 원재료 구매 비중도 낮아졌다. 반면에 지난해 2,637억3,200만 원의 영업이익을 기록한 오리온의 매출대비 원재료 구입비용 비율은 11.6%에서 18.0%로 높아졌고, 롯데칠성음료의 매출대비 원재료 구입 비중도 50.1%에서 50.5%로 소폭 상승했다. 삼립식품(0.6%포인트), 풀무원식품(1.3%포인트), 사조해표(1.4%포인트)의 매출액 대비 원재료 구매 비율도 전년보다 높아졌다. 식품업체들은 올해 초 밀가루・콩・우유・커피 등의 국제 원자재 가격이 올랐다는 이유를 들어 제품가격을 경쟁적으로 올린 바 있다.

오리온은 과자류 다이제 1종을 20%, CJ제일제당・대한제분・동아원 등은 밀가루 가격을 7~9% 인상했다. 대상은 장류・조미료를 6~8.9% 올렸고, 국순당은 백세주를 6~7% 인상했다. CJ제일제당은 작년 33.8%라는 엄청난 영업이익 증가율을 기록했지만 지난 1월 국제 원자재값 인상을 이유로 밀가루값을 8.8%, 장류 가격을 7.1% 각각 인상했다. 재벌・CEO(최고경영자)・기업경영평가사이트인 CEO스코어 박주근 대표는 "식품업체 매출액 상위 20곳이 지난해 모두 영업이익을 낸 데다, 평균 원재료 구매 비중이 낮아졌는데도 제품 가격을 잇따라 인상한 것은 설득력이 없다."고 지적했다.

출처: 연합뉴스(2013년 5월 2일).

01 구매관리의 정의

구매(purchasing 혹은 procurement)란 기업체가 생산해서 판매하려하는 신제품을 위한 자재, 부품, 원재료, 가공품, 반제품들을 외부에서 구입하는 활동을 말한다. 구매를 잘하면 절반은 이익을 남긴 것과 같다는 말이 있는데 이것은 구매가 경영과 산업현장에서 아주 중요하다는 것을 지적하고 있는 것이다.

구매관리란 구매를 예측하고 공급자를 선정하고 그리고 조달을 받은 후에 생산과 판매시스템과 연결하는 것과 관련된 구매의 종합적인 계획과 실행을 지칭하는 개념이다. 구매관리는 현대경영학의 핵심개념으로 등장하고 있다.

특히 전사적자원관리의 확대형인 공급사슬관리가 생산과 마케팅을 연결하는 기업중심시스템으로 도약하면서 자재의 구매와 이를 활용한 생산과 생산된 제품을 최종소비자에게 판매하는 것이 하나의 일련의 시스템으로 발전하게 되었다. 여기에다가 인터넷의 발전으로 인터넷 전자상거래를 활용한 e-Marketplace와 제3자 물류는 구매과정을 신속하고 최저원가로 수행하고 그리고 거의 실시간 배송이 가능한 상황으로 만들면서 필요할 때마다 공급이 가능한 전반적인 적시생산시스템도 가능해지고 있다.

본서는 구매를 생산과 마케팅, 개념과 수리, 오프라인과 온라인의 다양한 관점에서 취급하고 있다. 본서에 나오는 주요한 개념들을 차례대로 설명하면 다음과 같다.

02 이 책에 나오는 주요한 개념들과 이론들

1) 구매수요예측

구매수요예측은 실제로 생산할 제품들의 수요가 얼마나 되는지를 예측하면서 이에 따른 구매량을 예측하는 것이다. 수요예측이 비교적 정확하게 되면 어느 정도 필요한 만큼의 양을 구매하겠지만 예측이 크게 어긋나면 필요한 양을 확보하지도 못하거나 혹은 필요하지도 않은 양을 확보할 수 있다.

구매수요 예측기법들에는 정성적인 기법들과 정량적인 기법들이 있다. 정성적인 기법들에는 마케팅조사법, 정보판단법, 판매원이용법, 패널조사법, 역사적유추법, 관리자판단법, 델파이기법 등이 있다. 정량적인 기법들에는 시계열예측기법, 인과예측기법, 시뮬레이션기법 등이 있다.

2) 전사적자원관리

전사적자원관리(enterprise resource planning: ERP)는 기업 내의 생산, 물류, 재무, 회계, 영업, 구매, 재고 등의 기간업무 프로세스들을 통합적으로 연계하고, 주위에서 발생하는 정보들을 서로 공유해서 새로운 정보의 생성 및 빠른 의사결정을 도와주는 기업 통합 정보시스템이라고 정의할 수 있다. 각 조직, 업무, 지역적 관계를 포함한 ERP 시스템은 [그림 1-1]과 같이 설명할 수 있다.

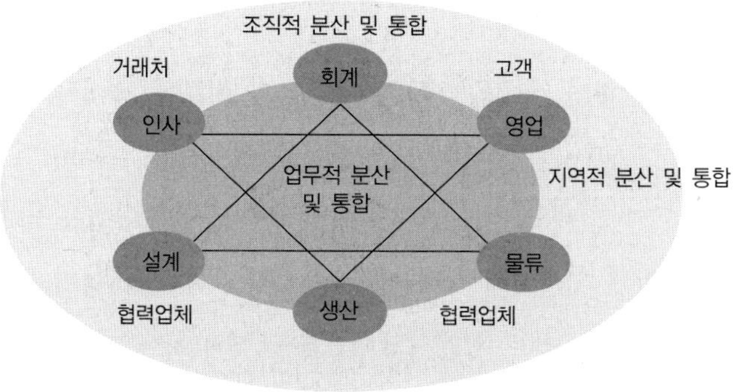

▌그림 1-1▐ ERP 정의

3) 구매원가

새로운 제품의 마케팅 수행에서 최종 소비자가격은 원가가산(Cost-Plus)의 방식으로 결정되는 것이 대부분이다. 원가에 판매자가 획득하고 싶은 일정의 마진을 붙여서 최종 가격을 결정하는 것이다. 따라서 원가를 어떻게 결정하는가는 아주 중요한 문제가 된다. 보통 최종 제품을 판매하고 나서 판매가격에서 원가를 제하면 수익이 생긴다. 그런데 판매가격에서 원가를 제한 수익은 보통 매출액 대비해서 적으면 1%에서 많으면 30% 정도로 차이가 난다고 한다. 도매물류업의 경우에는 1% 정도이고, 수입제품이나 고급제품의 경우에는 최종 마진이 30% 정도가 된다. 그런데 원가를 차지하는 비용 중 대부분의 비용이 구매 관련 원가 비용이다. 구매할 때 자재, 부품, 원재료를 저렴하게 구입하면 원가가 다운되고 그 결과 최종 마진이 많이 남게 된다.

4) 공급자 선정

새로운 자재의 공급을 위해 공급경로의 정보를 구매처 및 외주처와의 일상 구매·외주의 교섭을 통하여 자연스럽게 흡수하던 시대는 이미 과거가 되어버렸다. 최근에는 적극적인 정보수집을 하지 않으면 타 기업에 뒤처지게 된다는 것을 인식하여야 할 것이다. 일반적으로 정보수집처는 ① 업계의 산업 제 단체의 조사, ② 업계의 신문, ③ 각 기업이 발행하는 카탈로그 등이다. 나아가 세계 선진국 업계로부터 국제시장정보를 수집함으로써 기업의 발전과 함께 공급처의 선정에 큰 도움이 된다. 또한 기업이 필요로 하는 자재의 취급업자는 위의 조사에 따라 공급자재의 ④ 성능, ⑤ 기술능력의 일반적 평가에 따라 자사와의 지리적 관계, 공급경로 등을 통해 가능한 회사들을 알아야 한다. 더구나 자재의 취급업자는 기업의 경영 내용을 조사하여 우량기업을 선정한다. 업자의 경영 자료는 그 업자가 직접 거래하고 있는 기관에서 평가하는 것이 바람직하다.

5) 거래선과의 계약방법

구매계약은 원칙적으로 공급자 명단으로부터 선택한 업자의 구입자재의 품질·납기·수량 및 가격에 대한 교섭에 따라 계약이 이루어지는 것이지만, 거래처의 선정은 거래의 공정이라고 하는 관점에 따라 구매담당자의 개인적 판단으로는 바람직하지 않다. 공정한 선택을 위한 여러 방법들이 있다. 국가에서 실시하는 사업에 따른 구매·공사의 발주 등에서는 미리 발주할 것을 공시하고 납입가격 등의 견적서를 제출하도록 하여 예정된 가격에 가장 적합한 견적을 제시한 업자를 계약자로 결정하는 방법으로 그 내용은 다음과 같다.

- **공개입찰제**: 기술적으로도 불특정 업자를 대상으로 하는 것이 적절하지 않는 경우에 미리 공급업자를 조사한 다음 지정업자를 선정하여 이들을 대상으로 하는 입찰제이다.
- **지정입찰제**: 입찰제도는 입찰자를 한정하지 않는 것이 원칙이지만 지정업자 가운데 여러 군데를 선정하여 견적조회를 실시하는 상호교섭을 하여 계약자를 선정하는 방법이다.
- **견적조회제도**: 일반기업에서는 공급처 명단에 있는 업자에 견적조회를 실시한 방법을 들 수 있으나, 명단의 업자 중에서 거래를 실시하기 위해 먼저 한 거래처를 선정·지정하여 교섭하는 방법이다.
- **수의계약**: 특정자재인 경우 그 업자밖에 취급하지 않는 경우 등에는 특별히 특별계약을 하는 것도 예외로 인정된다.

6) 구매효과측정

구매의 효과를 측정하는 객관적 척도는 다음과 같다.

- 절감액
- 적기조달 여부
- 구매물품의 품질
- 발주물품의 가치
- 구매비용
- 주문취소로 지불되는 부과금

7) 구매 관련 마케팅조사

기업에서는 생산에 필요한 목적물을 구입하는 데 품질, 가격, 납기, 서비스 수준에 대한 고려를 하여 필요로 하는 자료의 수집과 분석 · 검토에 심혈을 기울여야 한다. 위와 같은 방법으로 언제나 현재보다 나은 구매방법을 연구 · 검토하여야 할 뿐 아니라 기업의 구매방침에 의하여 원가절감 및 이윤증대에 기여하는 과학적인 방법으로 적용되어야 한다. 구매부문에서는 구입하려는 대상물에 대한 구매예정가를 정하고, 합리적인 구매계획을 수립함으로써 구매업무의 목표를 달성하고 기업의 이익목표를 달성하는 데 목적이 있다.

기업은 원가를 절감하면서 품질이 좋고, 가격인하로 고객의 만족도를 충족시킬 경우 시장점유율은 높아지게 된다. 이렇게 원가를 인하하면서 경쟁력이 강한 기업이 되려면 ① 품질의 규격, ② 구매시기나 조달기간, ③ 구매선, ④ 구매방법, ⑤ 구매량, ⑥ 시장의 동향(국제원자재가, 원유가, 환율의 동향), ⑦ 유통경로, ⑧ 지불조건 등 원가의 요인을 고려해야 한다.

8) 구매관리기법

자재담당자가 구매의사를 결정하고자 하는 과정에서 공급과 수요의 경제성을 평가할 때에는 자재를 외부에서 구매할 것인가 아니면 자사에서 제조 · 생산할 것인가를 결정하고 조달할 양을 결정하는 것이 일반적이다. 따라서 본서에서는 전자에 해당되는 구매분석기법과 후자의 구매량 한계분석기법을 설명한다.

9) 경제적 주문량모형

독립수요품목의 주문이 상당히 완만하더라도 최선의 주문량을 결정하기란 쉽지 않다. 예를 들면, 5개월마다 재고를 보충하려는 정책은 발주비는 적을지라도 재고유지비는 상승한다. 합리적인 주문량을 결정하기 위한 것이 경제적 주문량(EOQ)이며, 연간 재고유지비와 연간 발주비의 합을 최소로 하는 주문량의 크기를 결정하는 것이 경제적 주문량모형(economic order quantity model)이다.

10) 적시생산구매

적시생산구매(JIT purchasing)는 부품을 필요로 하는 장소에서 공급업체로부터 적시에 적량의 올바른 부품을 수령하는 기법이다. 이 개념은 전반적인 거래비용을 감축하기 위해 공동으로 노력하는 구매자와 공급자 간의 장기적인 유대관계를 의미한다. JIT 구매환경에서 공급업체는 제조기업의 생산체계를 연장한 하나의 작업센터로서 운영되게 된다. 구매업체는 납품 로트 크기를 줄이고, 가격에만 의존해서 구매자와 공급자 간에 협상하려는 노력을 최소화한다.

11) 공급사슬관리의 구매구조

구매구조는 전체 생산비의 대략 40~60% 정도에 해당하는 구매원가를 최소화하는 것이 목표이다. 구매원가를 줄이지 않으면 전자상거래 전체의 경쟁력이 매우 떨어지게 된다. 구매하려는 자재는 크게 두 가지가 있다. 하나는 소모품성의 자재이고, 다른 하나는 핵심자재이다. 소모성자재(MRO) 구매는 전체 구매의 30~50% 정도를 차지한다. 각종 비품과 사무용품이 소모성자재이다. 이것은 전자상거래로 통합해서 구매하는 프로세스를 만들어야 한다. 소모성자재는 보통 직접구매를 한다.

그리고 핵심자재는 공급업자를 제대로 선택해서 구매해야 한다.

핵심자재는 공급자를 어떻게 선정하느냐에 따라서 구매원가가 올라갈 수도 있고, 떨어질 수도 있다. 공급자가 취급하는 자재의 유형과 가격을 보고서 공급자를 전략적으로 선택해야 한다. 필요하다면 핵심자재는 아웃소싱을 통해서 구매할 수도 있다.

구매비용을 낮추기 위해서 전자조달(e-Procurement)을 적극 활용해야 한다. 전자상거래 시스템을 구축하게 되면, 구매할 때도 전자상거래를 활용할 수가 있는데 이것이 전자조달이다. 자재 공급자와 구매자가 EDI를 통해서 서로 저비용으로 지속적인 구매 프로세스를 유지해야 한다. 핵심자재의 원가절감을 위해서는 경쟁입찰제도를 도입해서 활용할 수도 있다.

본서는 앞에서 열거한 중요한 11개의 개념들을 체계적으로 연결해서 총 16개장으로 구성이 되어 있다. 기본개념을 소개한 1장을 제외한 15개장은 전부 앞의 중요한 11개의 기법들을 포함하고 있다. 전체적인 흐름을 염두에 두고서 각각의 장을 읽고 이해하는 것이 바람직하다.

마무리사례

구매확인서 전자화 무역활성화에 기여

한국무역협회는 구매확인서 전자화가 무역업계의 비용 절감과 전자무역 활성화에 크게 기여하고 있다고 22일 밝혔다. 구매확인서는 2011년 7월 온라인 발급이 처음 실시됐다. 그 이후 구매확인서 발급 서비스는 2012년 6월 발급이력 관리, 과세 신고자료 조회, 통계정보 제공 등의 기능이 추가된 '구매확인 통합정보서비스'로 확대 개편돼 시행되고 있다. 이에 따라 무역업체는 은행 방문 없이도 인터넷으로 국가전자무역망 유트레이드허브(www.utradehub.or.kr)에 접속해 구매확인서 신청이 가능하다. 공급업체는 구매업체가 통지해주지 않더라도 유트레이드허브에서 발급된 구매확인서를 실시간으로 조회할 수 있다.

화학물질 공급업체의 한 관계자는 "예전에는 구매확인서 발급 여부를 전화로 일일이 확인하고 등기나 인편으로 받아야 하는 번거로움이 있었다."며 "하지만 구매확인 통합정보 서비스가 시행되면서 실시간으로 구매확인서 발급여부를 확인할 수 있고 회사 시스템에 이를 내려받아 활용할 수 있어 매우 편리하다."고 전했다. 은행을 방문하지 않고 인터넷으로 처리하면서 시간·비용 등에서 적지 않은 효과가 나타나고 있는 것이다. 손태규 무협 e-Biz지원본부장은 "구매확인서 전자화는 전자무역 참여기업 증가와 함께 비용 절감이라는 시너지 효과를 창출하고 있다."면서 "무역업계의 연간 비용 절감액은 375억 원에 달하는 것으로 추정되고 있다."고 밝혔다.

출처: 서울경제(2013년 7월 22일).

2

Chapter

구매수요예측의 정의 및 정성적 예측기법

도입사례 — “세븐일레븐, 물류에 IT 접목 … 아마존 상품 배달 사업 성공”

하우 리 스탠퍼드대 교수 “협력사와 공조 생태계 중요”

“아마존과 손잡은 세븐일레븐을 비롯해 정보기술(IT) 기업들이 잇따라 물류시장에 진입하고 있습니다. 기업들은 이런 변화에 발 빠르게 적응해야 합니다.” 공급망관리(SCM) 분야의 세계적 권위자인 하우 리 스탠퍼드대 경영대학원 교수는 지난달 30일 서울 역삼동 삼성SDS 본사에서 기자와 만나 “전통적인 물류 기업들은 IT를 접목한 새로운 환경을 받아들여야 한다.”며 이같이 말했다. SCM은 제품의 개발·재료 구매·제조·물류를 비롯한 공급사슬 전체를 관리해 경쟁력을 높이는 경영혁신 기법이다.

리 교수는 삼성SDS가 개최한 ‘삼성 SCM 리더스 포럼’에 초청 강연을 하기 위해 한국에 왔다. 삼성SDS는 글로벌 물류 플랫폼인 ‘첼로’를 구축 중에 있고, 최근 포스코 신규 물류 시스템에 자사 솔루션을 도입하는 등 물류IT 사업을 확대하고 있다. 리 교수는 “전통적 편의점 회사인 세븐일레븐은 인터넷 쇼핑업체 아마존의 IT 기반 물류사업을 받아들여 편의점에서 아마존의 배달 상품을 대신 받아주는 사업을 시작해 성공을 거뒀다.”며 “여러 협력업체들과 파트너십을 맺고 공조하는 생태계가 중요해지고 있다.”고 강조했다.

그는 “SCM을 효율적으로 관리하기 위해 ‘투명성’을 확보하는 것이 중요하다.”며 “현지 협력업체나 비정부단체(NGO), 심지어 경쟁사와도 공조해 투명성을 높일 정보의 ‘조합’을 만들 필요가 있다.”고 말했다. IBM과 애플 등 글로벌 기업의 자문을 맡아온 그는 삼성전자와 애플의 서로 다른 SCM 전략에 대해서도 언급했다. 리 교수는 “애플은 수요를 정확하게 예측해 한번 SCM 전략을 세우면 수정하지 않는 방식으로 운영해왔다.”며 “하지만 최근 SCM 체계를 유연한 방식으로 바꾸고 있다.”고 말했다. 그는 “애플이 최근 전원 장치와 이어폰 등 액세서리 분야부터 SCM 전략을 수정해 공장 단위로 정보를 얻고 있다.”며 “애플이 혁신의 불확실성으로 전략을 수정하고 있는 것”이라고 설명했다.

출처: 한국경제(2012년 12월 2일).

01

구매수요예측의 정의

예측은 발생한 과거와 진행형인 현재를 통해 발생하지 않은 미래를 예상하는 것으로 정의할 수 있다. 수요예측은 수요 분석을 주된 기반으로 하여 시장조사 등의 각종 예측조사 결과를 종합하여 미래의 수요를 예측하는 일로 정의할 수 있다.

일반적으로 기업은 수요예측이 예측 오류를 포함하고 있다는 것을 알지만 수요예측을 할 수밖에 없다. 즉, 기업이 처한 시장의 상황이 급속하게 변하기 때문에 기업 입장에서는 대응하기가 쉽지 않다. 고객의 성향과 기호가 빠르게 변하기 때문에 시장에서의 수요 패턴도 빠르게 변화되고 출시되는 제품의 수명 주기(life cycle)도 갈수록 짧아진다. 제품의 공급자 사이에서의 경쟁도 갈수록 심화되고 고객의 의견이 매우 중요시되기 때문에 기업 입장에서는 주도적으로 시장을 이끌고 갈 수 없게 된다. 그러므로 기업의 입장에서는 변화되는 시장의 미래를 미리 예측하고 대응해야 하기 때문에 시장의 수요를 예측하는 것이 필수적이다. 그러나 시장에 대한 부정확한 수요예측은 기업의 입장에서는 재고 비용이 증가하거나 반대로 품절 비용이 증가하게 되는 문제가 발생한다. 결국, 기업은 시장 상황에 대응하기 위해 수요예측기법을 사용하여 정확한 수요예측을 수행해야 하다.

강종열 등(2012: 78-79)은 좋은 예측이 되기 위한 요소와 예측의 절차를 다음의 〈표 2-1〉과 〈표 2-2〉에서 설명하였다.

마무리사례

삼성, 전 세계 주문 즉각 대응 … '혁신 SCM'으로 소니, 애플 넘다

경영코치_삼성 스마트폰이 애플을 제친 비결은
기술 상향 평준화 시대 … 변화 적응하고 비용 줄이려면 공급사슬관리 필수

2009년 삼성전자는 위기였다. 몰아치는 애플발 스마트폰 광풍에 한 치 앞을 내다보기 어려웠다. 핵심인 모바일 사업에 대한 우려가 곳곳에서 터져 나왔다. 삼성은 구글과 손잡고 안드로이드폰 개발에 사활을 걸었다. 뛰어난 연구개발(R&D) 능력 및 제조기술, 마케팅 파워 등을 빠른 속도로 결합하며 승부수를 띄웠다.

결국 삼성 스마트폰은 지난해 애플을 제치고 세계 1위에 올라섰다. R&D 능력과 제조기술, 마케팅 파워에 플러스알파가 작용한 결과다. 그 알파는 공급사슬관리(supply chain management: SCM)가 꼽힌다. 제품력이 갖춰지자 SCM의 힘이 시너지 효과를 냈다는 것이다. 영국 파이낸셜타임스는 지난해 삼성전자의 성공은 수요에 대한 반응, 즉 속도와 민첩성에 있다고 보도했다.

기술이 상향 평준화되면서 SCM 범위는 더 커지고, 영향력은 더 강해지고 있다. 변화에 빠르게 적응하고 고객과의 거리를 신속히 좁히며 재고를 없애 비용을 줄이는 모든 과정이 SCM과 연결되기 때문이다. 삼성이 TV에서 소니를 제칠 때도 기술력과 품질, 디자인 경쟁력을 높이면서 혁신적인 SCM을 도입한 게 주효했다. 당시 삼성전자 부사장으로 TV사업을 이끌던 최지성 삼성 미래전략실장(부회장)이 도입을 주도했다. 팀 쿡 애플 최고경영자도 SCM 전문가다. 그가 2007년 애플에 합류한 이후 가장 먼저 한 게 공급사슬 단순화였다.

◇ 시사포인트 1 도요타의 교훈 … 최적 SCM이라도 빈틈을 살펴라

성공하는 기업들엔 탁월한 SCM이 있다. 특히 대규모 설비투자가 필요한 제품을 원하는 시기에 원하는 만큼 균일하게 공급하는 역량은 경쟁력에 필수 요소다. 삼성전자와 애플은 공히 비용 관점에서만 바라보던 SCM을 가치창출의 새로운 수단으로 전환해 경쟁사들을 압도한 기업이라 할 수 있다.

전통적으로 SCM은 생산 중심 또는 효율성 중심이었다. 전 세계 공장에서 생산된 제품을 글로벌 시장에 효율적으로 공급하기 위해 프로세스를 개선함으로써 비용을 최소화하는 것이다.

하지만 이 같은 SCM은 양날의 칼이 될 수 있다. 도요타는 원가절감을 위해 부품을 현지조달 방식으로 바꿨지만 거래업체의 급격한 증가로 새로운 비용을 떠안아야 했다. 한때 LG전자에 막대한 비용절감을 안겨준 SCM은 협력업체 불만과 통제접점 확대 등으로 인한 또 다른 비용을 낳기도 했다.

원가절감 방식의 전통적인 접근법을 넘어 새로운 관점을 제시한 기업이 바로 애플

이다. 애플은 2006년 이전까지만 해도 비효율적 SCM의 대표적인 기업으로 꼽혔다. 하지만 아이폰 출시 뒤 창의적 아이디어와 디자인, 그리고 콘텐츠를 포함하는 가치 중심의 SCM 전략을 폈다. 이를 통해 소비자에게 새로운 기준과 가치를 제공하는 최고의 SCM기업으로 거듭났다. 지금 애플은 미 시장조사업체 가트너에 의해 매년 가장 효율적으로 공급사슬을 유지하는 기업으로 선정되고 있다.

그러나 애플은 삼성전자를 필두로 한 구글 안드로이드 진영에 의해 밀려나고 있다. 애플의 가치중심 SCM 전략이 협력사 전체의 가치보다는 애플의 가치에 초점이 맞춰져 있기 때문이다. 최대 협력사 중 하나인 삼성과의 특허 다툼 및 경쟁기업들과의 무차별적인 소송은 애플에 부담을 가중시키고 있다.

반면 삼성은 샤프와의 제휴를 비롯해 공급사슬에 있는 기업들과 제휴 및 협력을 강화하면서 특유의 스피드 경영을 실현하고 있다. 단순히 비용절감을 위한 SCM 강화나 자사 가치 중심의 SCM 전략보다는 협력 네트워크를 기반으로 한 제품의 지속적인 혁신과 기업을 둘러싼 기업생태계 전반의 부가가치를 향상시키는 새로운 관점의 SCM이 필요하다.

◇ 시사포인트 2 Zara의 교훈 … SCM의 핵심은 속도와 유연성이다

4주

자라가 제품 디자인에서부터 생산,
전 세계 매장에 진열되는 데 걸리는 시간

스마트폰 산업과 패션 산업의 공통점은 뭘까. 유행 주기가 점점 더 빨라지고 있다는 점이다. 따라서 유행 변화를 경쟁자보다 빨리 정확하게 감지하고, 이를 토대로 생산과 유통시스템을 유연하면서도 즉각적으로 조절할 수 있는 능력, 공급사슬관리가 더욱 중요해지고 있다.

스페인 패션회사인 자라(Zara)의 급격한 성장은 많은 주목을 받아왔다. 자라는 극단적으로 빠른 공급사슬시스템을 설계하고 운영한다. 이 회사는 기존 의류회사처럼 내년에 어떤 옷이 유행할지를 예측하는 대신(미래의 일을 예측하는 것은 쉽지 않다) 시장에서 일어나는 취향 변화와 의류에 대한 반응을 지속적으로 수집한다. 거의 실시간에 가까운 속도로 이에 대응한 옷감을 제작하고 옷을 만들어 시장에 내놓는다.

자라의 디자이너들은 끊임없이 소비자 취향과 선호를 추적해 1년에 1만 개 이상의 제품을 생산한다. 서로 다른 색상과 사이즈를 고려하면 50만 개 이상의 상품(stock keeping units: SKU)을 제작하는 것이다. 반면 경쟁사들은 많아야 4,000개의 제품을 생산한다.

자라는 또 본사, 공장, 유통업체 등을 통합하는 수직적 결합을 추구해 디자인부터

생산을 거쳐 상점의 매대에 올리는 과정을 불과 4~5주만에 해낼 수 있게 됐다. 간단한 디자인 변화나 품절된 제품을 다시 매장에 올리는 데는 불과 2주밖에 걸리지 않는다. 전통적 의류회사들이 디자인에만 길게는 6개월, 생산엔 3개월씩 걸리던 것에 비하면 매우 큰 변화다.

◇ 시사포인트 3 애플의 교훈 … 쌍방독점 SCM은 비용을 증가시킨다

노벨경제학상 수상자인 올리버 윌리엄슨 미국 UC버클리 교수는 시장거래에 수반되는 거래비용의 중요성에 주목했다. 거래 당사자의 제한적인 합리성이나 기회주의적인 태도, 거래에 수반되는 불확실성, 쌍방독점 상황 등이 거래비용을 어떻게 증가시키는지를 살폈다.

기업이 거래비용이 있음에도 시장거래를 할 때는 신뢰 축적 등 다양한 방법으로 비용을 감소시키려고 노력한다. 물론 비용이 지나치게 크면 필요한 부품을 직접 생산하거나 공급회사를 아예 인수하기도 한다.

애플은 가깝지도 멀지도 않은 관계에 따라 공급사슬을 관리(arm's length 방식)하고 있다. 거래 당사자 간에 말 그대로 팔길이만큼의 거리를 둔다는 것으로, 정확하게 받은 만큼 상대방에게 주는 것이고 계약을 위반하면 파트너를 바꿔버리는 극도로 단기적인 100% 시장거래다.

반면 삼성은 일본식 긴밀한 협조에 바탕을 둔 공급사슬 관리(hand-in-glove 방식)를 택하고 있다. 협력사 재교육에 투자하고, 제품 개발과 혁신에 공동 투자하는 것은 기본적으로 신뢰에 기초한 관계를 의미한다. 삼성전자와 공급자는 다른 조직이면서도 마치 장갑과 손처럼 긴밀하게 한 방향으로 움직이고 장기적인 관계가 형성된다.

이와 함께 애플은 아이폰용 부품이 특수해 다양한 공급처 활용(세컨드 소싱)이 쉽지 않을 수 있다. 반면 삼성은 필요한 부품이 애플보다 표준화된 제품에 가깝기 때문에 수많은 공급자가 존재하고 공급자와의 협상력을 높일 수 있다. 거래비용을 증가시키는 쌍방독점을 쉽게 피할 수 있다는 얘기다.

■ SCM(공급사슬관리)

Supply Chain Management 시장 변화를 읽는 것부터 자재 조달, 제품 생산, 마케팅 및 판매에 이르는 과정을 시간 및 비용 효율화하는 것을 말한다. 이전엔 제품 생산을 위한 조달과 생산 후 물류 등에 단순히 초점을 맞췄다면, 최근엔 기업 고유의 SCM 전략을 통해 새로운 브랜드 가치를 창출하는 수단으로 범위가 확장되고 있다.

출처: 한국경제(2013년 7월 23일).

3

Chapter

구매수요예측의 정량적 예측기법 및 예측기법의 선정

도입사례 — 일본 자동차 부품 기업들의 '작지만 큰' 혁신

일본 자동차 부품 업계가 경쟁력 유지를 위한 대책으로 기존 생산 설비를 대대적으로 재개발, 공정 시간과 비용을 절반으로 줄이는 혁신을 이뤄냈다.
10일 외신에 따르면 일본 자동차 부품 제조사들이 소량 생산으로 채산성을 확보하는 자체 설비를 속속 도입했다. 일본 내부에서 실질적인 효과를 맛본 이들 기업은 해외 공장에도 재개발 설비 도입을 추진하고 있다.
'타이호공업'의 경우 기존 공정 수를 40% 감소하고 투자액의 30%가 절감되는 엔진 베어링 기계가공라인 도입을 확대했다. 도요타 자동차가 중국에서 생산하는 소형 엔진을 위해 공급할 예정이다. 이 회사는 15년 이후 인도네시아와 중국 공장에 도입을 검토 중이다.
'케이힌'은 공정 시간을 절반으로 줄인 이륜차용 연료분사장치(FI)를 시행하고 있다. 연내 인도네시아에 해당 설비를 도입하고 이후 태국 공장에도 동일하게 적용할 계획이다. '니폰피스톤링'은 현재 새로 개발하는 피스톤 링의 생산라인에서 생산 시간과 라인 설비를 각각 절반 이하로 줄이는 것이 목표다.
'도호쿠니파츠'는 연내 기존 대비 설치 면적 절반 이하, 비용은 3분의 1 이하로 줄이면서도 생산 능력은 기존 3분의 2를 상회하는 코일 스프링 라인을 가동할 예정이다. 'NTN'은 볼베어링 및 등속을 합작 생산해 공정 길이를 2분의 1로 축소하는 생산 라인을 들이기로 했다. 이 회사 후쿠로이 제작소 등에도 확대 도입한다.
완성차 제조사들의 일본 내 생산 비율이 확연히 떨어지자 일본 부품 업체들은 비용 경쟁에서 앞서 나갈 수 있는 설비를 고민하기 시작했다. 공통 과제는 생산 설비를 소형으로 바꿔 고정비를 줄이는 것이었다.
설비의 공통점은 기존 생산라인을 재검토 및 재개발해 한 대당 처리 능력을 높였다는 점이다. 설비 투자비용과 인건비, 에너지 소비를 줄이고 수율을 높이는 등 다양한 효과가 나고 있어 업계에서 큰 반향을 얻고 있다. 해외에 생산 거점을 운영할 경우 고질적 문제로 부각됐던 기술 숙련도 격차 역시 생산라인 혁신으로 줄여나갈 수 있다고 업계는 전했다.
업계 관계자는 "특히 해외 생산거점을 가진 기업의 경우 수주를 받기 위해 투자를 기다리다가 기회를 놓치는 경우가 많다."며 "급속하게 확대되는 해외 생산에 대응하려면 생산라인 개발로 소형 생산을 통해 채산성을 높이는 것이 현명한 선택"이라고 말했다.

출처: 전자신문(2013년 10월 10일).

01 정량적 예측기법

정량적 예측기법은 명시적으로 표시된 과거의 자료를 바탕으로 하여 정량적 또는 통계적으로 미래 수요를 예측하는 기법이다. 즉, 이 기법은 과거의 객관적인 자료를 이용하여 미래의 수요를 예측하는 것이다. 여기에 속한 기법들은 일정한 시간 간격으로 흩어진 실제 데이터인 시계열 자료를 주로 이용하여 미래 수요를 예측한다.

1) 시계열예측기법(time-series forecasting methods)

시계열예측기법은 과거의 수요 데이터가 존재할 때 이것을 이용하여 예측하는 것을 말하며 과거의 수요 패턴이 미래에도 계속될 것이라는 가정에 기초한다. 일반적으로 미래의 수요 패턴이 과거에 발생한 수요 패턴과 많이 다르지 않을 것으로 기대되는 상황에서 가장 적합한 수요예측 방법이며 사용하기가 쉽고 초기의 수요예측치를 만드는 데 효과적으로 활용될 수 있는 방법이다. 시계열예측기법에서 시계열 기간의 단위는 연구 목적에 따라 시간, 일, 월, 분기, 연간 등으로 나눌 수 있고, 수요를 추세, 계절, 주기, 평균, 오차 등의 요소로 분해할 수 있다는 기본 가정에서 출발한다.

시계열예측기법은 과거 자료를 도표를 활용하여 시각적으로 표현하고 과거 자료가 가지고 있는 데이터 특성을 활용하여 미래의 수요를 예측하는데, 데이터의 특성은 추세 변동, 계절 변동, 순환 변동, 불규칙 변동, 우연 변동 등으로 설명한다(강종열 등, 2012). 추세 변동은 데이터의 시각적 방향이 지속적으로 증가하거나 감소하는 등의 추세를 나타내는 경우를 의미하며 경기 침체, 인구 변동, 환경 변화 등에서 그 원인을 찾을 수 있다. 계절 변동은 데이터의 특성이 특정 계절, 요일, 시간 등에 의해서 단기적이고 규칙적으로 변동하는 것을 의미하며 수영복은 여름에, 영화관은 주말에, 식품 코너는 저녁에 주로 계절적 변동이 발생한다. 순환 변동은 장기적으로 계속되는 특정한 사이클이 지속적으로 계속되는 데이터 변동을 의미하며 다양한 정치적, 경제적, 사회적 요인 등에서 그 원인을 찾을 수 있다. 불규칙 변동은 데이터의 특성이 일정한 시각적 변동을 가지지 않고 불규칙한 형태를 가지는 변동을 의미하며 파업, 기상 변화 등과 같은 비정상적 상황에서 그 원인을 찾을 수 있다. 우연 변동은 위의 4가지 변동으로 설명되지 않는 잔차 변동을 의미한다.

(1) **단순예측기법**(naive forecasting method)

단순예측기법은 시계열예측기법 중에서도 가장 단순한 기법이라고 설명할 수 있다. 이 기법은 시계열 데이터에서 하나의 값을 선택하고 이 값을 미래 수요의 예측 값으로 사용한다. 예를 들면, 이번 주 월요일에 필요한 제품의 수요를 예측하기 위해서 저번 주 월요일에 실제로 팔린 제품 수량을 사용하는 경우나 올 여름에 판매되는 수영복의 수요를 예측하기 위해서 작년 여름에 실제로 팔린 수영복 수량을 사용하는 경우 등이 속한다. 이 기법은 매우 단순하게 보이지만 사용자들이 직관적으로 쉽게 이용할 수 있으며 비용이 거의 들지 않는 장점이 있다. 반대로 이 기법의 단점은 미래의 수요예측을 세밀하고 정확하게 할 수 없다는 점이다. 그러나 정확한 예측을 위해서는 많은 비용과 시간이 필요하다. 단순예측기법을 사용하지 않고 다른 예측기법을 사용하기 위해서는 다른 예측기법을 사용하여 얻은 정확도가 이것을 얻기 위해 들어간 시간과 비용 효율보다 더 효과적이어야 한다.

(2) 이동평균법(moving average method)

단순예측기법의 약점은 시계열 데이터의 연관성이 고려되지 못하고 특정 시점의 과거 데이터를 현재 시점의 데이터로 그대로 사용하기 때문에 평활하지 못하다는 점이다. 이동평균법은 이러한 단점을 극복하기 위해서 과거 데이터의 정해진 구간 또는 범위를 이동시키면서 미래의 수요를 예측하는 기법이다. 이동평균기법의 시계열 데이터는 추세가 없고 계절적 특성이 없는 것으로 가정하며 일반적으로 다음의 식 (3-1)과 같이 표시된다.

$$F_t = A_n = \frac{\sum_{i=1}^{n} D_{t-i}}{n} = \frac{D_{t-1} + \dots + D_{t-n}}{n} \quad \cdots\cdots\cdots\cdots\cdots (3-1)$$

F_t : t기의 예측치
A_n : n기간의 이동평균값
D_t : t기의 실제수요
n : 이동평균 기간(관측치의 수)

식 (3-1)에서 A_4이면 4기간의 이동평균 예측치를 의미하고 A_6이면 6기간의 이동평균예측치를 의미한다. 다음의 〈표 3-1〉은 4기간의 이동평균을 예측치로 사용된 경우를 설명하고 있다.

▮표 3-1▮ 4기간 이동평균 예측치

기간	D_t	A_t	F_t	D_t-F_t
1	15			
2	18			
3	5			
4	23	15.25		
5	10	14	15.25	−5.25
6	18	14	14	4
7	15	16.5	14	1
8	26	17.25	16.5	9.5
9	30	22.25	17.25	12.75
10	20	22.75	22.25	−2.25
11	18	23.5	22.75	−4.75
12	26	23.5	23.5	2.5
13	10	18.5	23.5	−13.5
14	5	14.75	18.5	−13.5
15	18	14.75	14.75	3.25
16	27	15	14.75	12.25
17	19	17.25	15	4
18	23	21.75	17.25	5.75
19	11	20	21.75	−10.75
20	17	17.5	20	−3

〈표 3-1〉에서 처음 4기간 동안의 이동평균 A_4는 $(15+18+5+23)/4=15.25$로 계산되고 이 값이 다음 5기의 예측치로 사용되어 $F_5=15.25$가 된다. 5기의 실제 수요 $D_5=10$이기 때문에 5기의 예측 오차 $D_5-F_5=-5.25$로 계산된다. 6기부터 20기까지의 이동평균 예측치도 동일한 방법으로 계산되며 6기를 계산할 때는 실제 수요 D_1이 삭제되고 가장 최근의 실제 수요 D_5가 포함되어 시계열 데이터 D_2, D_3, D_4, D_5를 사용한다.

다음 [그림 3-1]은 이동평균법을 사용하여 2기간 예측치와 6기간

예측치를 그래프로 비교한 내용이다. 실제 수요 D_t에 대해서 이동평균을 구하는 기간이 길어질수록 수요변동이 완만해지고 수요 변화에 대한 대응이 느려짐을 알 수 있다. 이동평균을 구하는 기간이 길어질수록 수요 변화에 대한 반응이 느려져서 수요예측의 안정성을 제공할 수 있지만 실제 수요 변화보다 반응이 더 느려지는 단점이 있다. 그러므로 이동평균법을 사용할 때는 안정성과 반응성 사이에서 적절한 균형이 이루어지도록 n의 크기를 조절하는 것이 필요하다.

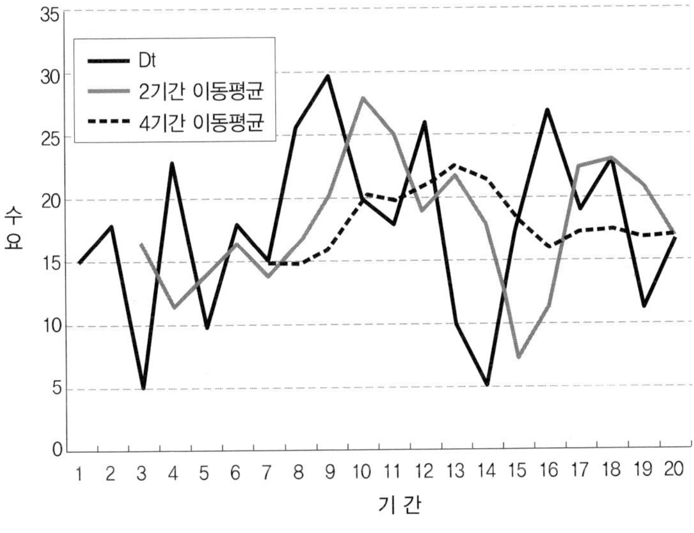

▌그림 3-1▌ 2기간 이동평균과 6기간 이동평균의 수요 반응

이동평균법의 장점은 이해하기가 쉽고 계산이 간편하다는 점이고 단점은 이동평균에 포함된 모든 데이터들이 발생 시기에 상관없이 동일한 가중치를 가진다는 점이다. 즉, 가장 최근에 발생한 데이터와 가장 과거에 발생한 데이터들이 동일한 가중치를 갖는다는 점이다.

(3) 가중이동평균법(weighted moving average method)

가중이동평균법은 이동평균법에서 이동평균에 사용되는 모든 데이터들이 발생 시기에 상관없이 동일한 가중치를 가지는 경우에 생길 수 있는 문제점을 개선하도록 한 방법이다. 즉, 가장 최근의 데이터에 가중치를 가장 크게 주고 가장 과거에 발생한 데이터에 가중치를 가장 낮게 배정하여 가장 최근에 발생한 데이터의 중요도를 높이는 방법이다. 다음의 식 (3-2)는 가중이동평균법을 설명하는 일반화된 수식이다.

$$F_t = (w_1 \times A_{t-1}) + \cdots + (w_n \times A_{t-n}) \quad \cdots\cdots\cdots\cdots\cdots\cdots\cdots \quad (3\text{-}2)$$

$$0 < w_i < 1,\ i = 1,\ 2,\ \cdots,\ n$$

$$\sum_{i=1}^{n} w_i = 1$$

$$w_i > w_{i+1}$$

F_t : t기의 예측치, A_n : n기간의 이동평균값
D_t : t기의 실제수요, w_t : t기의 가중치, n : 이동평균 기간(관측치의 수)

4기간에 대한 가중이동평균 예측치를 계산하기 위해 다음의 〈표 3-2〉와 같이 가중치 값이 주어진다고 가정한다.

▌표 3-2▐ 4기간 가중치

가중치변수	가중치
w_1	0.4
w_2	0.3
w_3	0.2
w_4	0.1

식 (3-2)를 이용하여 가중이동평균 예측치를 구해보면 다음의 〈표 3-3〉에서 예측치를 확인할 수 있다. 예를 들어 5기의 예측치 F_5를 계산하면 다음과 같다.

$$\begin{aligned} F_5 &= (w_1 \times D_4) + (w_2 \times D_3) + (w_3 \times D_2) + (w_4 \times D_1) \\ &= (0.4 \times 23) + (0.3 \times 5) + (0.2 \times 18) + (0.1 \times 15) \\ &= 15.8 \end{aligned}$$

▌표 3-3▐ 4기간 가중이동평균 예측치

기간	D_t	A_t	F_t	$D_t - F_t$
1	15			
2	18			
3	5			
4	23	15.8		
5	10	13.7	15.8	−5.8
6	18	15.3	13.7	4.3
7	15	15.7	15.3	−0.3
8	26	19.5	15.7	10.3
9	30	24.6	19.5	10.5
10	20	23.7	24.6	−4.6
11	18	21.8	23.7	−5.7
12	26	22.8	21.8	4.2
13	10	17.4	22.8	−12.8
14	5	12	17.4	−12.4
15	18	13.3	12	6
16	27	18.2	13.3	13.7
17	19	19.8	18.2	0.8
18	23	22.1	19.8	3.2
19	11	17.8	22.1	−11.1
20	17	16.6	17.8	−0.8

F_5를 계산한 과정을 보면 이동평균 기간에 포함된 가중치의 전체 합은 1이고 가장 최근의 실제 수요 값이 가중치가 가장 높게 나타나 있다. 그러나 실제 수요 값의 가중치를 결정하는 방법은 객관적으로 제시되지 못했고 적절한 가중치를 결정하기 위해서는 여러 번 실험을 통해 시행착오를 겪어서 결정할 수밖에 없다.

(4) 지수평활법(exponential smoothing method)

앞에서 설명한 이동평균법과 가중이동평균법, 그리고 나중에 설명할 회귀분석법의 가장 큰 단점은 많은 양의 과거 데이터를 이용해야 한다는 점이다(김연성 등, 2010). 그러나 일반적인 관점에서 보면 미래의 수요를 정확하게 예측하는 데 필요한 데이터는 먼 과거의 데이터보다는 가장 최근의 데이터이다. 가중이동평균법에서는 임의의 방법으로 최근 데이터에 가중치를 많이 주었지만 지수평활법은 과거 데이터의 중요성을 시간에 따라 합리적으로 줄이는 방법이다. 지수평활법은 이해하기가 쉽고 사용하기도 쉬우면서 정교한 수요예측 방법이다.

지수평활법에서 미래 수요의 예측치는 바로 전기의 예측치 값에 전기의 예측치와 실제치의 차이에 일정 비율을 보정하여 더한 것으로 계산된다. 즉, 미래 예측치＝전기의 예측치 $+\alpha$(전기의 실제치−전기의 예측치)로 계산된다. 여기서, 전기의 실제치−전기의 예측치는 예측오차이며, α는 평활상수(smoothing constant)로 불리며 미래의 수요예측치의 평활 정도와 실제치와 예측치 사이의 신속한 반응 정도를 결정한다. 지수평활법에서 미래의 수요예측치를 얻기 위해서 사용되는 일반적인 수식은 다음의 식 (3-3)과 같다.

$$F_t = F_{t-1} + \alpha(D_{t-1} - F_{t-1}) \quad \cdots\cdots\cdots (3\text{-}3)$$
$$= \alpha D_{t-1} + (1-\alpha)F_{t-1}$$

만약, 미래의 수요예측치 F_t를 구할 때 최근의 실제치에 더 중요도를 부여하고 싶다면 α의 값을 크게 해야 한다. 반대로 과거의 예측치에 더 중요도를 부여하고 미래의 수요예측치가 더 늦게 반응하기를 원하면 α의 값을 작게 해야 한다. 일반적으로 수요예측 시에는 α의 안정성을 유지해야 하는데 $0.1 \le \alpha \le 0.3$의 값을 제시하기도 하고(민동권 등, 2013), $0.05 \le \alpha \le 0.5$의 값을 제시하기도 한다(강종열 등, 2012). 이동평균법과 같은 예측치를 유지하기를 원하면 α는 $2 \div (n+1)$을 사용한다(김연성 등, 2010).

다음의 〈표 3-4〉는 α값이 0.1일 때와 0.5일 때에 지수평활법을 이용하여 미래의 수요예측치를 구한 값이다. 〈표 3-4〉에서 시작 예측치(starting forecast)를 구할 때는 몇 가지 방법을 사용한다. 주관적으로 임의의 값을 선정하거나, 과거 몇 기간 동안의 평균치를 사용하거나, 제1기의 실측치를 제2기의 예측치로 사용하기도 하며 본 예제에서는 제2기의 예측치로 제1기의 실측치를 사용한다.

〈표 3-4〉에서 제2기의 예측치는 제1기의 실제치를 사용했기 때문에 $F_2 = F_1 = 15$이다. 평활상수 $\alpha=0.1$일 때 식 (3-3)을 사용하여 제3기의 예측치를 계산하면 $F_3 = 0.1 \times D_2 + (1-0.1) \times F_2 = 0.1 \times 18 + (1-0.1) \times 15 = 15.3$으로 구해진다.

표 3-4 지수평활법을 이용한 예측치

		$\alpha=0.1$			$\alpha=0.5$		
기간	D_t	A_t	F_t	D_t-F_t	A_t	F_t	D_t-F_t
1	15						
2	18	15.00	15.00	3.00	15.00	15.00	3.00
3	5	15.30	15.30	−10.30	16.50	16.50	−11.50
4	23	14.27	14.27	8.73	10.75	10.75	12.25
5	10	15.14	15.14	−5.14	16.88	16.88	−6.88
6	18	14.63	14.63	3.37	13.44	13.44	4.56
7	15	14.97	14.97	0.03	15.72	15.72	−0.72
8	26	14.97	14.97	11.03	15.36	15.36	10.64
9	30	16.07	16.07	13.93	20.68	20.68	9.32
10	20	17.47	17.47	2.53	25.34	25.34	−5.34
11	18	17.72	17.72	0.28	22.67	22.67	−4.67
12	26	17.75	17.75	8.25	20.33	20.33	5.67
13	10	18.57	18.57	−8.57	23.17	23.17	−13.17
14	5	17.71	17.71	−12.71	16.58	16.58	−11.58
15	18	16.44	16.44	1.56	10.79	10.79	7.21
16	27	16.60	16.60	10.40	14.40	14.40	12.60
17	19	17.64	17.64	1.36	20.70	20.70	−1.70
18	23	17.78	17.78	5.22	19.85	19.85	3.15
19	11	18.30	18.30	−7.30	21.42	21.42	−10.42
20	17	17.57	17.57	−0.57	16.21	16.21	0.79

다음의 [그림 3-2]는 〈표 3-4〉에서 동일한 실제치에 대해서 평활상수 α값이 0.1과 0.5로 변할 때의 예측 수요의 변화를 보여준다. 평활상수 α가 커질수록 바로 전기의 실제치에 대한 가중치가 커지기 때문에 실제치에 근접하는 경향을 보인다. 반면에 평활상수 α값이 작을수록 수요의 변화에 늦게 반응하기 때문에 수요예측치의 트렌드가 완만하게 진행된다.

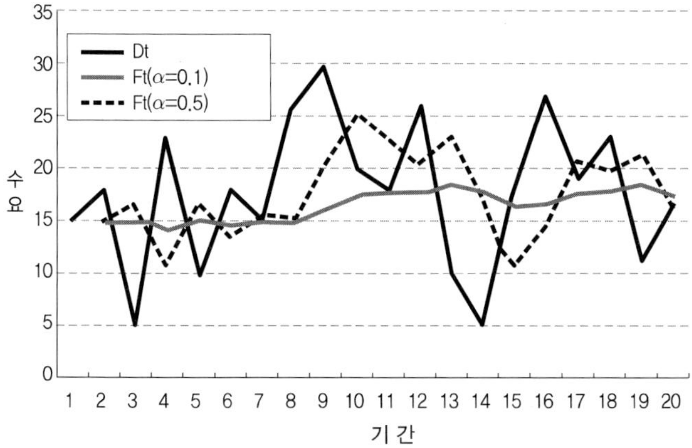

▮그림 3-2▮ 평활상수 α값에 따른 지수평활 수요예측

(5) 추세분석기법

추세분석기법은 과거의 자료가 일정한 추세를 가진다는 가정하에 이러한 추세를 적절하게 표현할 수 있는 수식을 추정하여 사용하는 기법이다. 추세분석기법에서 사용되는 일반적인 선형 추세식은 다음의 식 (3-4)로 표현된다.

$$F_t = at + b \quad \cdots\cdots \quad (3-4)$$

F_t : t기의 예측치
a : 추세식의 기울기
b : t값이 0일 때의 F_t 값

과거의 시계열 데이터를 이용하여 식 (3-4)의 a와 b를 구하면 선형 추세식 F_t가 구해진다. F_t가 구해지면 이 식을 이용하여 미래의 수요를 예측하는 것이 가능해진다. 과거의 시계열 데이터에 대한 선형 추세식을 구하기 위해 실제치를 y로 표현하는 선형 추세식이

$y = at + b$로 표현된다고 가정한다. 이때 $a = \frac{n\sum ty - \sum t \sum y}{n\sum t^2 - (\sum t)^2}$이고 $b = \frac{\sum y - a\sum t}{n} = \bar{y} - a\bar{t}$가 된다.

다음의 〈표 3-5〉는 A전자의 과거 20주 동안의 TV 판매량을 나타낸다. 선형 추세식을 만들어 21주와 22주의 예측치를 구해본다.

▌표 3-5▐ A전자의 TV 판매량

	기간(t)	y	$t \cdot y$
	1	1,500	1,500
	2	1,834	3,668
	3	534	1,602
	4	2,387	9,548
	5	1,056	5,280
	6	1,890	11,340
	7	1,512	10,584
	8	2,609	20,872
	9	302	2,718
	10	2,090	20,900
	11	1,890	20,790
	12	264	3,168
	13	1,065	13,845
	14	534	7,476
	15	1,897	28,455
	16	2,745	43,920
	17	1,954	33,218
	18	2,300	41,400
	19	1,178	22,382
	20	1,799	35,980
Σ	210	31,340	338,646

〈표 3-5〉의 과거 실제치를 이용하면 $a = \frac{n\sum ty - \sum t \sum y}{n\sum t^2 - (\sum t)^2} = \frac{20(338,646) - 210(31,340)}{20(2,870) - (210)^2}$ =14.4로 계산된다. $b = \frac{\sum y - a\sum t}{n} = \bar{y} - a\bar{t}$ =1,567−14.4(10.5)=1,415.8로 계산된다. 식 (3-4)를 이용하여 선형 추세식을 구하면 F_t=14.4t+1,415.8가 된다. F_{21}= 14.4(21)+1,415.8=1,718로 계산되고 F_{22}=14.4(22)+1,415.8= 1,733로 계산된다. 그러므로 추세분석법을 이용하면 21주의 예측치는 1,718대가 되고 22주의 예측치는 1,733대가 됨을 알 수 있다.

(6) 추세조정지수평활법(trend adjusted exponential smoothing method)

추세조정지수평활법은 과거 데이터인 시계열 데이터가 선형 추세를 나타내는 경우에 지수평활법을 변형하여 사용하는 기법이다. 이 기법은 시계열 데이터가 평균율을 중심으로 변동하거나 점진적인 변화를 보일 때 적합한 지수평활법과 구분하기 위해 추세조정지수평활법 또는 이중평활법(double smoothing method)이라고 부른다(강종열 등, 2012). 지수평활법을 사용하면 과거 데이터의 트렌드가 시차를 가지고 미래 예측치로 반영되기 때문에 과거 데이터가 지속적으로 증가하는 경우에는 증가치가 늦게 반영되어 미래 예측치가 너무 낮게 된다. 반면에 과거 데이터가 지속적으로 감소하는 경우에는 감소치가 늦게 반영되어 미래 예측치가 너무 높아지게 될 가능성이 있기 때문에 추세조정지수평활법은 이러한 추세의 변화에 적응하는 기법이다.

이 기법은 추세조정 예측치(TAF)를 계산하여 사용한다. 추세조정

예측치(TAF_{t+1})는 전기의 추세조정 예측치(TAF_t)에 평활오차를 반영하고 이 값에 현재의 추세조정 추정치(C_t)를 더하여 구한다. 평활오차는 전기의 실제치(D_t)에서 전기의 추세조정 예측치를 빼서 평활상수(α) 값을 반영한다. 추세조정 예측치는 다음의 식 (3-5)로 표현된다.

$$TAF_{t+1} = P_t + C_t \quad \cdots\cdots (3-5)$$

$$P_t = TAF_t + \alpha(D_t - TAF_t)$$

$$C_t = C_{t-1} + \beta(TAF_t - TAF_{t-1} - C_{t-1})$$

식 (3-5)에서 사용되는 평활상수 α, β는 과거 데이터의 특성에 따라서 적절하게 조정되어야 하기 때문에 여러 번의 실험을 통해 가장 적절한 값이 선정되도록 해야 한다.

(7) 계절변동분석기법(seasonal variations method)

계절변동분석기법은 과거 데이터가 특정한 시기에 특정한 경향을 지속적으로 반복하는 경우에 사용하는 기법이다. 계절변동(seasonal variations)이라는 의미는 봄, 여름, 가을, 겨울뿐만 아니라 일요일 또는 정오와 같이 특정 시점의 반복적인 변동도 포함한다는 의미이다. 이 기법은 계절변동을 나타내는 계절지수(seasonal relative)를 구해서 과거 데이터의 추세에 반영하여 사용한다. 계절지수는 과거 데이터의 평균값으로부터 실제치가 벗어난 정도로 표현한다. 만약 어떤 회사의 10월에 판매된 TV에 대한 계절지수가 1.5라고 하면 10월의 TV 판매량이 월평균에 비해 50%가 더 팔렸다는 것을 의미한다. 미래 예측치는 과거 데이터의 추세에 계절지수를 반영하여 계산한다.

(8) 순환변동분석기법

순환변동분석기법은 계절변동분석기법과 마찬가지로 과거 데이터가 시계열 추세를 가지는 경우에 사용된다. 그러나 계절변동분석기법이 특정 시기에 반복적으로 발생하는 시계열 추세에 사용되는 것과는 다르게 장기적인 사이클을 가지면서 시계열 추세를 가지는 경우에 사용되는 기법이다. 순환변동은 장기적인 시계열 특성을 갖는 경우이기 때문에 실제로 이러한 순환변동을 찾는 것은 쉽지 않다. 그러므로 순환변동을 확인하기 위해서는 연관성이 있는 선행변수와 후행변수를 찾는 것이 필요하다. 순환변동이 먼저 발생하는 변수를 선행변수라 하며 이 선행변수와 상관관계가 높은 변수는 시차를 두고 선행변수가 가지는 시계열 추세를 따라 가는 경향을 보이기 때문에 후행변수라고 한다. 그러므로 선행변수를 찾으면 후행변수의 미래 예측치를 찾을 수 있기 때문에 순환변동분석기법에서 사용할 수 있다.

2) 인과예측기법(causal forecasting methods)

인과예측기법은 나타난 수요가 수요에 영향을 미치는 소득, 이자율, 경제여건 등의 환경적 요인과 밀접하게 연관되어 있는 가정에 기초한 예측기법이다. 수요와 환경적 요인들 간에 나타난 상관관계를 파악하고 환경적 요인의 미래 추정치를 사용하여 미래의 수요를 예측하는 방법이다. 즉, 독립변수와 종속변수와의 관계 분석을 통하여 미래 수요를 예측하는 정량적 기법이라고도 설명할 수 있다.

(1) 선형회귀분석(linear regression analysis)

회귀분석(regression analysis)은 둘 이상의 변수들 간의 상관관계를 함수로 표현한 것이며, 두 변수가 선형관계를 나타내면 선형회귀분석을 사용하고, 두 변수가 선형이 아니면 비선형회귀분석을 사용하며 독립변수가 2개 이상인 경우에는 다중회귀분석을 사용하게 된다.

선형회귀분석은 변수들 간의 상관성이 선형으로 나타나는 경우에 사용이 가능하며 선형회귀의 표현은 일반적으로 다음의 식 (3-6)과 같이 표현한다.

$$y = ax + b \quad \cdots\cdots (3\text{-}6)$$

y: 종속변수
x: 독립변수
a: 기울기
b: $a=0$일 때 y의 절편값

선행회귀분석은 추정된 선형식의 직선이 실제치와 편차제곱의 합이 최소화되도록 하는 선행회귀식을 구하여 적용한다. 선행회귀분석에서 독립변수(x)는 시간단위를 의미하며 통상적으로 가로축에 표시하고, 종속변수(y)가 시간 변화에 따라 변화는 경우에 사용한다. 식 (3-6)에서 $a = \dfrac{n\sum xy - \sum x \sum y}{n\sum x^2 - (\sum x)^2}$이고 $b = \dfrac{\sum y - a\sum x}{n} = \bar{y} - a\bar{x}$로 계산된다.

회사 A는 전국 8개 지역에 직판점을 운영하고 있다. 각 직판점의 매출액과 매출이익이 다음의 〈표 3-6〉과 같이 주어졌을 때 선형회귀식을 추정하고 매출액이 600억이면 매출이익은 얼마로 예측이 되는지 계산해 보자.

▮표 3-6▮ 직판점의 매출액과 매출이익 (단위: 억)

	매출액(x)	매출이익(y)	$x \cdot y$	x^2
	350	76	26,600	122,500
	200	39	7,800	40,000
	150	35	5,250	22,500
	910	210	191,100	828,100
	770	170	130,900	592,900
	520	150	78,000	270,400
	490	115	56,350	240,100
	110	30	3,300	12,100
	90	15	1,350	8,100
	350	80	28,000	122,500
	900	190	171,000	810,000
	211	55	11,605	44,521
	380	89	33,820	144,400
	810	183	148,230	656,100
	421	80	33,680	177,241
합계	6,662	1,517	926,985	4,091,462
평균	444.1333	101.1333		

식 (3-6)의 기울기 a와 y의 절편값 b를 구하면 다음과 같다.

$$a = \frac{n\sum xy - \sum x \sum y}{n\sum x^2 - (\sum x)^2} = \frac{15(926,985) - 6,662(1,517)}{15(4,091,462) - 6,662^2} = 0.2236$$

$$b = \frac{\sum y - a\sum x}{n} = \bar{y} - a\bar{x} = 101.1333 - 0.2236(444.1333)$$

$$= 1.8439$$

위에서 구해진 a와 b를 식 (3-6)에 대입하면 선형회귀식은 y= 0.2236x+1.8439로 결정되며, 실제치와 선형회귀식을 함께 표시하면 다음의 [그림 3-3]과 같이 표현된다.

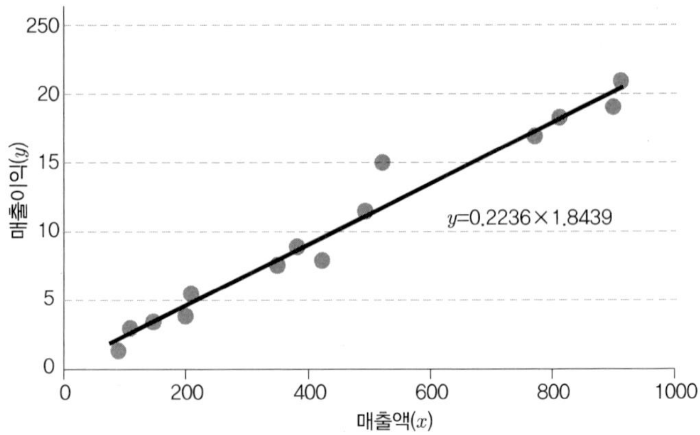

그림 3-3 직판점의 매출액 및 매출이익에 따른 선형회귀식

매출액이 600억인 경우의 예측치는 y=0.2236(600)+1.8439=136.0039로 계산되어 약 136억 원의 매출이익이 기대된다.

[그림 3-3]에서는 과거의 실제치를 이용하여 가장 적절한 선형회귀식을 만들었다. 그러나 [그림 3-3]에서 보는 바와 같이 실제치와 선형회귀식이 완벽하게 일치하지는 않는다. 그러므로 선형회귀선과 주위에 있는 실제치가 얼마나 떨어져 있는지를 분산된 정도로 확인하는 추정의 표준오차(standard error of estimation)를 구하는 것이 필요하다. 추정의 표준오차(S_e)는 다음의 식 (3-7)을 이용하여 구한다.

$$S_e = \sqrt{\frac{\sum_{i=1}^{n}(y_i - Y_i)^2}{n-2}} \quad \cdots\cdots (3\text{-}7)$$

식 (3-7)에서 y_i는 각 자료의 y값을 의미하고 Y_i는 선형회귀식에 의해서 계산되는 종속변수의 값을 의미한다.

또한 선형회귀식을 구성하는 두 변수가 어느 정도의 관계로 어떤 방향을 나타내는지를 확인하는 것이 필요하고 이러한 것을 알아보는 척도가 상관관계(correlation)이다. 상관계수는 -1에서 +1까지의 값을 가지며 +1에 가까울수록 한 변수의 변동이 항상 다른 변수의 변동에 일치해감을 의미하고, -1에 가까울수록 한 변수의 변동 증가가 다른 변수의 변동 감소와 항상 일치해감을 의미한다. 상관계수가 0에 가까울수록 두 변수 간에는 상관관계가 거의 존재하지 않음을 의미한다. 상관계수 r은 다음의 식 (3-8)로 나타낼 수 있다.

$$r = \frac{n(\Sigma xy) - (\Sigma x)(\Sigma y)}{\sqrt{n(\Sigma x^2) - (\Sigma x)^2}\sqrt{n(\Sigma y^2) - (\Sigma y)^2}} \quad \cdots\cdots\cdots\cdots \text{(3-8)}$$

상관계수의 제곱(r^2)의 값은 0에서 1 사이의 값을 가지며 r^2가 0.8 이상이면 독립변수가 종속변수 값의 훌륭한 예측변수라는 것을 설명하고, 0.25 이하이면 독립변수가 종속변수의 훌륭한 예측변수가 되지 못한다는 것을 설명한다. 상관계수의 제곱이 0.25와 0.8 사이면 중간 정도의 예측변수가 됨을 설명한다.

(2) 비선형회귀분석(nonlinear regression analysis)

두 변수의 관계가 선형 관계이면 선형회귀분석을 사용한다. 그러나 두 변수의 관계가 선형 관계가 아니고 비선형이면 비선형회귀분석을 사용하게 된다.

(3) 다중회귀분석(multi regression analysis)

다중회귀분석은 2개 이상의 독립변수가 종속변수에 영향을 줄 때 사용하는 분석법이다. k개의 독립변수 $X_1, X_2, \ldots, X_k$ 가 종속변수 Y를 설명하는 다중회귀식은 다음의 식 (3-9)와 같다.

$$Y_i = \beta_0 + \beta_1 X_{1i} + \beta_2 X_{2i} + \ldots + \beta_k X_{ki} + \varepsilon_i \quad \cdots\cdots\cdots\cdots\cdots \quad (3\text{-}9)$$

다중회귀분석을 예를 들어 설명해 보자. 금을 구입하여 판매하는 금 판매업자는 향후 금 가격의 변동 추세를 예측하고 만약 금 가격이 지속적으로 상승할 것이라고 판단이 되면 금을 구매할 것이다. 그러나 만약 금 가격이 지속적으로 하락할 것이라고 판단이 되면 금을 더 이상 구매하지 않을 것이다. 따라서 금 판매업자는 향후 금 가격을 잘 추정하는 것이 성공으로 가는 길이라고 판단하고 금 가격에 영향을 주는 대표적인 4가지 요인을 다음과 같이 고려하고 다중회귀모형을 구성하고자 한다.

첫째, 1인당 금 소비량이 증가한다면 많은 소비자가 금을 구입하여 수요가 공급을 초과할 확률이 높아지기 때문에 금 가격은 올라갈 것(+)으로 예측한다.

둘째, 새로운 대형 금광의 발견으로 금 채굴량이 증가한다면 시장에 공급되는 금이 필요한 수요보다 많아질 확률이 높기 때문에 금 가격은 내려갈 것(−)으로 예측한다.

셋째, 정부에서 영아 출생 및 교육을 지원하는 보육지원액을 지속적으로 대폭 늘리기로 한다면 영아의 출생이 늘어나서 기념일 등에 금이 많이 필요해지기 때문에 수요가 공급을 초과할 확률이 높아져서 금 가격은 올라갈 것(+)으로 예측한다.

넷째, 경기 활성화로 소비자의 1인당 가처분 소득액이 증가한다면 소비자들은 여유가 있는 소득 금액을 금과 같은 귀금속에 투자하기 때문에 수요가 공급을 초과할 확률이 높아져서 금 가격은 올라갈 것(+)으로 예측한다.

그러므로 금 가격에 영향을 주는 대표적인 요인 4가지를 고려하면 다중회귀식 (3−9)는 다음의 식 (3−10)으로 표현이 된다.

$$\text{금 가격} = \beta_0 + \beta_1 \times \text{금 소비량} - \beta_2 \times \text{금 채굴량} + \beta_3 \times \text{보육지원액} + \beta_4 \times \text{소득액} \quad \cdots\cdots (3-10)$$

위 식 (3−10)에서 β_0는 기본 금 가격이며, β_1, β_2, β_3, β_4는 각각 금 소비량, 금 채굴량, 보육지원액, 소득액의 변화가 금 가격에 미치는 영향을 나타낸다.

위와 같이 다중회귀분석은 종속변수에 영향을 미치는 독립변수가 2개 이상인 경우에 적합하지만 계산식이 복잡하기 때문에 사용시 주의해야 한다.

(4) 계량경제모형(econometric model)

계량경제모형은 독립적인 방정식을 이용하여 여러 경제 분야를 설명하는 모형이다. 경기를 예측하는 하나의 방법이며 수치를 통해 각 경제 변수를 정량화하고 변수 간의 관계를 설정한 후에 예측 모형을 만들어 경기를 예측하는 방법이다. 이 방법은 경제 이론에 대한 이해력과 응용력이 확보되어야 하며 예측하는 모형이 정확해야만 그 결과치가 정확하게 나온다는 어려움이 있다.

(5) 투입-산출모형(input-output model)

투입-산출모형은 레온티에프가 개발하였고 아이사드가 지역경제 분석도구로 사용하면서 널리 이용되어 왔다. 투입-산출모형은 각 산업별 매출액이나 산출량과 회사 또는 정부와의 관계를 집중적으로 관찰하여 미래 수요를 예측하는 모형이다. 이 기법은 특정 집단 내 또는 집단 간에 발생하는 각 부문 간의 재화 및 용역의 이동 상태를 통해 각 부문 간의 상호의존도를 확인하고 한 집단의 활동 변화가 다른 집단에 미치는 영향을 분석한다. 투입-산출모형은 각 산업부문 간의 상호 의존도를 파악하여 특정 산업활동의 변화가 다른 산업부문에 주는 영향을 분석하는 도시경제 계획 수립 등에 일반적으로 사용한다.

투입-산출모형이 적용되기 위해서는 몇 가지 기본 가정이 필요한데, 첫째, 각 산업은 하나의 동질적인 제품을 생산한다. 둘째, 각 산업은 투입이 늘면 산출도 투입에 비례하여 늘어나는 수익불변의 가정하에서 진행된다. 투입을 a배 늘리면 산출도 a배만큼 증가한다. 셋째, 분석기간 동안에 각 산업의 기술혁신이 이루어지지 않는다고 가정하여 각 산업의 기술계수는 일정하게 유지한다. 넷째, 각 산업은 고정투입비율로 제품을 생산한다.

투입-산출모형의 분석 프로세스는 다음의 4단계로 구성된다. 투입-산출모형을 적용하는 방법은 예제를 통해서 설명한다. 투입과 산출 간의 관계를 나타내는 일반적인 투입-산출표 개념은 다음의 〈표 3-7〉과 같다.

▌표 3-7▐ 중간 과정부문이 포함된 투입산출표

산출 투입		중간 과정부문					최종수요	총산출량
		1	…	j	…	n	D	X
중간과정 부문	1	X_{11}	…	X_{1j}	…	X_{1n}	D_1	X_1
	⋮	⋮	⋮	⋮	⋮	⋮	⋮	⋮
	i	X_{i1}	…	X_{ij}	…	$X_{\in}$	D_i	X_i
	⋮	⋮	⋮	⋮	⋮	⋮	⋮	⋮
	n	X_{n1}	…	X_{nj}	…	X_{nn}	Dn	X_n
지불	P	P_1	…	P_j	…	P_n		
총투입량	X	X_1	…	X_j	…	X_n		

첫째, 각 산업 간의 제품과 서비스의 흐름을 나타내는 투입-산출표를 작성한다. 예를 들면, 철강업은 매년 5,000톤의 철강을 생산하여 자체적으로 500톤을 소비하고 자동차업에 2,500톤을 공급하고 건설업에 1,500톤을 공급한다고 가정한다. 이때 업종별 투입-산출표는 다음의 〈표 3-8〉과 같다.

▌표 3-8▐ 투입-산출표

	철강업	자동차업	건설업	총산출
철강업	500	2,500	1,500	4,500(철강, 톤)
자동차업	1,500	1,000	5,000	7,500(차량, 대)
건설업	100	150	300	550(시설, 동)

둘째, 투입-산출표에서 나타나는 재화와 서비스를 화폐가치로 환산하는 화폐가치 투입-산출표를 작성한다. 철강 1톤의 화폐 가치는 500만 원, 자동차 1대의 화폐 가치는 5천만 원, 시설 한 동의 화폐 가치는 20억 원으로 가정하며, 이때의 업종별 화폐 가치 투입-산출

표는 다음의 〈표 3-9〉와 같다.

▮표 3-9▮ 화폐 가치 투입-산출표

	철강업	자동차업	건설업	총산출(만 원)
철강업	500	2,500	1,500	2,250,000
자동차업	1,500	1,000	5,000	37,500,000
건설업	100	150	300	110,000,000
총투입	2,250,000	37,500,000	110,000,000	

셋째, 각 산업의 산출물 간의 투입 비율을 나타내는 투입계수를 계산한다. 투입계수(a_{ij})는 다음의 식 (3-11)로 표시한다.

$$a_{ij} = \frac{X_{ij}}{X_i} \quad \cdots\cdots (3-11)$$

a_{ij}: 산업 i와 산업 j 간의 투입계수

X_{ij}: 산업 i에서 산업 j로의 투입량

X_i: 산업 j의 총 산출량

식 (3-11)을 이용하여 투입계수를 계산하면 다음의 〈표 3-10〉으로 계산된다. 투입계수(a_{ij})는 산업 j가 제품 한 단위를 생산하기 위해 산업 i로부터의 필요한 구입량을 의미한다.

▮표 3-10▮ 투입계수

	철강업	자동차업	건설업
철강업	0.11	0.33	2.73
자동차업	0.33	0.13	9.09
건설업	0.02	0.02	0.55

넷째, 투입계수로 이루어진 행렬의 역행렬을 구하여 최종 수요의 변화분에 대한 산출량의 증분을 나타내는 투입-산출모형을 도출한다. 〈표 3-7〉을 행렬식으로 표시하면 다음과 같다.

$$
\begin{array}{l}
a_{11}X_1 + a_{12}X_2 + \dots + a_{1n}X_n + D_1 = X_1 \\
a_{21}X_1 + a_{22}X_2 + \dots + a_{2n}X_n + D_2 = X_2 \\
\vdots \qquad\qquad\qquad \vdots \qquad\qquad\qquad \vdots \\
a_{n1}X_n + a_{n2}X_n + \dots + a_{nn}X_n + Dn = Xn
\end{array}
$$

$$
\begin{vmatrix} (1-a_{11}) & \cdots & a_{1n} \\ \vdots & \vdots & \vdots \\ a_{n1} & \cdots & (1-a_{nn}) \end{vmatrix} \times \begin{vmatrix} X_1 \\ \vdots \\ X_n \end{vmatrix} = \begin{vmatrix} D_1 \\ \vdots \\ D_n \end{vmatrix}
$$

위 행렬식은 $(I-A) \cdot X = D$로 표시할 수 있다. 양변에 $(I-A)$의 역행렬을 곱해주면 최종 수요의 변화에 대한 산출량의 증가분은 $X = (I-A)^{-1} \cdot D$로 계산되고 이 식을 통해 예측을 할 수 있다.

투입-산출모형의 장점은 최종 소비자에게 판매하는 최종판매부문에서의 수요 변동이 생산부문의 수요 변동에 미치는 영향을 측정할 수 있고, 도시 내 또는 도시 간의 산업별 상호 연관관계를 파악하여 도시 내에서의 재화와 용역의 흐름을 분석할 수 있다. 또한 기존에 만들어진 투입산출모형을 사용하여 다양한 경제정책의 대안들에 대한 효과를 쉽게 측정할 수 있다. 단점은 투입-산출표를 작성하는 시간과 비용이 많이 들고, 각 산업별로 하나의 동질적인 제품을 생산한다는 가정은 현실적이지 못하다. 또한 분석기간 동안 투입계수가 일정하다는 기본 가정은 기술 수준이 빠르게 변화는 사회에서는 동의하기가 어렵다.

3) 시뮬레이션기법(simulation)

시뮬레이션기법은 컴퓨터를 이용하여 미래의 수요예측을 위한 모형 또는 모델을 만들고 내부 변수와 외부환경 변수에 대한 가정을 설정한 후에 모의실험을 실시하여 미래의 수요를 예측하는 기법이다. 즉, 어떤 현상이나 사건이 실제로 발생하기 전에 그 사건을 컴퓨터로 모형화하여 가상의 환경에서 실행하여 실제 상황에서 발생할 수 있는 결과를 예측하는 기법이다. 시뮬레이션기법에는 이산형 시뮬레이션(discrete simulation)과 연속형 시뮬레이션(continuous simulation)이 있다.

이산형 시뮬레이션은 분리된 특정 시점에서만 시스템의 변화가 발생하는 경우에 대한 시뮬레이션이다. 생산 시스템에서 정해진 시간에 부품이 도착하고 정해진 공정에 의해 제품이 만들어져서 정해진 시간에 제품이 출하되는 과정은 이산형 시뮬레이션의 예에 속한다.

연속형 시뮬레이션은 분석하는 시스템의 상태가 시간이 감에 따라 연속적으로 변화되는 경우에 대한 시뮬레이션이다. 정유공장에서 원유를 투입하여 다양한 종류의 유류를 생산하는 과정은 연속형 시뮬레이션의 예에 속한다.

02 기타 예측기법

1) 초점예측기법(focus forecasting)

초점예측기법은 완제품의 재고관리에 주로 이용되며 Bernie Smith에 의해서 제시되었다(김연성 등, 2010; Smith, B. T., 1984). 초점예측기법의 출발은 일반적으로 미래의 수요예측에 사용되는 통계적 접근방법들이 항상 좋은 결과를 주지는 않는다는 것을 Smith가 실증한 것에 있다. 즉, 통계적 접근방법이 아닐지라도 보유하고 있는 과거 자료 및 사실에 가장 적합하면서 간단한 방법이 수요의 미래 예측을 위해서 가장 좋을 수도 있다는 것이다.

초점예측기법은 과거의 데이터를 이용하여 통계적 접근방법을 사용하는 대신에 미래 수요예측을 위해 논리적이면서 이해하기 쉬운 몇 가지 규칙을 가정한다. 각각의 규칙들을 적용하여 예측 오차가 가장 작은 규칙을 수요예측방법으로 사용한다.

2) 웹기반예측기법

웹기반예측기법은 정보기술의 발전과 더불어 기업의 모든 환경과 기업 간의 연계 환경들이 인터넷 기반으로 변경되었다는 것에서 출발한다. 현대의 기업들은 회사에서 발생하는 모든 자료들을 컴퓨터에 보관하고 필요시 그 자료를 사용하여 의사결정에 활용하는 기본 구조를 가지고 있다. 그러므로 기업들은 회사가 가진 방대한 자료를 인터넷상에서 활용하여 회사의 미래 수요예측을 하는 데 사용한다. 각 기업들은 자사의 ERP 시스템과 웹으로 연결된 파트너 간에 정보

공유를 하여 저비용으로 신속하고 정확한 미래 수요예측 정보를 생성하며 이것을 웹기반예측기법이라고 한다.

03 수요예측기법의 선정

지금까지 본 교재에서 우리는 다양한 수요예측기법을 살펴보았다. 앞에서 살펴본 바와 같이 어떤 상황에서도 최적의 결과를 주는 예측기법은 없다. 그러나 수요예측을 위해 예측기법을 사용하는 담당자는 여러 가지 요소를 고려해야 된다.

수요예측기법을 선정하는 기준은 비용, 정확성, 과거 자료의 확보 가능성, 컴퓨터 소프트웨어의 사용 가능성, 예측 소요 시간, 예측 기간의 길이, 적용 분야, 변수의 복잡성 등이 있다.

수요예측을 하기 위해 배정된 예산 금액에 따라 선택할 수 있는 수요예측기법도 달라져야 한다. 또한 수요예측 결과에 오차가 발생할 경우에 그 오차로 인해 부담해야 할 잠재적인 비용은 얼마이고 반대로 정확한 예측으로 인해 얻게 되는 경제적 이득은 얼마인가에 따라 선택하는 예측기법도 달라진다. 일반적으로 수요예측에 들어가는 비용이 많으면 많을수록 수요예측의 정확도가 높아지는 것이 사실이다. 그러나 가장 좋은 수요예측기법은 예측기법으로부터 얻은 결과를 사용하는 사용자가 가장 좋다고 판단할 때의 예측기법이지 수요예측에 많은 비용이 투입되었거나 수요예측의 정확도가 높은 기법이 아니다.

수요예측에 필요한 과거 자료를 충분히 확보할 수 있는지에 따라 사용할 수 있는 수요예측기법이 달라진다. 만약 수요예측에 필요한 과거 데이터를 충분히 확보할 수 있다면 정량적 기법을 사용하는 것이 수요예측의 결과 품질을 높일 수 있다. 만약 과거의 데이터를 거의 확보하지 못하거나 없는 경우에는 정성적 기법을 사용해야 한다. 그러므로 수요예측에 필요한 과거 자료의 확보 유무에 따라 사용할 수 있는 수요예측기법을 신중하게 선택해야 한다.

수요예측의 정확성을 높이기 위해서는 복잡한 수요예측기법과 많은 양의 과거 데이터가 필요한 경우도 있다. 그러나 많은 양의 과거 데이터와 복잡한 수요예측기법은 많은 시간과 비용을 요구한다. 이러한 수요예측의 문제점을 해결하기 위해 요즘에는 수요예측에 전문적으로 사용되는 소프트웨어들이 판매되고 있다. 그러므로 이러한 수요예측 소프트웨어를 사용할 수 있느냐에 따라 선택할 수 있는 수요예측기법도 달라진다.

수요예측에 허용된 예측 소요 시간이 얼마나 되느냐에 따라 선택할 수 있는 수요예측기법이 달라질 수 있고 예측 기간을 얼마나 길게 하느냐에 따라 선택할 수 있는 수요예측기법이 달라질 수도 있다. 일반적으로 정성적 기법은 과거 자료가 필요하지 않기 때문에 장기 예측에 사용될 수 있다. 또한 적용 분야가 어디냐에 따라서 선택할 수 있는 수요예측기법이 달라질 수 있고 변수가 얼마나 복잡하냐에 따라 선택할 수 있는 수요예측기법이 달라질 수 있기 때문에 주어진 상황에 가장 적절한 수요예측기법을 선정하는 것이 성공적인 수요예측으로 가는 길임을 알아야 한다. 다음의 〈표 3-11〉은 주어진 상황에 가장 적절한 수요예측기법을 선정하기 위한 내용을 설명하고 있다.

표 3-11 적절한 예측기법을 선정하기 위한 지침

예측기법	필요한 과거 자료의 양	자료 패턴	예측 시야	준비 기간	요구되는 개인적 능력
이동평균법	2~30개의 관측치	자료는 안정적이어야 함	단기	짧음	거의 없음
단순지수평활법	5~10개의 관측치	자료는 안정적이어야 함	단기	짧음	거의 없음
추세조정 지수평활법	10~15개의 관측치	추세	단기에서 중기	짧음	중간 정도의 능력
추세모형	10~20개: 계절분석을 위해서는 계절당 최소 5개 이상	추세	단기에서 중기	짧음	중간 정도의 능력
계절분석	2개의 봉우리와 골짜기를 확인할 수 있을 만큼	순환변동 및 계절변동을 처리함	단기에서 중기	짧거나 중간 정도	거의 없음
인과관계 회귀분석 모형	독립변수 1개당 10개의 관측치	복잡한 패턴을 처리할 수 있음	단기, 중기, 장기	개발에는 장기간, 활용에는 단기간 소요	상당한 수준의 능력

출처: 강종열 외(2010), 생산운영관리(10판), p. 113; 원출처: Wilson, J. H. & Allison-Koerber, Deborah (1992), Combining subjective and objective forecasts improves results, Journal of Business Forecasting, p. 4.

04 결론

수요예측을 하는 것은 발생하지 않은 미래를 예측하는 것이기 때문에 매우 어렵고 그 결과의 정확성도 예측하기가 어렵다. 그러므로 수요예측은 어느 정도의 예측 오차는 인정해야 한다. 수요예측기법

은 주어진 상황이나 조건에 따라 적절한 예측기법을 선택해서 사용해야 좋은 결과를 얻을 수 있다.

단기 예측을 위해서는 이동평균법이나 단수지수평활법 등의 시계열예측기법이 유용하게 사용될 수 있다. 단기 예측은 짧은 시간 안에 예측 결과를 주어야 하기 때문에 사용하기가 간편한 예측기법이 주로 사용된다.

단기 및 중기 예측을 위해서는 추세조정지수평활법, 계절변동분석기법 등의 시계열예측기법이 유용하게 사용될 수 있다.

장기 예측을 위해서는 회귀분석기법, 다중회귀분석기법 등과 같은 인과예측기법, 정성적기법, 투입산출모형, 시뮬레이션기법 등이 유용하게 사용될 수 있다. 일반적으로 장기 예측은 과거의 데이터를 사용하기가 힘든 경우에 주로 사용하는 정성적 기법이 효과적인 대안이 될 수 있다.

결론적으로 수요예측은 예측오차가 0인 정확한 예측을 하기가 어렵기 때문에 사용자가 투입하는 비용과 예측오차로 표시되는 정확성을 어디까지 인정할 것인가에 따라 달라진다. 그러므로 수요예측은 예측기법을 선정하기 전에 주어진 데이터, 상황, 비용 등의 전반적 요소를 고려하여 가장 적절한 예측기법을 선정하고 보완하는 절차를 수행해야 사용자에게 바람직한 수요예측이 될 수 있다.

마무리사례 — 갑을관계 '우유 · 막걸리'만 그럴까?

전체 고용인원 중 자영업자가 차지하는 비율이 경제협력개발기구(OECD) 회원국 중 주요 선진국들의 경우 10% 전후인 반면, 우리나라는 31.3%로 일본에 비해 18% 포인트가량 높은 것으로 나타났다(2008년 OECD 통계자료).

미국의 4배, 일본의 2.4배에 달할 정도로 자영업자가 많다보니 창업 후 18%가 1년 안에, 60%가 3년 안에 폐업한다. 많은 사람들은 안정된 자영업을 위해 지명도 있는 프랜차이즈 가맹점이나 유명기업 제품의 대리점 등에 관심을 가지게 된다.

이는 큰 나무에 기대는 심정으로 하는 것이지만 이 역시 애로사항이 많다. 따라서 일부 업체에서는 대리점에 판매물량을 강요하고, 판촉물 구입비용을 강제로 부담시키기도 한다. 또 가맹점주에게 고가의 리뉴얼을 무리하게 요구하면서 리뉴얼을 할 때는 본사에서 지정한 인테리어업체를 이용하게 하거나 인테리어가격을 부풀린다는 의혹이 제기되기도 한다.

이처럼 3~5년에 한번씩 1억 원이 넘는 리뉴얼 비용을 제하고 나면 가맹점주의 실질 수입은 크게 줄어드는 경우도 적지 않다.

30대 사건목록의 일부 사례

사건 유형	사건명 (의결번호/ 사건번호)	행위사실 (조치내용)	확정여부 (판례번호)	선정 이유
가맹점	제너시스의 가맹사업위반행위건	가맹점에게 판촉물 구입비용을 강제로 부담시킴	고법 승소, 대법 승소 확정	가맹본부의 비용부담 강요행위에 대하여 위법성을 인정한 사건-가맹사업법 관련 최초의 대법원 판례
	(제2008-124호/ 2007가유4148)	(시정명령)	(2009두17032)	
공동	3개 학생복제조업체의 부당한 공동행위건	총판 및 대리점으로 하여금 판매가격을 합의하도록 종용	고법 승소, 대법 승소확정	위원회 과징금 부과 후 민사소송으로 연결되어 피해자 승소 사건 중 역대 대인원(3,525명)이 소송에 참가한 사건
행위	(제2001-082호/ 2001제도1290)	(고발, 과징금 89억, 시정명령, 공표명령)	(2004두10586, 2004두12346, 2004두14564)	
재판가	매일유업의 재판대 가격유지행위	유통업체에게 소비자판매가격 준수하도록 강요하고 이준수업체에 대해 가격인상을 종용하거나 공급중단 통보(고발, 과징금 2억, 시정명령, 공표명령)	고법 승소, 대법 승소 확정	대법원에서 재판매가격유지행위의 위법성 판단기준을 제시한 사건
유지	(제98-111호/ 9804독관0498)		(200두1829)	

출처: 공정위(2012).

최근에는 주류업체인 배상면주가의 대리점주가 본사의 물량 밀어내기(제품 구입강제)와 빚 독촉에 따른 고통을 호소하며 목숨을 끊는 사건이 발생했다. 경찰은 매출장부 · 입출고 내역과 본사 거래내역 등을 분석해 자살 당시 막걸리 2만 병을 '밀어내기'로 받아 대부분 폐기 처분한 사실을 밝혀냈다. 경찰은 불공정거래 혐의에 대한 수사결과를 공정거래위원회(이하 공정위)에 통보하기로 했다.

또한 남양유업 대리점은 본사의 밀어내기 관행이 제기되며 물의를 빚었다. 일부 대리점주들은 지난 1월과 4월 본사에서 전산데이터를 조작해 제품을 강매했다며 공정위에 신고서를 제출했고, 회사의 회장과 대표이사 등 고위 임원 및 관계자 10여 명을 검찰에 고발했다.

공정위는 현장조사를 통해 본사 차원에서 전체 대리점을 상대로 일괄적으로 밀어내기를 한 증거를 포착했다. 이후 남양유업 전국대리점협의회는 사측과 △밀어내기 등 불공정 행위 원천 차단 △대리점 권익 보호를 위한 상생위원회 신설 △동반자적 관계 구축을 위한 기업문화 개선 등을 두고 협상을 진행했다.

출처: 머니투데이(2013년 7월 1일).

도입사례 — [지금은 컨버전스 시대] RFID 입은 車 · 조선 · 철강… '경쟁력+α'

부품 입출고 현황 한눈에 … 협력사 정보공유 '윈윈'

제조산업에서 무선인식장치인 전자태그(RFID)가 효율성을 높여주는 효자 기술로 자리매김하고 있다. 주로 물류와 유통 분야에서 물품 확인을 용이하게 하기 위해 이용되던 RFID 기술이 자동차, 조선, 철강 분야까지 다양하게 활용되고 있는 것이다. 특히 RFID 기술 도입으로 물류와 재고관리를 효율성은 물론 협력업체와의 상생 및 동반성장에도 적지 않은 영향을 미치고 있다. RFID 기술 도입에 따라 상생협업 정보네트워크가 구축되고, '제조사-물류업체-1차 협력업체' 간의 통합정보를 공유할 수 있게 된 것이다.

◇ 제조업, RFID 기반 IT인프라 구축 활발

최근 글로벌 시장 경쟁력을 확보하기 위해서 산업 밸류 체인(value chain)상의 완성품 제조기업과 납품업체 간에 실시간 물류 흐름과 정보흐름의 가시화와 통합 관리가 형성돼야 한다는 목소리가 높다.

글로벌 경쟁 패러다임이 기업 간 경쟁에서 네트워크 간 경쟁으로 변화하고 있기 때문이다. 변화의 한 가운데는 RFID 등 IT신기술 인프라 도입이라는 과제가 필수 요소로 자리 잡고 있다.

때문에 RFID 기술 적용에 대한 기술적 한계를 지닌 철강산업에서도 재고 및 물류 관리 부문에 업무효용성과 추적성을 보장하기 위해 RFID 시스템을 적용하는 사례가 증가하는 추세다.

포스코와 현대하이스코가 앞장서 현장에 RFID 기술을 심고 있다. 포스코는 그동안 수작업 및 바코드 사용에 따른 현물 추적의 어려움을 겪어 온 것으로 나타났다. 이렇다 보니 작업지시 오류, 운송작업 지연, 자동화율 저하, 인력 과다투입, 고객 불만족으로 이어지는 연쇄적인 문제점이 발생한 것이다. 이러한 문제점을 RFID를 활용해 적극 개선하고 있다.

물류 센터의 경우 생산 제품에 RFID를 붙여 상황에 따른 제품을 찾아내 공급하는 데 활용하고 있다. 특히 지난 2009년에 도입한 u세이프티 시스템은 공장 내 모든 근로자 및 방문객들에게 초광대역(ultra wide band: UWB) 기술 기반의 RFID 태그를 착용하는 것을 골자로 한다.

회사 측은 90여 개 센서를 포함한 통합 시스템을 통해 이들의 위치를 실시간으로 정확히 파악, 화재나 가스누출 등의 사고 발생 시 해당 지역의 작업자 및 방문객 유무를 즉시 확인해 신속한 대피와 재해복구 등 필요한 조치를 취할 수 있다. 포스코는 u세이프티 시스템을 다른 공장에도 확대 적용하는 방안을 적극 검토 중이다.

현대하이스코(39,200원 △600 1.55%)는 고객사에 RFID 기술 등 IT기술과 시스템을 지원해 물류 및 재고관리의 효율성을 향상시키는 한편, 자사 온라인 교육시스템과 커리큘럼을 협력사와 연계하고, 공정거래 및 윤리경영 관련교육을 실시함으로써 협력사 직원들의 소양함양과 역량강화를 도모하고 있다.

◇ 'RFID'로 협력사와 '윈윈'

현대자동차는 지난해 10월 100개 협력사를 네트워크로 연결하는 RFID 기반 물류 인프라 구축을 완료했다. 특히 이번 사업은 재고와 물류 관리 프로세스를 개선해 연간 수백억 원의 부품 및 재고관리 비용을 절감하는 게 핵심이다. 이에 따라 대기업과 중소 협력업체 간 상생 협력의 모범 사례로 평가받고 있다.

기존에는 RFID를 차량 천장에 부착한 후, 각 생산공정에 설치된 안테나를 통해 차량 정보와 부품 사용량을 파악해 재고를 관리했지만 새로운 시스템은 협력사의 부품 공급 물량과 운송 과정, 부품 위치 등을 실시간으로 파악할 수 있게 만들었다.

현대차(228,500원 △500 0.22%)는 이 시스템 구축과정에서 생산 공장과 부품 협력업체, 물류센터 등 주요 거점에 RFID 장비 및 관련 솔루션을 설치했다. 아산공장의 경우 정문·남문·동문에 RFID 고정형 게이트를, 그리고 4곳의 하치장에 디스플레이용 LCD를 설치해 차량이 공장 안으로 들어오면 바로 하차 작업을 할 수 있도록 했다.

아산공장에 납품하는 1차 협력사의 모든 차량에도 태그를 부착, 납품 차량의 운행정보를 실시간으로 공유한다. 2차 협력사는 부품 박스와 팰릿 등에 태그를 부착, 실시간으로 재고관리를 할 수 있다.

차동원 현대차 CL사업부장은 "생산라인 주변에 있는 재고 물량과 협력업체가 보유한 재고물량을 파악하는 게 중요하다."며 "시스템 도입으로 차량의 위치, 부품의 입출고 현황 등을 실시간으로 파악할 수 있어 비용과 시간을 획기적으로 절약할 수 있다."고 말했다.

기아자동차 역시 지난 2007년 9월부터 지난해 8월까지 RFID기술을 활용한 '기아자동차 상생협업 정보네트워크'를 구축, '완성차공장-물류업체-1차 협력업체' 간 통합정보를 공유하고 있다. 이를 통해 완성차공장은 생산물류시스템을 운영해 협력업체별 부품 납입지시현황과 납입차량 일·출문 현황, 생산공정별 부품 사용현황을 실시간으로 조회하고 있다.

1차 협력업들도 통합자재 정보시스템을 통해 자재 입고와 부품출고 현황을 비롯해 재고현황, 완성차공장 부품소요량과 가동현황을 실시간 조회, 부품 발주 신뢰도를 향상시켰다.

또한 물류업체는 물류통합시스템을 통해 △부품 상·하차 현황 △차량 운송경로

△부품운송차량 입·출문 현황 등을 조회, 물류의 정체 문제를 해소하고 있다.
기아자동차는 정보네트워크 구축으로 재고유지비와 결품손실 비용 등 연간 약 36억2,000만 원을 절감하고 있다. 협력업체들의 절감비용을 더할 경우 연간 약 47억 원의 비용절감 하고 있다.
기아차(62,600원 △200 0.32%) 관계자는 "협력업체에게 IT를 통한 내부효율화를 지원, 윈-윈 협력 모델을 확산시킬 것"이라며 "자동차 출하장 실시간 관리, 출고차량 관리 등 RFID 기술을 확대 적용하는 중장기 사업을 추진할 계획"이라고 강조했다.

출처: 이투데이(2011년 4월 11일).

01
자재소요량계획

1) 자재소요량계획의 정의

자재소요량계획(material requirement planning: MRP)은 자재소요계획, 자재소요량관리, 자재소요량계산, 자재수급계획 등으로 불리며, 어떤 자재(원자재, 반제품, 가공품)가 언제까지 얼마만큼 필요한지를 계산하는 방법이다. [그림 4-1]은 자재소요량계획에 필요한 정보와 진행 방향을 설명한다.

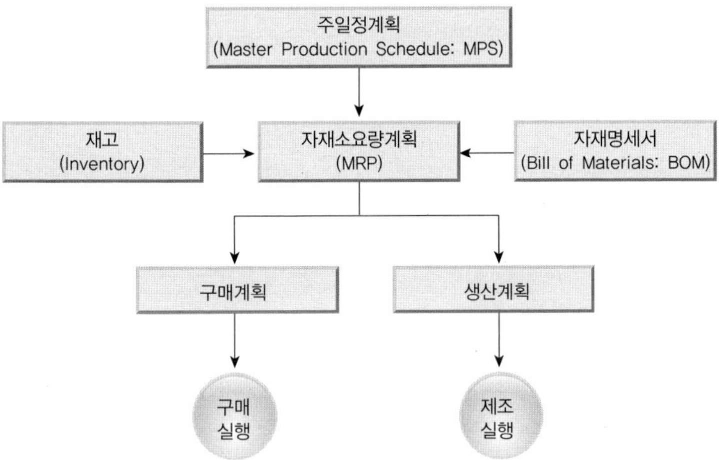

▌그림 4-1▐ 자재소요량계획의 진행

주일정계획은 시간대별로 각 제품을 언제 얼마나 만들 것인지를 결정하는 계획이고, MRP는 주일정계획(MPS)이 결정되면 실행된다. MPS에서 시간대별로 생산 제품과 생산량이 결정되면 MRP는 제품 1 단위를 생산하는 데 필요한 자재 정보를 담고 있는 자재명세서

(BOM) 정보와 재고 정보를 이용한다. MRP는 BOM을 이용해서 전체 제품 생산에 필요한 각 자재의 소요량을 계산하고 자재 창고에 있는 자재량을 뺀 후에 필요한 자재를 구매하기 위해 구매계획을 실행하고 필요한 제품을 생산하기 위해 생산계획을 진행한다.

MRP가 계산되면 구매계획과 생산계획이 진행되는 것이 일반적이다. 그러나 MRP는 생산해야 할 제품량을 만족하는 자재량을 계산하는 것이 주목적이기 때문에 회사의 생산 능력이 고려되지 못하는 문제점이 발생하며 이러한 문제점을 개선한 것이 [그림 4-2]의 폐쇄순환 MRP이다.

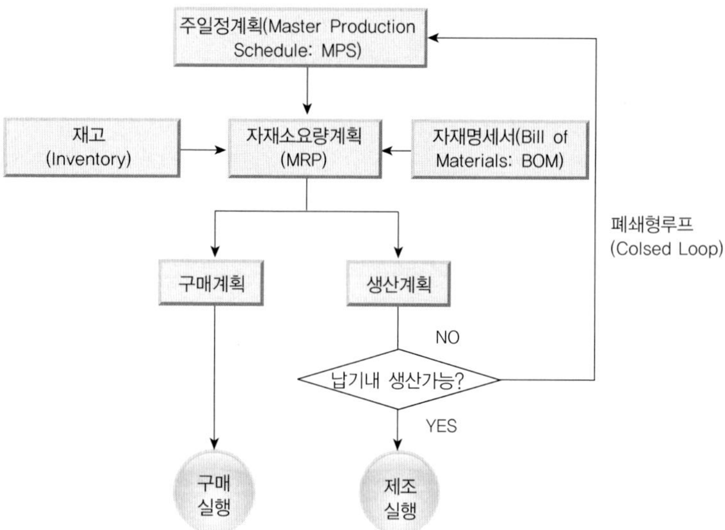

▮그림 4-2▮ 생산 능력을 고려한 폐쇄순환 MRP

[그림 4-2]의 폐쇄순환 MRP는 MPS와 MRP를 통해 생산계획이 결정되면 생산계획에 의해 납기 내 생산계획의 충족이 가능한지를 파악하여 생산계획이 충족되지 못하면 다시 MPS로 가서 시간대별로

주일정계획을 재수립하고 MRP를 재실행하여 생산계획이 납기 내 충족이 가능할 때까지 반복하는 정책을 의미한다.

1970년대 자재소요량계획으로 출발한 MRP는 납기 내에 생산계획의 달성 유무가 반영되지 못하여 제조자원계획(manufacturing resource planning: MRP II)이 1980년대에 출현하였다. MRP II는 생산계획을 달성하기 위해 자재 조달, 우선순위, 설비 능력, 인력 상황 등을 감안하여 생산 및 자재 조달 일정을 수립한다. MRP는 자재(원자재, 반제품, 가공품) 등에 대한 자재수급계획과 생산관리를 합친 체계적인 제조 관리기술이며 자재명세서, 표준공정도(routing sheet), 주일정계획, 재고 정보의 4가지 필수정보를 활용하며, MRP II는 MRP 정보에 생산 능력에 관한 생산 정보를 추가로 활용하여 수행한다.

2) BOM

BOM은 MRP를 실행하기 위해서는 필수적으로 필요하며 제품, 조립품 등의 상위 품목을 생산하기 위해 필요한 반제품, 원자재, 부품 등의 리스트로 구성된다. BOM은 단순히 제품 정보만을 의미하지 않고 생산 활동에 필요한 모든 정보의 체계화된 집합이다. 생산에서 품목의 분류는 상위 품목(모품목: parent)과 부품(자품목: component)으로 나누어지고 상위 품목은 하나 이상의 부품으로 만들어지는 품목을 의미한다. 부품은 상위 품목으로 변환되기 위해 적어도 하나 이상의 공정을 거쳐야 되는 품목을 의미하며 BOM은 모든 품목에 대해서 상위 품목과 부품의 관계, 사용량, 단위 등을 표시한 도표, 그림, 리스트라고 설명할 수 있다. BOM에서 일반적으로 사용되는 용어는 다음의 〈표 4-1〉과 같다.

▌표 4-1▐ BOM에서 사용되는 용어

용어	설명
수준(level)	BOM에서 특정 품목의 위치이며 최상위품목을 0(zero)으로 표현
QPA (quantity per assembly)	상위품목 한 단위에 소요되는 하위품목의 수량
모품목(parent, 상위품목)	자품목의 상위에 있는 품목으로 하나 이상의 부품으로 제조되는 품목
부품(component, 자품목)	모품목의 아래에 위치해 있는 품목으로 상위품목으로 전환되기 위해서는 하나 이상의 공정을 거쳐야 함
조립품(assembly)	Assy로 표현하고 하위품목을 가진 품목
반제품(sub-assembly)	조립품의 하위 조립품
원자재(raw material)	BOM에서 최하위단계의 품목
부품표 (part list: P/L)	한 개의 제품을 만드는 데 필요한 부품의 목록과 필요한 수량을 표시하며, 부품의 하위 수준은 보여주지 않기 때문에 일단계 BOM(single-level-BOM)이라고 볼 수 있음
리드타임(lead time: LT)	제품 한 개를 생산할 때 시작부터 종료할 때까지의 소요 시간(기간)

다음의 [그림 4-3]의 예제는 제품 1단위를 생산하기 위한 BOM의 수준(level)을 설명하고 있다. [그림 4-3]은 컴퓨터를 제조하기 위해 필요한 자재리스트에 대한 BOM을 설명하고 있다. 수준 0은 최종적으로 완성된 완제품을 의미하고 수준 1은 완제품을 생산하기 위해 필요한 원자재, 반제품, 조립품을 의미한다. 수준 2는 반제품인 메인보드를 생산하기 위해 필요한 자재 리스트이며 수준 3은 반제품인 기판을 생산하기 위해 필요한 원자재 리스트이다. [그림 4-3]에서 전체 BOM은 수준 0부터 수준 3까지로 구성된다. 만약 컴퓨터 1대를 생산하려면 케이스 1개, 하드디스크 1개, 메인 보드 1개, CPU 1개, 기판 1개, 케이블 5개, 램 8개가 필요하며 이러한 내용은 BOM

을 통해서 알 수 있다.

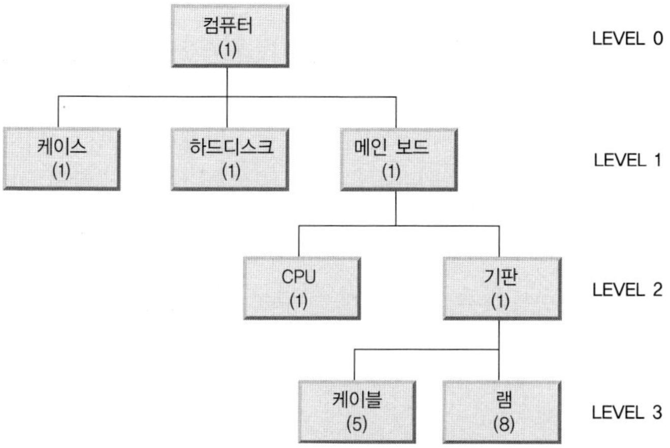

▌그림 4-3▐ BOM의 수준

(1) BOM의 역할과 구성

BOM은 제품 1단위를 생산하기 위해 필요한 부품에 대한 기준 정보와 제품 구조로 구성된다. 생산뿐만 아니라 판매활동을 비롯한 전 부문에서 사용되고 제품의 원가를 계산하여 회계 결산과 성과 평가를 위한 목적으로도 사용된다. 일반적으로 BOM은 제품과 부품 간의 상호 구성 관계, 완제품 생산 수량에 따른 필요 부품 수량, 제조원가, 리드타임, 부품의 계량 단위 등의 정보를 설명하고 있다.

BOM은 회사의 전략에 의해 판매할 제품이 결정된 후에 만들어지며 BOM 정보를 확인하면 제품이 어떻게 설계되었는지를 알아낼 수 있고 특정 품목을 만드는 데 필요한 부품들이 무엇인지를 알아낼 수 있다. 또한 BOM은 자재의 불출목록을 생성하는 데 이용되며, 리드타임 정보를 이용해서 구매 및 생산 일정 계획을 수립할 수 있다.

즉, BOM은 MPS와 연결하여 구매 또는 생산 주문의 발행이 필요한 자재 품목을 결정하는 데 사용된다.

[그림 4-4]에서 설명하는 BOM의 일반적인 구성도를 보면 BOM은 관계 정보와 자체 정보를 설명한다. 반제품 B는 원자재 D와 원자재 E로 만들어진다는 관계 정보를 설명한다. 원자재 E는 자기 자신의 정보를 가지고 있기 때문에 자체 정보를 설명한다. BOM을 통해서 제품에 대해서 알 수 있는 구체적인 정보를 설명하면 다음과 같다.

① 제품을 만들기 위해 필요한 자재의 종류와 양

② 제품을 만들기 위해 필요한 시간

③ 제품을 만드는 과정 및 순서

④ 제품을 만드는 데 투입된 원가

⑤ 제품의 제조 능력(capacity)

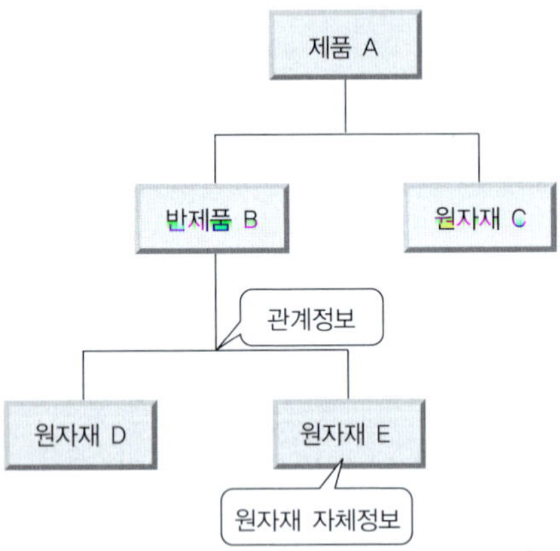

그림 4-4 BOM의 일반적인 구성도

(2) BOM의 구조 및 표현

BOM의 구조에 따른 표현은 다음의 [그림 4-5]에서 자세히 설명된다. [그림 4-5]에서 최하수준코드(low level code)는 부품이 BOM에서 하나 또는 여러 곳에 존재할 때 이 중에서 최하위의 수준을 말하는 것으로 모든 품목은 하나의 최하수준코드를 가지게 된다.

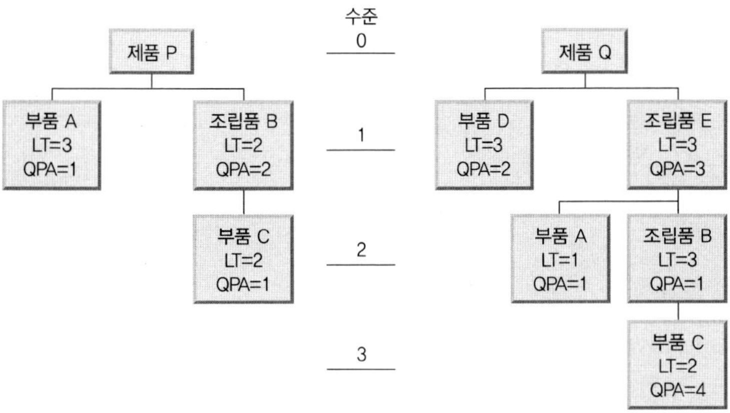

항목 (item)	P	Q	A	B	C	D	E
최하수준코드 (low level code)	0	0	2	2	3	1	1

▮그림 4-5▮ BOM의 구조 및 표현

제품 P는 부품 A와 조립품 B를 이용해서 만들어지며 부품 A는 리드타임이 3이고 제품 P를 만들기 위해서는 2개가 필요하다. 조립품 B는 리드타임이 2이고 부품 C를 이용해 만들어지며 제품 P를 만들기 위해서는 2개의 조립품 B가 필요하다. 부품 C는 리드타임이 2이고 조립품 B를 만들기 위해서는 부품 C가 1개 필요하다.

제품 Q는 부품 D와 조립품 E를 이용해 만들어지며 부품 D는 리드타임이 3이고 제품 Q를 만들기 위해서는 부품 D가 2개 필요하며 조립품 E는 리드타임이 3이고 제품 Q를 만들기 위해서는 조립품 E가 3개 필요하다. 조립품 E는 부품 A와 조립품 D를 이용해 만들어지고 부품 A는 리드타임이 1이고 조립품 E를 만들기 위해서는 부품 A가 1개 필요하다. 조립품 B는 리드타임이 3이고 조립품 E를 만들기 위해서는 조립품 B는 1개가 필요하다. 조립품 B는 부품 C를 이용해 만들어지고 부품 C는 리드타임이 2이고 조립품 B를 만들기 위해서는 부품 C가 4개 필요하다.

제품 P와 제품 Q는 완제품이므로 최하수준코드는 0이 된다. 부품 A는 제품 P를 생산하는 데도 필요하고 조립품 E를 생산하는 데도 필요하다. 그러므로 부품 A는 제품 P를 생산할 때는 수준 1이지만 제품 Q를 만들기 위한 조립품 E를 생산하는 데는 수준 2로 사용되어 최하수준코드는 2가 된다. 같은 방법을 사용하면 조립품 B는 제품 Q를 만들기 위해 조립품 E의 생산에 사용되기 때문에 최하수준코드는 2가 된다. 부품 C는 조립품 B를 만들기 위해 필요하며 제품 P보다 제품 Q를 만들 때의 수준이 낮기 때문에 부품 C의 최하수준코드는 3이 된다. 부품 D와 조립품 E는 제품 Q를 생산할 때만 필요하며 이때의 최하수준코드는 1이 된다.

(3) BOM 전개

BOM의 구조는 전개(explosion)된 형태로 표현되며 일반적인 전개 형태 3종류는 단일수준(single level) BOM, 톱니모양(indented) BOM, 요약(summarized) BOM이다.

① 단일수준 BOM

단일수준 BOM은 하나의 모품목에 대해 연결되어 있는 자품목의 리스트이며 MRP를 전개하기 위해 사용되도록 컴퓨터에 저장되는 형태이며 제조용 BOM으로 사용된다. 하나의 모품목에 대한 자품목의 리스트를 보여주기 때문에 간단명료하게 확인이 가능하고 관리가 편하다. 단일수준 BOM에서는 하나의 품목이 공용 품목(common item)이 되어 자품목으로 여러 곳에서 사용되는 경우에도 품목명은 동일하게 관리되기 때문에 설계 변경(engineering design) 사항이 발생해도 컴퓨터에서는 하나의 레코드 정보만 수정하면 된다. 다음의 [그림 4-7]은 [그림 4-6]에서 설명하는 제품 P를 단일수준 BOM으로 전개한 결과를 보여준다.

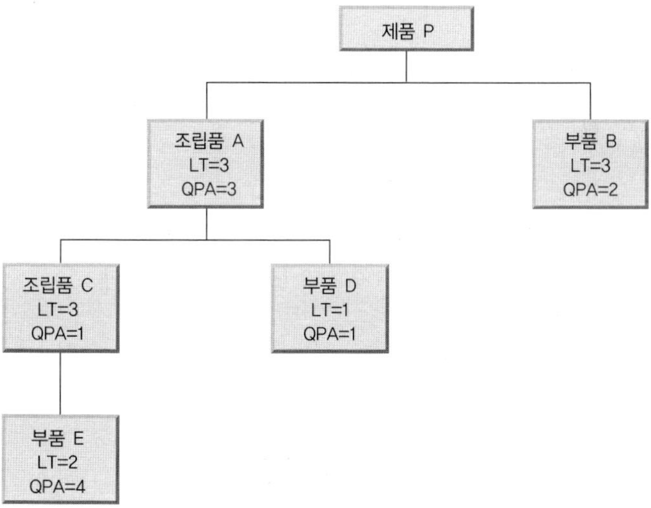

▌그림 4-6▐ 제품 P에 대한 BOM 정보

제품 P	QPA
조립품 A	3
부품 B	2

제품 P	QPA
조립품 C	1
부품 D	2

조립품 C	QPA
부품 E	4

▮그림 4-7▮ 제품 P의 단일수준 BOM 전개

② 톱니모양 BOM

컴퓨터에서 트리 구조(tree structure)로 보여 주거나 출력할 때 주로 사용하며 설계용 BOM으로 사용된다. 각 품목 앞에 붙은 점(.)의 개수가 수준을 설명하며 이것을 통해 제조되는 제품의 구조를 쉽게 알 수 있다. 다음의 [그림 4-8]은 [그림 4-6]의 제품 P를 톱니모양 BOM으로 전개한 결과를 보여준다.

제품 P	QPA
.조립품 A	3
..조립품 C	1
...부품 E	4
..부품 D	1
.부품 B	2

▮그림 4-8▮ 제품 P의 톱니모양 BOM 전개

③ 요약 BOM

요약 BOM은 제품의 구조를 설명하지는 않지만 특정 제품에 필요한 총소요량을 집계하여 보여주며 구매용 BOM으로 사용된다. 톱니모양 BOM은 모품목의 제조에 필요한 자품목의 수량만을 보여주기 때문에 모든 제품을 만드는 데 소요되는 총수량을 계산하려면 공용자재를 모두 찾아서 합해야 하는 불편함이 있다. 제품의 구조는 알 필요가 없고 제품 제조에 필요한 품목들의 수량만이 필요한 경우에는 요약 BOM이 효과적으로 활용된다. 다음의 [그림 4-9]는 [그림 4-6]의 제품 P를 요약 BOM으로 전개한 결과를 보여준다.

제품 P	QPA
.조립품 A	3
.조립품 C	1
.부품 E	4
.부품 D	1
.부품 B	2

▮그림 4-9▮ 제품 P의 요약 BOM 전개

(4) BOM의 종류

BOM은 부품들이 구성되어 제품을 표현할 때는 Producture, Bill of Material, Part List 등으로 불리고 프로세스 산업에서는 Recipe, Formulation 등으로 불린다. 그러므로 BOM은 활용하는 목적이나 정의하는 방법에 따라 설계 BOM, 제조 BOM, 계획 BOM, 기타 BOM 등으로 분류된다.

① 설계 BOM

설계 BOM(engineering BOM: E-BOM)은 설계 부서에서 사용하는 BOM이며 기능(function) 중심으로 구성된다. 예를 들면, 제품 P는 특정의 기능을 수행하는 조립품 A와 B로 만들어지고 조립품 A는 특정 기능을 수행하는 부품 C로 만들어지며 조립품 B는 특정 기능을 하는 부품 D로 만들어진다는 것이다.

업 또는 정유 산업 등에서도 퍼센티지 BOM을 사용하지만 이때는 계획 BOM에 포함되지 않는다.

다. 반전 BOM

BOM은 하나의 제품을 만들기 위해 여러 종류의 부품들을 조립 또는 가공하여 만드는 형태로 구성된다. 즉, 일반적인 BOM의 구조는 트리 형태로 표현된다. 그러나 프로세스 산업인 화학, 제철, 정유 산업은 단일 원료(부품) 또는 소수의 원료(부품)를 사용하여 다수의 제품을 만들어 내기 때문에 BOM의 구조가 트리 형태가 되지 않고 나무가 뒤집힌 형태인 역삼각형 형태의 BOM이 만들어지고, 이러한 형태의 BOM을 반전 BOM이라 한다. 통상적으로 BOM은 모품목과 자품목의 관계가 1:1 또는 1:N의 일방적인 관계가 성립되지만 반전 BOM은 사이클(cycle)이 형성될 수도 있다.

라. 공용부품 BOM

공용부품 BOM은 키트 BOM(KIT BOM)이라고도 하며, 제품군 또는 제품에 공통적으로 필요한 공용 부품들을 관리하는 BOM이다. 공용부품 BOM의 최상위 항목은 가상(pseudo)의 항목 번호를 갖게 된다.

④ 기타 BOM

가. 다수준 BOM

BOM을 표현하는 방법에 따라 붙여진 이름이다. 일반적인 BOM 정보는 부모(모품목)와 자식(자품목)의 관계만을 표현하지만 필요한 만큼 자품목의 자품목까지 BOM 정보를 표현하기도 하며 이것을 다수준 BOM(multilevel BOM)이라고 한다.

나. 팬텀 BOM

팬텀 BOM(phantom BOM)은 저장되지 않는 BOM이며 JIT 시스템 및 MRP 시스템과의 연동 시에 필요한 BOM이다. 설계 BOM을 제조 BOM으로 변환시킬 때도 사용되며 Blow-Through BOM, Pseudo BOM, Transient BOM 등의 용어로 불리기도 한다.

다. 패밀리 BOM

패밀리 BOM(family BOM)은 하나의 제품군을 형성하는 제품들에게 공통적으로 많이 사용되고, 생산 또는 구매 리드타임이 긴 자품목들로 구성된 BOM을 총칭한다.

라. 추가/삭제 BOM

추가/삭제 BOM(add/delete BOM)은 표준 BOM을 구성한 후에 표준 BOM과 유사한 구조를 갖는 제품의 BOM을 만들 때는 표준 BOM에 없는 부품은 추가(add)하고, 표준 BOM에는 있지만 필요가 없는 부품은 삭제(delete)하여 데이터의 중복과 저장 효율을 높일 때 사용된다.

3) MRP 계산

MRP를 전개하기 위해서는 총소요량(gross Requirements), 예정입고량(scheduled Receipts), 예상보유량(projected on-hand), 순소요량(net Requirements), 계획입고량(planned order receipts), 계획발주량(planned order releases) 등의 용어를 먼저 이해해야 한다.

총소요량은 외부 고객의 수요와 제조 과정에서 필요한 내부 수요를 합한 수량을 의미하며 정해진 기간 동안에 하나의 제품 또는 필요한 원자재의 총기대수요량을 의미한다. 최종 제품의 총소요량은 MPS에 나타나고 최종 제품의 구성품목인 자품목들의 총소요량은 모품목의 계획발주량에서 나타난다.

예정입고량은 기간의 초에 이미 발주가 되어서 공급업체로부터 해당되는 주초에 입고 예정인 수량을 의미한다.

예상보유량은 기간의 초에 보유하게 되리라고 예상되는 기대 재고량을 의미하며 전 분기에서 넘어온 이월재고량과 예정입고량의 합에서 총소요량과 안전재고량을 빼 준 것을 의미한다.

순소요량은 각 기간에 필요한 실제 소요량을 의미하며 총소요량에 안전재고와 다른 제품에 할당된 재고량을 더하고 예상보유량을 빼서 계산한다.

계획입고량은 기간의 초까지 입고가 될 것으로 계획된 수량을 의미하고, 계획발주량은 각 기간에서 계획된 발주량을 의미한다. 계획발주량은 실제로 발주가 이루어지면 계획입고량으로 변경된다.

MRP 전개시의 핵심은 순소요량을 계산하는 것이며 '순소요량＝총소요량＋안전재고량＋다른 제품에 할당된 재고량－예상보유량'으로 계산되며 MRP 전개에서 특별하게 제시하지 않으면 안전재고량과 다른 제품에 할당된 재고량은 각각 0이라고 가정한다. 그러므로 '순소요량＝총소요량－예상보유량'으로 계산된다.

MRP 전개 과정에서 순소요량이 계산되면 담당자는 리드타임 등을 고려하여 발주를 요청한다. 발주과정에서 필요한 자재의 주문 정책은 회사가 가지고 있는 전략에 따라 달라지며, 계획발주량으로 처리되어 발주가 되면 계획입고량으로 변경된다. 계획발주량의 크기는 회사에서 필요한 자재를 주문하는 발주 정책에 의해서 결정되며, 본 교재에서는 독자들의 이해를 쉽게 하기 위해 로트 대 로트 주문(Lot-for-lot ordering)과 로트 크기 주문(Lot-size ordering) 정책을 사용한다. 로트 대 로트 주문은 제품의 생산에 필요한 순소요량을 그대로 계획발주량으로 결정하는 방법이다. 로트 크기 주문은 한 번 주문을 할 때 최소한의 로트 크기를 의미하고 로트 크기 주문량은 미리 정한 수의 배수로 결정된다. 만약 특정 제품을 생산하기 위해 필요한 자재를 주문할 때 1회의 주문 로트 크기가 50이라고 가정할 때 순소요량이 160이면 이때의 로크 크기 주문량은 200(=50×4)이 된다. 즉, 로트 크기 주문 정책을 사용하면 로트 크기가 50이기 때문에 순소요량 160을 만족하기 위해서는 50의 배수 중에서 순소요량 160보다 같거나 큰 200이 결정된다.

다음은 MRP 전개 과정을 쉽게 이해하기 위해 예제를 가지고 설명한다. 다음의 [그림 4-10]은 완제품 책상을 만들기 위해 필요한 BOM이며 여기서 제시되는 BOM을 이용해 MRP를 전개한다.

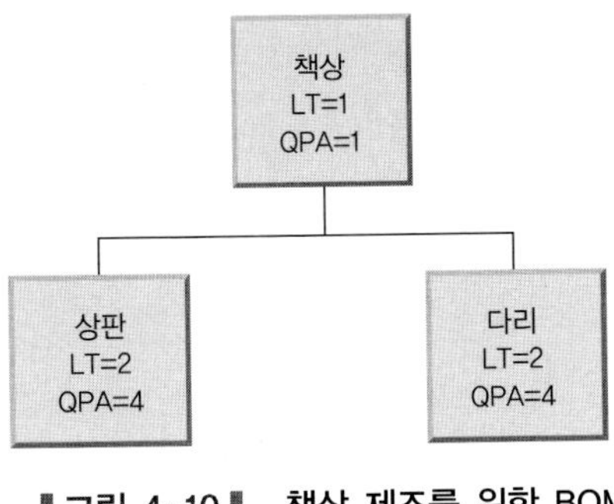

그림 4-10 책상 제조를 위한 BOM

[그림 4-10]에서 책상을 제조하기 위해 필요한 상판은 자사에서 제조하며 제조를 위한 리드타임은 2주이고 책상 1개를 제조하는 데 상판 1개가 필요하다. 책상을 만드는 데 필요한 다리는 외주를 통해서 들어오고 리드타임이 2주이고 책상 1개를 만드는 데 4개의 다리가 필요하다. 완제품 책상은 상판 1개와 다리 4개를 이용하여 자사에서 만들어지며 제조 리드타임은 1주가 필요하다.

기업 A는 7주 초에 납품을 요청받은 책상(주문-①) 130개와 14주 초에 납품해야 할 책상(주문-②) 200개를 현 시점(0주)에서 주문을 받았다. 기업 A는 사전 발주를 통해 1주 초에 입고될 상판 60개와 9주 초에 입고될 다리 100개가 입고 예정되어 있다. 기업 A에 대해서 [그림 4-10]의 BOM을 이용해 MRP를 전개하고 계획발주량의 수량과 시기를 결정해 보자. 단, 기업 A가 완제품 제조를 위해 사용하는 자재의 주문 전략은 로트 대 로트 주문 정책과 로트 크기 주문 정책을 모두 고려한다고 가정하고 각각의 경우에 대해서 계획발주량의 수량과 시기를 결정한다. 기업 A의 로트 크기 주문 정책에서 상판의 로트 크기는 150개이고 다리의 로트 크기는 80개로 가정한다.

첫 번째로 로트 대 로트 주문 정책을 사용하여 MRP를 전개하며 그 결과는 다음의 [그림 4-11]에서 설명된다.

[그림 4-11]에서 MPS는 7주 초에 인도될 주문-①인 책상 130개와 14주 초에 인도될 주문-②인 책상 200개로 계획된다. 완제품인 책상의 총소요량은 MPS에서 내려온 130개와 200개이며, 예정입고량이 존재하지 않기 때문에 순소요량은 7주 초의 130개와 14주 초의 200개로 계획된다. 그러므로 계획입고량이 7주 초에 130개, 14주 초에 200개가 된다. 책상을 만들기 위한 리드타임이 1주이므로 계획발

주가 1주 전에 이루어져야 하기 때문에 계획발주량은 6주 초의 주문-① 130개와 13주 초의 주문-② 200개로 결정된다.

주일정계획	주	초기재고	1	2	3	4	5	6	7	8	9	10	11	12	13	14
	수량								130							200

품목	구분	초기재고	1	2	3	4	5	6	7	8	9	10	11	12	13	14
책상 LT-1주	총소요량								130							200
	예정입고량															
	예상보유량															
	순소요량								130							200
	계획입고량								130							200
	계획발주량							130							200	

×1 ×1

품목	구분	초기재고	1	2	3	4	5	6	7	8	9	10	11	12	13	14
상판 LT-2주	총소요량							130							200	
	예정입고량		60													
	예상보유량		60	60	60	60	60	60								
	순소요량							70							200	
	계획입고량							70							200	
	계획발주량					70							200			

×4 ×4

품목	구분	초기재고	1	2	3	4	5	6	7	8	9	10	11	12	13	14
다리 LT-2주	총소요량							520							800	
	예정입고량										100					
	예상보유량										100	100	100	100	100	
	순소요량							520							700	
	계획입고량							520							700	
	계획발주량					520							700			

▌그림 4-11▐ 로트 대 로트 주문 전략을 사용 시의 MRP 전개 결과

상판 1개가 책상 1개를 제작하는 데 소요되고 책상을 인도 납기에 맞추어 제조하기 위해서는 주문-①에 필요한 상판의 총소요량 130개는 6주 초에 준비되어야 하고, 주문-②에 필요한 상판 200개는 13주 초에 준비되어야 한다. 1주 초에 상판의 예정입고량이 60개로 예정되었기 때문에 1주 초부터 제조에 사용할 수 있는 예상보유량이 60개로 유지된다. 그러므로 주문-①에 대해 6주 초에 필요한 상판의 순소요량은 70(=130-60)이 되고 이것이 계획입고량으로 변환된다. 주문-①에 대한 상판의 리드타임은 2주이므로 6주 초에 계획입고가 되기 위해서는 계획 발주가 4주 초에 이루어져야 하므로 계획발주량은 4주 초에 70개로 결정된다. 그러나 예정 입고된 상판 60개는 주문-①에 필요한 상판 생산에 모두 소요되기 때문에 주문-②를 충족하기 위해서는 13주 초의 총소요량 200개가 그대로 순소요량으로 변환되어 13주 초의 계획입고량으로 확정된다. 상판의 리드타임은 2주이기 때문에 전체 납기 일정을 고려하면 주문-②에 대한 상판은 11주 초에 200개를 계획 발주해야 된다.

책상 1개를 만드는 데 다리 4개가 필요하기 때문에 주문-①에서 필요한 책상 130개를 제조하는 데 6주 초에 520개의 다리가 소요되고 주문-②에서 13주 초에 필요한 책상 200개를 만드는 데 13주 초에 800개의 다리가 소요된다. 그러므로 주문-①에서 필요한 다리는 6주 초에 총소요량이 520개로 결정되고 주문-②에서 필요한 다리는 13주 초에 총소요량이 800개로 결정된다. 6주 초 이전에는 예정입고가 없기 때문에 주문-①에서 다리의 총소요량 520개는 그대로 6주 초에 순소요량이 520개로 되고 계획입고량 520개로 변환된다. 다리의 제조에 필요한 리드타임은 2주이기 때문에 4주 초에 520개가 계획 발주되어야 한다. 주문-②에 대해서는 9주 초에 예정입고량이

100개가 예정되어 있기 때문에 이것이 그대로 예상보유량으로 계산되어 13주 초에 필요한 다리의 순소요량은 700(=800−100)이 되고 이것이 계획입고량으로 변환된다. 다리의 리드타임이 2주이기 때문에 전체 납기 일정을 고려하면 11주 초에 700개가 계획 발주되어야 한다.

다음은 로트 크기 주문을 사용하여 MRP를 전개하며 그 결과는 다음의 [그림 4−12]에서 설명된다.

[그림 4−12]는 로트 크기 주문 전략을 사용하기 때문에 상판을 제조할 때 필요한 자재는 150의 배수로 주문해야 하고 다리는 80의 배수로 주문해야 한다. 책상의 제조에 필요한 계획 발주 시기와 계획 발주량은 로트 대 로트 주문 전략과 차이가 없다. 그러나 상판을 만드는 데 필요한 자재는 예상보유량 60개를 고려하면 주문−①에 대해서는 6주 초에 순소요량 70개가 필요하지만 로트 크기 주문 전략에서 상판은 150의 배수이므로 최소 150개를 계획입고량으로 계획해야 하고 상판의 리드타임이 2주이기 때문에 4주 초에 계획발주량이 150개로 결정된다. 입고된 자재는 6주 초에 상판 제조에 필요한 순소요량 70개만 사용되고 7주 초부터는 재고가 되어 예상보유량으로 80개가 계산된다. 주문−②는 13주 초에 총소요량이 200개이며 주문−①에 사용되고 남은 상판의 예상보유량 80개가 사용되어 13주 초의 순소요량은 120(=200−80)개가 된다. 그러나 로트 크기 주문 전략은 최소 150개를 주문해야 하기 때문에 13주 초에 계획입고량이 150개로 계획되고 상판의 리드타임 2주를 고려하여 계획 발주가 11주 초에 진행된다. 14주 초가 되면 주문−①과 주문−②에 사용된 상판을 제외하고도 30개의 상판이 재고로 남는다.

주일정계획	주	초기재고	1	2	3	4	5	6	7	8	9	10	11	12	13	14
	수량								130							200

책상 LT-1주 로트 크기=순소요량		초기재고	1	2	3	4	5	6	7	8	9	10	11	12	13	14
	총소요량								130							200
	예정입고량															
	예상보유량															
	순소요량								130							200
	계획입고량								130							200
	계획발주량							130							200	

×1 ×1

상판 LT-2주 로트 크기 =150의 배수		초기재고	1	2	3	4	5	6	7	8	9	10	11	12	13	14
	총소요량							130							200	
	예정입고량		60													
	예상보유량		60	60	60	60	60	60	80	80	80	80	80	80	80	30
	순소요량							70							120	
	계획입고량							150							150	
	계획발주량					150							150			

×4 ×4

다리 LT-2주 로트 크기 =80의 배수		초기재고	1	2	3	4	5	6	7	8	9	10	11	12	13	14
	총소요량							520							800	
	예정입고량										100					
	예상보유량								40	40	140	140	140	140	140	60
	순소요량							520							660	
	계획입고량							560							720	
	계획발주량					560							720			

▌그림 4-12▌ 로트 크기 주문 전략 사용 시의 MRP 전개 결과

다리는 주문-①의 납기를 준수하기 위해 6주 초에 순소요량이 520개이지만 로트 크기 주문 전략을 사용하기 때문에 로트 크기가 80의 배수여야 한다. 그러므로 6주 초에 560개가 계획입고량으로 계산되어 다리의 리드타임 2주를 고려하여 4주 초에 계획발주량으로

560개가 결정된다. 7주 초가 되면 주문-①의 제조에 필요한 다리의 순소요량이 520개를 만족하고 40(=560-520)개가 재고가 되고 이것이 예상보유량으로 40개가 남게 된다. 주문-②를 만족시키기 위해서 13주 초에 필요한 다리의 총소요량 800개는 주문-①을 생산하고 7주 초부터 남은 예상보유량 40개와 9주 초에 예정 입고되는 예정입고량 100개를 고려하면 13주 초에 순소요량 660(=800-140)개가 된다. 그러나 로트 크기 주문 전략을 사용하기 때문에 80의 배수로 주문하면 13주 초에 720개가 계획입고량으로 계산된다. 다리의 리드타임 2주를 고려하여 납기 준수를 위해서는 11주 초에 계획발주량 720개가 발주되어야 한다. 14주 초가 되면 주문-①과 주문-②를 모두 생산하고 남은 다리 60개가 재고가 되어 예상보유량으로 계산된다.

지금까지 로트 대 로트 주문 전략과 로트 크기 주문 전략에 대해서 기업 A의 MRP를 전개하여 주문-①과 주문-②를 납기 내에 만족시키기 위해 필요한 계획발주량과 시기를 결정하였다. MRP 전개 방식은 동일하지만 어떤 주문 전략을 사용하는가에 따라서 그 결과는 달라지기 때문에 회사에 가장 효과적인 주문 전략을 사용해야 한다. 일반적인 주문 전략은 본 교재에서 설명한 로트 대 로트 주문과 로트 크기 주문 전략뿐만 아니라 경제적 주문량(economic order quantity: EOQ) 주문, 고정 기간 주문(fixed-period ordering) 등 매우 다양하기 때문에 주문 전략 선정 시 심사숙고해야 한다.

마무리사례 ‘현대백화점’ 웃고, ‘롯데백화점’ 울었다, 왜?

[이버즈 소셜리서치] 백화점 소비자 만족도 : 현대 웃고, 롯데 울었다?

주요 백화점에 대한 소비자만족도 조사에서 현대가 최고점을 받았다. 반면 롯데는 높은 인지도에도 불구하고 3위로 밀려 체면을 구겼다.

이 같은 결과는 컨슈머저널 이버즈(www.ebuzz.co.kr)와 소셜검색 전문업체 유엑스코리아(www.uxkorea.com)가 6개월에 걸쳐 온라인여론을 수집해 빅데이터로 분석한 ‘백화점 소비자만족도’조사로 드러났다.

◇ 소비자만족도 1위 현대, 빅3 중 최하위는 롯데

이번 조사는 올 1월 초부터 6월 중순까지 언론사 뉴스, 블로그, 카페, 다음 아고라, 네이버 지식인, 미투데이 등에 게재된 백화점 관련 소비자의견을 추출해 분석하는 방법으로 진행됐다.

조사대상은 현대, 롯데, 신세계, 갤러리아, AK 등 5개사. 1차 수집된 데이터는 총 100만8,606건에 달했다. 이 중 28만9,934건을 추려 다시 유의미한 3만8,188건을 최종 분석대상으로 삼았다. 소비자만족도에 대한 평가항목은 평판(브랜드 선호도), 가격, 품질, 서비스 총 4개 부문으로 이뤄졌다.

각 항목의 소셜데이터를 단순언급과 긍정, 부정으로 나눠 꼼꼼하게 들여다본 결과 종합평가 1위는 현대백화점. 현대는 ‘평판’, ‘가격’, ‘품질’, ‘서비스’ 등 모든 항목에서 고루 높은 점수를 기록했다([표 1] 참조).

신세계백화점의 경우 가격만족도에서 최하점을 받았으나 평판 부문에서 가장 앞서면서 종합 2위에 올랐다. 브랜드에 대한 평판은 온라인여론을 결정짓는 핵심요소라는 점을 고려한 결과다.

반면 롯데백화점은 평판과 품질만족도에 있어 현대나 신세계보다 뒤처져 ‘백화점업계 빅3’ 중 가장 소비자여론이 부정적인 것으로 나타났다.

순위	브랜드	평판	가격	품질	서비스
1	현대	☆☆☆☆	☆☆☆☆	☆☆☆☆☆	☆☆☆☆☆
2	신세계	☆☆☆☆☆	☆	☆☆☆☆	☆☆☆
3	롯데	☆	☆☆☆☆☆	☆☆☆	☆☆☆☆
4	AK	☆☆	☆☆	☆☆	☆☆
5	갤러리아	☆☆	☆☆	☆	☆

[표 1] 백화점별 소비자만족도 최종평가 순위 1위 현대, 2위 신세계, 3위 롯데순으로 나타났다.

◇ 평판 1위 신세계, 꼴찌는 롯데

백화점 브랜드 인지도의 경우 단순 언급 양이 가장 많은 건 롯데다. 현대, 신세계, 갤러리아, AK가 그 뒤를 이었다([표 2] 참조).

그러나 롯데의 경우 부정 언급이 521건으로 긍정 언급 양의 2배를 웃돌았다. 긍정-부정의 비율을 백분율로 환산해 보면 차이가 확연하다. 롯데는 부정 의견은 62%인데 반해 긍정 의견은 35%에 그쳤다. 현대는 긍정 40%, 부정 30%로 두 비율 간 차가 크지 않다. 신세계의 경우 긍정-부정의 답변 비율이 각각 21%, 7%로 긍정답변이 3배 이상 많다. 그러나 언급도가 현대, 롯데에 비해 현저히 낮다.

인지도를 가늠할 수 있는 브랜드 버즈량(트래픽) 또한 롯데가 가장 높았다. 현대와 신세계가 그 뒤를 이었다.

결론적으로 인지도는 롯데가 가장 높지만 부정적 평판이 압도적으로 높다. 현대는 긍정 평판이 가장 높다. 롯데는 지난 4월 청량리점 직원 자살 사건으로 인해 부정적인 이미지가 형성된 것으로 보인다.

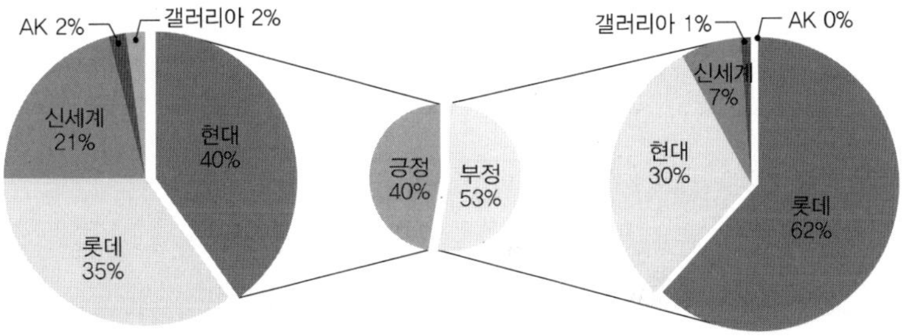

[표 2] 백화점별 평판(브랜드 이미지) 조사 결과 현대는 긍정여론이, 롯데는 부정여론이 높았다.

◇ 브랜드 평판은 가격만족도에 영향 안 미쳐

브랜드 평판과 가격만족도는 '별개'인 것으로 나타났다. 평판이 나빴던 롯데가 가격만족도에선 가장 좋은 평가를 얻었다. 조사 결과 롯데는 긍정 답변 24건, 부정 답변 7건이었다. 즉, 소비자는 자신의 이익과 직접적인 관련이 없는 부정이슈의 경우 브랜드 이미지와 묶어 생각하는 것으로 추론된다. 또한 당장의 이익과 연결되는 가격과 같은 부분은 브랜드 평판에 영향을 받지 않았다([표 3] 참조).

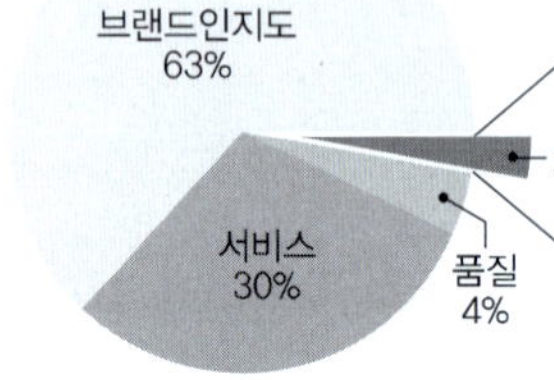

백화점	긍정의견	부정의견
롯데	**46%**	23%
현대	33%	**47%**
신세계	17%	30%
AK	2%	0%
갤러리아	2%	0%

[표 3] 구매 결정 요소 중 '가격'에 대한 의견

◇ 품질 만족도는 현대가 우월한 1위

품질 만족도가 가장 높은 곳은 전체 49%를 차지한 현대백화점이다. 식품, 의류잡화 부분이 각각 31%로 가장 높은 비율을 보였다. 가전, 가구 및 백화점 내 병원에 대한 반응도 있었다([표 4] 참조).

신세계(26%), 롯데(20%), AK(4%), 갤러리아(1%)가 그 뒤를 이었다. 1, 2위인 현대와 신세계의 경우 긍정 의견에 비해 부정의견이 매우 적었다. 롯데의 품질 만족도는 다른 항목에 비해 상대적으로 뒤처졌다.

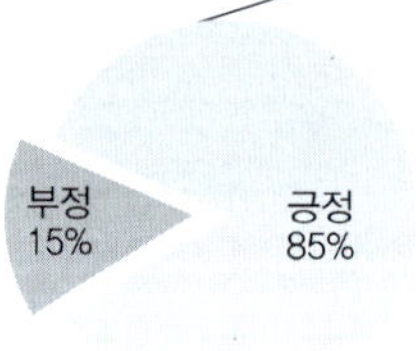

백화점	긍정의견
현대	**49%**
신세계	26%
롯데	20%
AK	4%
갤러리아	1%

식품	31%
의류, 잡화	31%
가전, 가구	12%
병원	12%
기타	14%

[표 4] 품질 만족도 조사 결과

◇ 상품은 만족, 직원서비스는 불만족

백화점 고객들의 서비스 만족도는 대체로 높았다. 서비스에 대한 긍정의견이 부정의견에 비해 약 4배 정도나 높았다. 전반적인 부분에서 후한 평가가 이루어진 것. 단, '갑의 횡포'로 자주 언급되는 백화점 판촉 직원들의 애환에 대해 고객들의 평가는 인색한 것으로 나타났다. 빅3라 할 수 있는 롯데, 현대, 신세계 모두 부정 답변이 훨씬 많았다. 이것은 고객의 서비스 기대수준이 너무 높아졌기 때문으로 풀이된다. '백화점은 수익을 위해 양질의 서비스를 고객에게 제공한다'는 법칙은 여전히

유효하다.

상품과 관련된 부분의 평가는 매우 긍정적이었다. 관련 항목으로는 세일 · 할인 서비스, 상품의 다양성 등이 있다. 세일 · 할인 서비스 항목에서 롯데가 가장 좋은 평가를 얻었다. 이는 가격 부분에서 높은 평가를 받은 것과 일맥상통한다. 롯데는 전 백화점을 평가한 69건 중 무려 30건 이상의 긍정 언급을 받았다.

매장 내 동선, 매장 분위기, 시설 편의성 면에서는 현대와 롯데가 비교적 좋게 평가됐다. 고객 신뢰도를 나타내는 재방문의사 및 타인 추천 항목에서 현대가 가장 높은 평가를 얻었다([표 5] 참조).

구분			덧글	AK	갤러리아	롯데	신세계	현대
서비스만족도	단순		긍정	2	0	32	1	23
			부정	1	0	5	2	2
	인적 서비스	직원태도	긍정	1	1	6	1	7
			부정	1	0	22	6	17
		직원전문성	긍정	0	0	1	1	1
			부정	0	0	0	1	3
	반품, 교환, AS서비스		긍정	0	1	3	1	2
			부정	0	0	6	0	4
	세일, 할인서비스		긍정	6	2	32	5	17
			부정	1	0	1	2	3
	고객 신뢰도	재방문의사	있다	0	0	1	1	34
			없다	1	0	0	1	0
		타인추천	안한다	0	0	11	16	33
			한다	0	0	1	2	0
	상품의 다양성		긍정	1	3	16	7	23
			부정	0	1	7	2	3
	상품 진열상태		좋다	0	1	0	0	0
			나쁘다	0	0	0	1	0
	매장 내 동선		좋다	0	0	0	3	1
			나쁘다	0	0	0	0	0
	매장 분위기		긍정	2	0	17	6	10
			부정	0	0	2	4	1
	시설 편의성		긍정	6	1	100	38	102
			부정	0	0	2	4	1
	접근 용이성	교통편의성	긍정	0	0	8	4	6
			부정	0	1	1	1	8
		주차 편의성	긍정	0	0	8	4	3
			부정	1	1	4	0	7

[표 5] 서비스 만족도 세부 항목

도입사례 — 원전사업자 체계적으로 관리・감독하는 법률 제정된다

정부가 원전비리 재발을 근절하기 위해 원전사업자들을 보다 체계적으로 관리・감독할 수 있도록 하는 법률 제정을 추진하기로 했다. 또 원전산업 정책협의회를 제도화해 관리・감독을 위해 부처 간 협업도 강화해 나가기로 했다.

10일 산업통상자원부에 따르면 원전비리 관련 중장기 개선대책의 하나로 원전사업자들의 관리・감독을 제도화하기 위한 법적 근거 마련을 위해 '원전사업자 관리・감독에 관한 법률(가칭)'의 제정을 추진하기로 했다.

그동안 많은 대책들이 법제도적 뒷받침 없이 한국수력원자력 등 원전 공기업의 내규 수준으로 조치돼 지속적인 이행에 근본적인 한계가 있어 왔다. 이에 원전 공기업의 자기 쇄신과 정부의 관리・감독을 법률로 규율해 지속적인 비리 예방 노력을 유도하기 위해 법 제정을 추진하게 됐다고 산업부는 밝혔다. 관리・감독을 통해 투명한 구매 및 품질관리, 종사자 윤리규제 및 협력업체 관리, 안전 최우선 건설 및 정비 등의 이행 여부를 철저히 점검, 평가함으로써 원전 산업계가 자정기능을 갖추도록 하는 것이 목표다.

문신학 산업부 원전산업정책과장은 "원자력안전법으로 규율된 기술적 안전성 이외에 그동안 원전 공기업의 자율책임 영역으로 관리돼 온 안전・비리예방 관련 경영활동에 대한 관리・감독을 제도화하기 위한 차원"이라면서 "이번 정기국회를 목표로 법안을 마련 중이지만 시기는 유동적"이라고 밝혔다.

특히 기능적으로 상호 연계된 한수원・한전기술・한전연료・한전KPS 등 4개 원전 공공기관을 '하나의 틀'로 묶어 안전・비리와 관련한 경영활동을 점검하는 등 상시적으로 관리・감독할 예정이다. 이들 4개 기관은 안전중심의 경영목표 공유, 기관 간 협력・공조체계 구축, 안전・비리예방 활동 등에 대한 점검・평가를 받게 된다.

또 국무조정실을 중심으로 기획재정부, 미래창조과학부, 산업부 등으로 구성된 원전산업 정책협의회를 제도화해 부처 간 관리・감독 사항을 조율하고 신속한 의사결정을 추진하는 등 부처 간 협업도 강화해 나갈 계획이다. 아울러 그동안 원전구매제도개선위원회를 통해 도출된 △원전시장 경쟁촉진(공급망 확대) △구매절차 선진화 △구매관리시스템 강화 △품질관리 능력 제고 등 중장기 개선방안들도 이달부터 단계적으로 시행할 예정이다.

한편 정부는 원전 부품비리 사태와 관련, 현재 가동 중인 원전 20기의 부품 품질서류 2만2,000여 건을 전수조사한 결과, 총 277건의 서류 위조를 확인했다고 밝혔다. 또 원전비리에 대한 수사에서 품질서류 위조 혐의로 발주처, 납품업체, 검증기관 관계자 60명을 기소하는 등 총 100명을 기소했다고 밝혔다.

김동연 국무조정실장은 브리핑을 통해 "건설 중인 원전 5기와 가동 중지된 원전

3기에 대한 품질서류를 검토한 결과, 총 2,010건의 서류 위조를 확인했으며 위조가 확인된 기기와 부품은 재검증을 하거나 교체를 추진 중"이라며 "최근 10년간 부품 결함과 관련해 원전이 불시 정지된 사례는 총 128건이었지만 이 중 이번 품질서류 위조 부품이 원인이 된 고장은 없는 것으로 확인됐다."고 설명했다.

출처: 디지털타임스(2013년 10월 10일).

01
전사적자원관리

1) 전사적자원관리 정의

전사적자원관리(enterprise resource planning: ERP)는 기업 내의 생산, 물류, 재무, 회계, 영업, 구매, 재고 등의 기간업무 프로세스들을 통합적으로 연계하고, 주위에서 발생하는 정보들을 서로 공유해서 새로운 정보의 생성 및 빠른 의사결정을 도와주는 기업 통합 정보시스템이라고 정의할 수 있다. 각 조직, 업무, 지역적 관계를 포함한 ERP 시스템은 다음의 [그림 5-1]과 같이 설명할 수 있다.

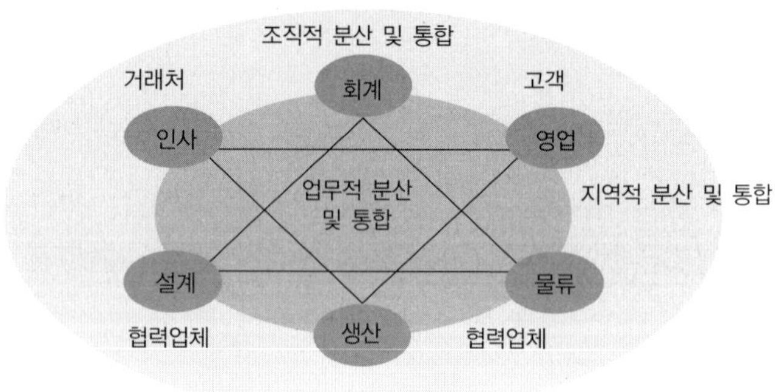

▌그림 5-1▌ ERP 정의

[그림 5-1]과 같이 ERP는 기업이 보유하고 있는 자원(유형의 자원과 무형의 자원)을 가장 효과적인 방법으로 활용해서 기업의 효율과 수익성을 높이는 전략 및 관리방법이다. 각 기업들은 조직적, 업무적, 지역적, 물리적 및 논리적으로 분산되어 있다. 즉, ERP는 이렇게 분산된 각 부분들을 시스템으로 통합시켜 분리된 부분이 없이 하나

로 연결하여 통합하고 관리하는 시스템으로 설명될 수 있다.

ERP가 출현하게 된 배경은 전 세계가 글로벌 네트워크로 연결되어 경쟁이 심화되는 메가(Mega) 경쟁 시대로 진입했고, 정보량이 증가되고 업무 프로세스가 복잡화되어 이러한 업무를 처리하기 위한 정보시스템도 더욱 거대해지는 업무를 처리해야 하는 필요성에 있다. 또한 전 세계는 변화의 속도와 비즈니스의 속도가 매우 빠르게 진행되는 스피디한 사회가 되었고 정보기술의 발전으로 컴퓨터 하드웨어의 가격이 하락하고 대용량의 데이터도 빠르게 처리할 수 있는 시대가 되었기 때문에 이것도 그 배경이 될 수 있다.

이러한 메가 경쟁시대, 업무의 복잡화, 스피디한 사회, 정보기술의 발전으로 글로벌화에 대한 요구가 지속적으로 증대되었고 기업 경쟁력 강화를 위해 핵심기술만 회사에서 집중하고 나머지 부분은 다른 회사에서 처리하는 아웃소싱(outsourcing)에 대한 필요성도 증대되었다. 또한 기존의 업무 프로세스에 대한 한계로 인해 기업의 효율성이 증가되지 못하여 기업 전반에 대한 리엔지니어링 필요성이 제기되었다. 정보기술의 발전을 통해 클라이언트 서버 시스템과 통합 DB 구축으로 기업의 전체 시스템을 재구축할 수 있는 토대가 마련되고, 기업이 가지고 있는 모든 부서와 기능을 통합하여 전사적으로 실시간 처리가 가능하게 되어 ERP가 실현될 수 있게 되었다. 지금까지 설명한 ERP의 출현 배경이 다음의 [그림 5-2]에서 설명되어 있다.

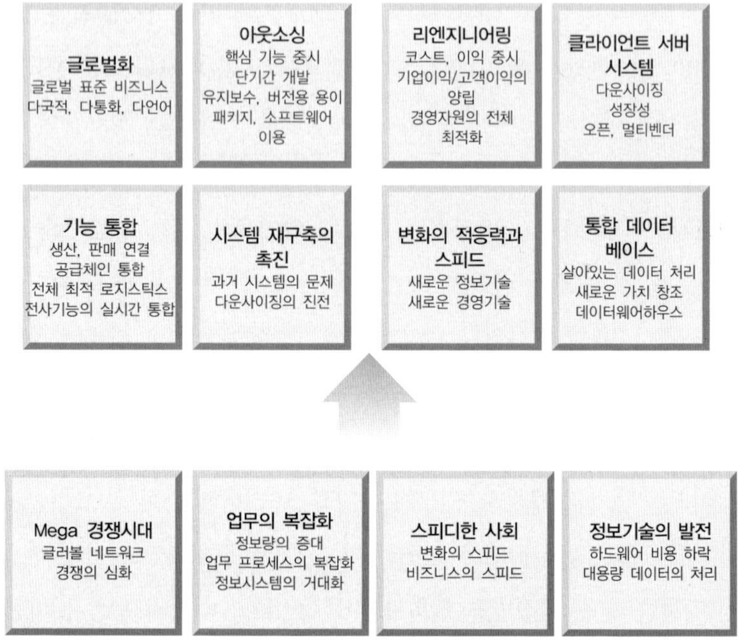

▌그림 5-2▐ ERP의 출현 배경

ERP가 발전한 과정을 살펴보면 다음의 [그림 5-3]과 같이 설명할 수 있다. ERP의 근원은 정해진 생산량을 달성하기 위해 필요한 자재의 소요량을 계산하는 자재소요량계획(material requirement planning: MRP)에서 찾아볼 수 있다. MRP는 제품 1단위를 생산하기 위해 필요한 자재명세서(bill of materials: BOM)를 토대로 전체 생산량에 대한 필요량을 계산하는 방식으로 1970년에 발전하였다. 그러나 MRP는 생산에 필요한 자재의 소요량은 계산이 가능하지만 전체 생산량이 언제 완료될지는 알 수 없다는 문제점을 가지고 있다. 즉, 회사는 MRP를 통해서는 생산 능력을 알 수 없기 때문에 고객이 요구한 납기일에 적절하게 대응할 수 없다는 약점을 가지고 있다.

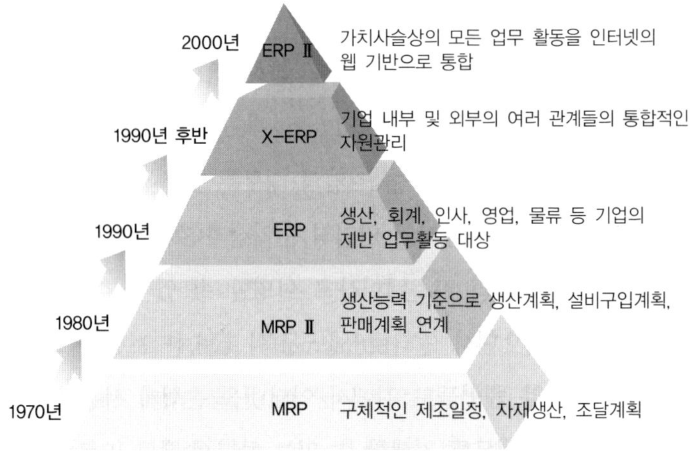

▌그림 5-3▐ ERP의 발전 과정

MRP가 가진 이러한 문제점을 해결하고자 1980년대에 제조능력계획(manufacturing resource planning: MRP II)이 탄생하였다. MRP II는 회사의 생산 능력을 기준으로 생산계획, 설비구입 계획 등을 세우고 이것을 판매계획으로 연계하는 방법이며 기존의 MRP가 가지고 있는 한계를 극복하였다.

1990년대에 들어오면서 세계가 글로벌화되고 경쟁이 심화되면서 회사의 효율성과 수익성은 생산 능력 관점에서만 접근해서는 해결되지 못하게 되었다. 즉, 기업의 전사적인 측면에서 생산, 회계, 인사, 영업, 물류 등의 전체 업무 활동을 대상으로 접근해야만 회사가 원하는 성과를 얻을 수 있게 되어서 ERP가 이때부터 그 틀을 갖추게 되었다. ERP는 기업의 일부분을 대상으로 하지 않고 기업의 전 부문을 대상으로 하기 때문에 전사적이라는 개념을 사용하게 되었다. 일반적으로 ERP라고 하면 이 시기에 만들어진 개념을 설명한다.

그러나 1990년대 후반에 들어오면서 기업의 효율성과 수익성은 고객과 영업관리 간의 협상을 통해 완제품 창고에 보관된 제품재고량을 제외한 나머지 수주량은 생산관리에서 생산을 통해 제공하게 되고 관련되는 ERP 모듈은 생산, 외주, 품질, 물류 등이다.

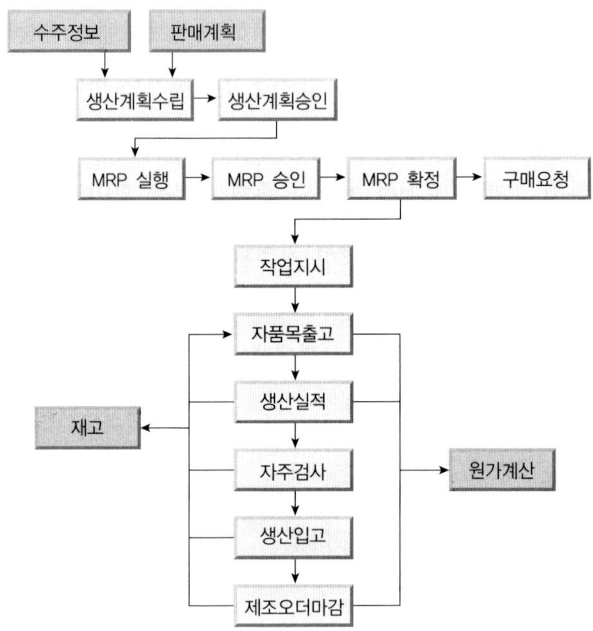

▌그림 5-7▐ 생산 모듈의 업무 프로세스

생산관리는 [그림 5-7]과 같이 품목별 생산전략을 기초로 영업의 수주 정보와 판매계획 정보, 각 공장별 현재의 재고상황과 생산현황을 고려하여 최적의 기준생산계획을 수립한다. 생산계획은 수주 정보, 판매 계획, 생산 실적, 공정 재고(work in process: WIP) 등을 활용하여 생산계획을 ERP 시스템에서 자동으로 생성한다. 생성된 생산계획 정보를 확인하여 생산계획을 조정하고 승인한다. 생산계획에 따라 생산이 진행되면 생산계획과 생산 실적을 분석할 수 있는 생산

현황 정보를 제공한다. 생산관리의 생산계획은 영업팀의 수주량, 판매계획량 등의 영업 모듈 정보를 이용하고 구매관리 정보, 자재관리 정보, 재고관리 정보 등의 자재, 구매, 재고, 품질 모듈과 연관이 된다.

구매관리는 생산관리의 수급 계획, 현업 부서의 구매 요청이나 재고관리의 재발주점에 의해 요구되는 구매 요청량 등을 관리하며 [그림 5-8]과 같이 ERP 구매 모듈에서 관리한다. 생산관리의 수급 계획에 의해 자재소요량(MRP)과 자재의 재발주점(reorder point: ROP) 관리를 통해 구매 요청량을 관리한다. 또한 현업 부서에서 긴급하게 요청하는 구매 요청량을 생산관리의 수급계획에 반영한다. 구매가 요청되면 구매 요청량을 기준으로 발주를 하거나 긴급한 경우에는 긴급 발주를 요청하기도 한다. 긴급하게 요구한 발주 처리도 생산의 수급 계획에 반영하고 외주 발주인 경우에도 외주 리스트를 참고하고 사급 품목의 경우에도 출고 목록을 생성하여 관리한다.

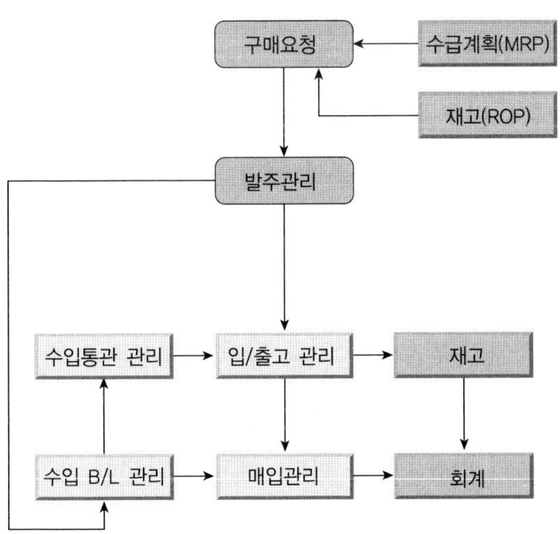

▌그림 5-8▐ 구매 모듈의 업무 프로세스

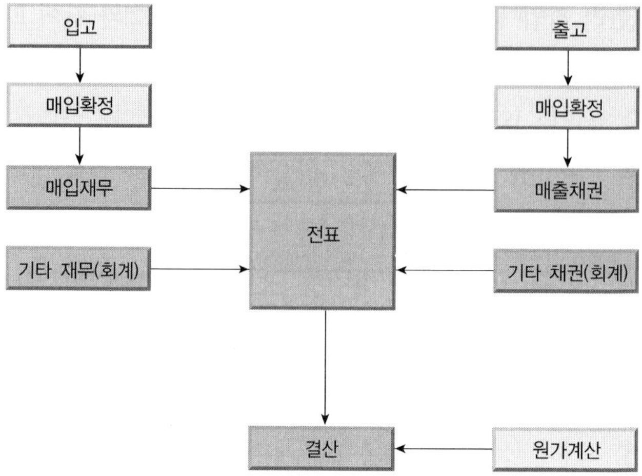

▌그림 5-13▌ 회계 모듈의 업무 프로세스

회계관리에서 채무관리는 원자재 및 부자재에 대한 입고와 구매확정 단계를 통하여 매입 채무를 생성하고 공급처별로 매입계산서 내역과 출금 내역을 관리한다. 구매 확정이 되면 매입채무 내역을 생성하여 관리하고 공급처별로 매입채무에 대한 출금과 동시에 반제처리를 한다. 선급금과 연결된 채무에 대해서는 상쇄처리를 하고 채무와 채권의 상호 반제처리를 하기도 한다. 채권관리는 제품 또는 상품에 대한 출고와 매입 확정 단계를 통해서 매출 채권 정보를 생성하고 거래처별로 매출계산서 내역과 입금 내역을 관리한다. 입금의 형태에 따라 가수금 정보를 관리하거나 입금과 동시에 채권에 대한 반제처리를 하거나 선수금과 연결된 채권에 대해서는 상쇄처리를 하기도 한다.

3) ERP 구축방법론

ERP 시스템을 구축할 때는 다음 [그림 5-14]와 같이 도입 시 고려 사항, 도입방법, 적용방법 등을 상세하게 분석해야 성공적인 ERP 시스템이 구축될 수 있다.

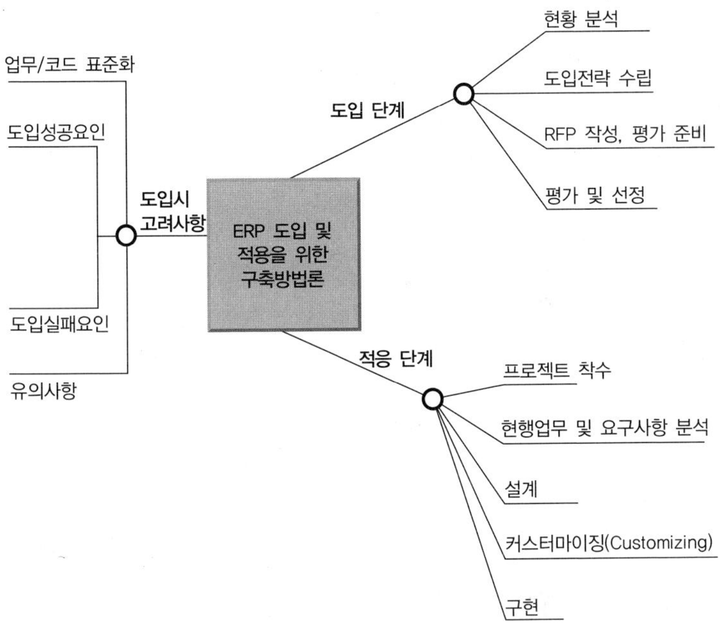

▌그림 5-14▐ ERP 도입 및 적용을 위한 구축방법론

(1) 도입 시 고려 사항

ERP 시스템을 사용한다는 의미는 단순히 컴퓨터 시스템을 사용한다는 의미가 아니고 업무 프로세스와 통합 DB가 포함된 전사적 시스템을 사용한다는 의미이다. 그러므로 ERP 시스템을 구축하기 전에 먼저 회사의 업무 프로세스가 표준화되어야 하고 ERP 시스템에서 사용되는 데이터도 간단명료해야 하고 같은 데이터가 다른 이름으로 중복되어 존재하지 않도록 사전에 준비를 해야 한다.

또한 ERP를 도입할 때 어떻게 하면 성공하고 실패하는지를 아는 것이 필요하다. 성공적으로 ERP 시스템을 도입하기 위해서는 ERP 시스템을 도입하는 목적을 명확히 해야 하고, ERP 시스템 도입을 위한 프로젝트팀을 정예화해야 하며, 최고경영자가 적극적으로 지원해야 하고, 회사의 특성을 효과적으로 반영할 수 있는 ERP 시스템을 도입 후보군으로 고려해야 한다. ERP 시스템을 도입했을 때 실패를 한 이유는 ERP 시스템을 기준으로 한 프로세스 및 기능 설계가 미흡했고, ERP 시스템에 지나치게 많은 기대를 했으며, ERP 시스템을 도입하는 프로젝트팀 간에 부정확한 역할 분담 등이 원인으로 나타났다. 그러므로 ERP 시스템을 성공적으로 도입하기 위해서는 성공요인과 실패요인을 잘 살펴보아야 한다.

ERP 시스템을 성공적으로 도입하기 위한 유의사항은 다음과 같다. ERP 시스템을 구축할 때는 컨설팅 비용, 운영 인프라 비용, 운영 인력 비용 등이 많이 들어가기 때문에 정보화를 위해 투자한 비용과 이에 대한 효과 분석을 수행해야 한다. ERP 시스템을 도입하면 단순한 정보 시스템의 사용이 아니기 때문에 회사의 업무와 조직 문화가 바뀌게 된다. 그러므로 회사의 효과적인 변화관리를 위해 IT 전문가를 채용해야 하고 변화관리를 지원하기 위한 지속적인 교육이 필요하게 된다. ERP 시스템은 회사 내부에서만 사용하는 것이 아니고 협력업체 또는 모기업과의 협업을 위해 대외적인 데이터 연동이 필요하다는 것을 인식해야 한다.

(2) 도입 단계

ERP 시스템을 도입 단계에서는 현황 분석, 도입전략 수립, RFP 작성 및 평가 준비, 평가 및 선정순으로 진행한다.

① 현황 분석

현황 분석 단계는 요구사항 분석, 업무기능 분석, 정보기반 분석 등을 통하여 ERP를 도입하기 위한 회사 내부의 현황을 분석한다.

가. 요구사항 분석: 사용자의 요구사항을 정의하여, 시스템 구축에 반영하도록 하는 작업으로 각 부문별 CSF(critical success factor), 업무 현안, 선진 사례 등을 조사하여 시스템이 지향해야 할 이미지를 정의한다.

나. 업무기능 분석: 기업의 목적을 지원하기 위하여 수행되어야 할 업무 활동들의 집합으로 조직 구조와 무관하게 기업이 제품이나 서비스를 공급하고 그 자원을 관리하기 위하여 수행할 필요가 있는 업무들을 정의한다.

다. 정보기반 분석: 네트워크, 하드웨어, 소프트웨어의 구조, 특성, 지원 내용을 파악하고 응용 프로그램을 조사하고 전산 조직 및 인력 현황을 파악한다.

② 도입전략 수립

도입전략 수립 단계에서는 도입기반을 분석하고 정보시스템의 비전을 설정하고 도입대상의 영역을 설정한다.

가. 도입기반 분석: 회사의 업무 수준에 대한 평가 및 분석을 수행하고 정량적인 계량화 작업을 수행한다. 또한 KPI(key performance index)를 정의하고 ERP 시스템에 대한 인식 정도를 파악한다.

나. 정보시스템 비전 설정: 정보시스템의 기술 동향을 파악하고 정

보시스템에 대한 발전 방안을 수립한다.

다. 도입대상 영역 설정: 도입할 ERP 시스템의 기능 영역을 결정하고 도입 대상의 범위를 설정한다. 회사의 영역별, 조직별로 적용할 우선순위를 선정한다.

③ RFP 작성 및 평가 준비

RFP 작성 및 평가 준비 단계에서는 대상 제품의 평가 및 선별 방법의 정의, 제안 요청 항목 구성, 제안 요청 및 평가 준비를 한다.

가. 대상 제품의 평가와 선별방법: 제품의 평가 관점과 방법, 제품 및 공급사에 대한 개괄적인 평가방법, 제품별 기능분석 및 평가방법, 제품별 기술적/기능적 분석 및 평가방법 등을 정의한다.

나. 제안 요청 항목 구성: 회사에서 ERP 시스템을 도입하려는 배경 및 목적을 요약하고, 사용자 요구사항을 정리하며, 제안할 항목을 검토하고 추가적으로 필요한 요구 항목 등을 구성한다.

다. 제안 요청 및 평가 준비: 제안서 평가방안을 수립하고, 평가방법을 정의하며, 제안서를 발송하고, 제안서를 취합하여 정리하는 등의 작업을 수행한다.

④ 평가 및 선정

평가 및 선정 단계에서는 제안 내용을 평가하고, ERP 시스템을 선정하여 협약을 맺고, 수행되는 프로젝트의 관리 계획을 수립한다.

가. 제안 내용의 평가: 제안 항모별로 평가방법 및 기준을 정의하

고, 업체별 공급 실적 및 사례를 평가하며, 기능적/기술적 요구 사항에 대한 만족도를 평가하고, 업체별 비용 및 기간 등을 평가한다.

나. 제품 선정 및 협약: 평가 결과를 종합화하여 도입 효과를 예측하고 개별 업체와 협상을 진행하여 계약을 맺는 등의 작업을 수행한다.

다. 프로젝트 관리 계획 수립: 프로젝트의 추진 범위를 정의하고, 프로젝트 추진 계획을 작성하며, 프로젝트 관리 팀을 구성하는 등의 작업을 수행한다.

(3) 적용 단계

ERP 시스템의 적용 단계에서는 프로젝트 착수 단계, 현행업무 및 요구사항 분석 단계, 설계 단계, 커스터마이징(customizing) 단계, 구현 단계 순서로 진행한다.

① 프로젝트 착수

프로젝트 착수 단계에서는 조직, 프로세스, 시스템 등을 결정한다.

가. 프로젝트 운영위원회: 프로젝트를 도입하는 경영 관리자 수준의 인적 구성을 한다.

나. 프로젝트 관리자: 프로젝트 현장에서 작업 진행과 방침 등을 직접 관리하는 관리자를 선정한다.

다. 프로젝트 구성원: 프로젝트 팀은 경영 관리자, 사용자 부문, 정보시스템 부문에서 선정된 인적자원으로 구성하고 프로젝트의 총괄팀, 관리팀, 평가팀 등으로 역할을 분담한다.

라. 업무 프로세스: 대상이 되는 업무 프로세스의 범위를 결정한다.

마. 대상 ERP 시스템: ERP 시스템의 세부 기능, 시스템 측면 등을 결정한다.

바. 조직 범위: 도입을 위해 검토 대상이 되는 조직의 범위를 결정한다.

사. 인터페이스 및 데이터 변환 범위: ERP 시스템과 현장에서 사용하고 있는 정보시스템과의 인터페이스 및 데이터 변환의 범위를 결정한다.

아. 장표, 전표 범위: 대상으로 하는 각종 보고서, 전표, 각종 장표에 대한 양식과 형식을 결정한다.

② 현행업무 및 요구사항 분석

현행업무 분석 및 요구사항 분석 단계에서는 현행 시스템을 분석하고, 요구사항을 분석하며, 우선순위 결정 등을 수행한다.

가. 현행 시스템 분석: 고객, 거래처, 조직, 업무 프로세스, 업무 기능 요건, 데이터 및 정보, 정보시스템 등을 분석한다.

나. 요구사항 분석: 회사의 장기 목표를 결정하고 선진 기업 및 경쟁사를 벤치마킹하여 기능적 요구사항과 기술적 요구사항 등을 분석한다.

다. 우선순위 결정: 투자자원, 인력, 파급효과, 전략적 목표 등을 고려하여 우선순위를 결정하고 투자 목표와 투자 범위를 결정한다.

③ 설계

설계 단계에서는 목표 업무 프로세스, 기능 요건 및 보고서, 도입 후 조직의 변화, 역할 분담 등을 정의한다.

가. 목표 업무 프로세스: 새로운 ERP 시스템 도입 후의 업무 프로세스에 대해서 정의한다.
나. 기능 요건 및 보고서: 업무 프로세스 내의 기능과 기능들 간의 우선순위, 처리 조건, 처리 데이터, 출력 데이터, 출력 양식 등을 정의한다.
다. 도입 후 조직의 변화 또는 역할 분담: 기존 조직과의 차이점을 정의하고 새로운 조직 내에서 구성원의 역할 등을 정의한다.

④ 커스터마이징

커스터마이징 단계에서는 기능, 프로세스, 적용하는 기능에 따른 파라미터(parameter)를 설정하고 마스터 DB의 구조를 정의한다.

⑤ 구현

구현 단계에서는 기존 시스템과 새롭게 개발된 ERP 시스템을 일정 기간 동안 전체 시스템이 안정될 때까지 병행해서 사용하도록 구성하고, 시스템의 안정성 및 데이터의 안정성을 테스트하고 시스템을 평가한다. 평가 후에 시스템 안정성이 확보되면 기존 데이터를 ERP 시스템의 DB로 이관하여 유지보수 계획을 수립하고 사용자 교육 계획 등을 수립한다.

ERP 시스템 구축방법론을 통해서 ERP 시스템을 구축하여 성공적인 결과를 얻었다는 기업 1,480개를 대상으로 조사한 효과 분석은 다음의 〈표 5-2〉와 같다. ERP 시스템이 성공적으로 구축되면 평균 이익률이 29% 이상 증가하고 재고량도 10~40% 정도가 감소되어 기업의 경쟁력 및 효율 향상에 매우 효과적인 방법임을 알 수 있다.

▌표 5-2▐ ERP 시스템의 도입 효과 분석

항목	성과
평균 이익률 증가	29%
재고 감소	10~40%
구매비용 감소	5~10%
직접인원의 감소(조립부문)	25~40%
직접인원의 감소(가공부문)	5~10%
제품의 적시 출하	95% 이상
Process Cycle Time 감소	50% 이상
시간 외 근무시간 감소	50%

4) ERP 시스템과 연계 시스템

구축된 ERP 시스템은 단독으로 사용하기보다는 [그림 5-15]와 같이 주변의 연계 시스템들과 상호 보완적으로 사용되어야 기업 경쟁력이나 효율성이 훨씬 증가한다.

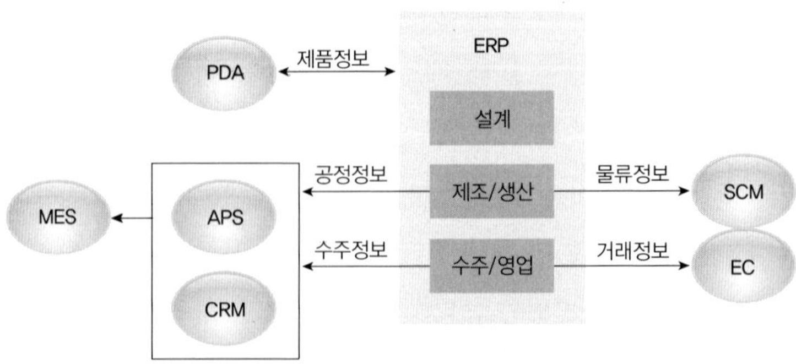

▌그림 5-15▐ ERP 시스템과 주변 연계 시스템

[그림 5-15]에서 ERP 시스템은 PDM과 제품 정보를 공유하여 설계 및 제조에 활용한다. 물류 정보는 SCM과 공유하여 제조 및 생산에 활용하고 거래 정보는 EC와 공유하여 수주 및 영업에 활용한다. 공정 정보와 수주정보는 APS 및 CRM과 ERP 시스템을 연동하여 수주 및 영업에 활용한다. 현장 정보는 MES를 통해 APS로 전달되고 이 정보가 공정 정보로 활용된다.

마무리사례 ─○ 포스코건설, '프로세스 이노베이션'으로 업무혁신

포스코건설이 업무 프로세스 혁신으로 국내외 건설시장 공략을 강화하기 위해 최근 2기 프로세스 이노베이션(PI) 시스템을 가동했다고 17일 밝혔다..

포스코건설 PI추진반은 지난 2년간 세계 최고 수준의 프로젝트 생애 주기(PLC) 관리 플랫폼 구축을 목표로 핵심 업무 시스템에 대한 대대적인 개선작업을 수행해왔다.

이를 통해 포스코건설은 프로젝트 관리, 설계협업, 견적지원, 수주・영업지원, 구매 등 건설업에 최적화된 사업수행 시스템과 오라클 ERP(전사적자원관리) 기반의 글로벌 표준 프로세스가 적용된 경영지원 시스템을 보유하게 됐다.

새로 도입된 수주・영업지원 시스템으로 수주 추진 현황을 실시간으로 확인할 수 있게 됐다. 또 프로젝트 진행 단계별 평가 시 과거 주요 의사결정 확인까지 가능해졌다.

사업관리 시스템으로는 모든 프로젝트의 완료예정원가 이익률 변동사항을 실시간으로 모니터링할 수 있다. 이를 통해 예산관리의 투명성과 예측성이 획기적으로 향상됐다.

사용자 편의성 강화 측면에서는 이어카운팅(e-Accounting) 시스템을 도입해 계정과목을 알지 못해도 전표 처리가 가능하도록 했다. 여기에 모든 시스템에서 도움말 버튼을 통해 온라인으로 해당 화면의 매뉴얼을 조회할 수 있도록 했다.

정동화 포스코건설 부회장은 "PI 시스템 도입으로 글로벌 탑 건설사로 발돋움하기 위한 기반을 갖췄다."며 "회사의 중장기 발전 전략인 펩콤(PEPCOM) 2020을 실현하고, 지속 성장을 가능하게 하는 원동력이 될 것"이라고 말했다.

출처: 아시아경제(2013년 7월 17일).

6

Chapter

판매가격관리에 적합한 전략적 **구매원가관리**

01 판매가격의 개념과 방식

1) 판매가격의 개념

거의 모든 제품들은 가격이 정해져 있다. 제품 도입 초기의 사은품의 경우에 극히 짧은 시간에 정가 없이 대규모 판촉용으로 배포하는 경우가 간혹 있다. 그 이외에 기업이 만드는 모든 제품들은 기업이 가격을 정하고 판매하여 이윤을 확보하려는 것이다.

가격(price)은 구매자들이 제품에 대하여 평가하는 가장 기본적인 결정기준이다. 아주 간결하면서도 명료한 것이 가격의 의미이다. 가격이 비싸면 구매를 망설이고, 가격이 낮으면 구매하려는 욕구를 내는 것이 보통이다. 가격이 시장가격보다 더 비싼지 아닌지를 소비자들이 자신의 과거 경험과 주위 사람들의 평판으로 비교 검토하여 구매의사 결정을 내리게 된다.

가격이 마케팅 활동에서 중요한 의미는 몇 가지로 구분하여 살펴볼 필요가 있다. 첫째, 가격은 판매상황에서 기본지표가 된다. 신제품을 만들어서 가격을 정하게 되면 상당 기간 초기에 책정된 가격을 그대로 유지하게 된다. 제조업체가 분유가격을 책정하고 슈퍼마켓, 할인점, 백화점에 공급할 때 책정된 초기 가격을 제시한다. 유통업체들이 공급된 가격을 보고서 매입 여부를 결정한다. 따라서 제조업체와 유통업체 간의 제품공급과 입점실행의 준거기준이 가격이 되는 것이다.

유통업체에 따라서는 공급가격이 비싸면 매입거부를 하게 된다. 그러나 유명제품일 경우에 매입을 하지 않아 판매를 하지 않는데도 불구하고 소비자들이 매장에 와서 제품을 찾는 빈도가 잦아지면 유통업체가 고민에 빠진다. 높은 가격이라도 구매를 할 것인가 아닌가의 여부를 유통업체 내부에서 결정하는 것이다.

둘째, 가격은 유통업체에서 제품을 구매하는 소비자들이 구매행동의 결정기준이 된다. 유통업체별로 팔리는 제품의 가격이 다를 때 소비자들은 시간이 허락하면 최저 가격인 업체를 찾아가게 된다. 혹은 온라인 가격비교 사이트를 통해서 최저가격으로 공급하는 업체에서 온라인 주문을 하게 된다. 가격은 거의 모든 접근 가능한 점포/무점포의 판매가격을 비교하여 최종 구입을 결정하는 소비자들에게 중요한 구매기준이 된다.

셋째, 가격은 정부의 가시권에 들어가서 정책방향을 결정하는 기준으로도 사용된다. 물가가 심각하게 오를 경우에는 정부가 소비자물가 단속에 나서게 된다. 우리나라에서 생필품으로 꼽히는 제품들(분유, 화장지, 기름, 농산물 가격)의 가격이 급등하는 경향을 보이면 정부가 통제를 하는 것이 보통이다. 또한 학원비나 심지어는 대학등록금도 가격인상을 보이면 정부가 간섭을 하게 되는 경향이 종종 나타나고 있다. 이렇게 하는 것은 거시적인 관점에서 전체적인 경기 변화에 영향을 주는 물가를 통제하려는 의도이다.

이와 같이 제조업체-유통업체 간의 가격의 관점, 유통업체-소비자 간의 가격의 관점, 정부-국민의 가격의 관점에서 가격은 중요한 변수이다. 본 장은 크게 세 파트로 구성되어 있는데, 첫 번째가 가격의 중요성과 역할에 관한 내용들이다. 가격이 왜 중요한지, 가격이 경영활동에 어떠한 영향을 미치는지, 그리고 가격과 소비자 반응들에 관한 것들이다. 구체적인 각 파트의 내용들이 상술될 것이다.

2) 가격과 소비자반응

이 세상의 거의 모든 소비자들은 싼 제품을 구매하려는 본질적인 속성을 가지고 있다. 동일한 제품을 비싸게 파는 점포는 손님의 그림자도 보기 힘들다. 누구나 다 싸다는 반응을 보이는 곳으로 달려가게 된다.

보통 가격과 광고의 효과를 비교하는 경우가 있는데, 가격 1%를 인하하는 것과 광고비 1%를 인상하는 것의 효과를 비교하면 가격인하가 광고비 인상보다 훨씬 더 기업에 도움이 된다고 한다. 가격이 왜 이렇게 강할까?

소비자가 기업에서 받을 수 있는 것은 수없이 많다. 제품을 이리저리 뒤적이면서 자신의 마음과 비교하고, 제품을 구매하기 전후에 다양한 웃음과 친절한 서비스를 받고, 신용카드로 결제하면서 결제요청을 받고, 제품구매 후에 마음에 들지 않으면 환불요청을 하고, 그래도 불만족스러우면 기업체 사이트에 불만을 표현하거나 소비자단체나 정부기관에 고발을 하는 경우가 있다. 이와 같이 소비자는 자신이 하고 싶은 수많은 일을 하나, 이와 반대로 소비자가 내는 것은 딱 한 가지뿐이다. 요청받은 가격에 대한 지불이다.

따라서 자기 주머니에서 돈이 나가는 것에 민감한 소비자는 되도록 낮은 가격을 찾게 되는 것이다. 그러나 재미있는 것은 가격이 의외로 싸면 소비자들이 제품에 대하여 여러 가지 의심을 한다는 것이다. '이 제품은 심각한 하자가 있지 않은가?', '이 제품은 중고제품 아닌가?' 아니면 '여러 번 환불되어서 낡아 빠진 제품을 다시 파는 것이 아닌가?'라는 소비자들의 의심은 제품에 나쁜 영향을 줄 수도 있다.

3) 판매가격결정의 방법

판매가격결정은 크게 세 가지 방법으로 정해진다. 원가가산(cost-plus) 방법은 가장 대표적이면서 거의 모든 가격 관련 의사결정에서 사용되는 방법이다.

95% 이상의 가격결정이 원가가산으로 책정된다고 할 수 있다. 다른 두 가지 방법으로는 수요지향(demand-oriented)방법과 경쟁의존(competition-based)방법이 있다. 이 두 가지 방법은 원가가산방법에 밀려서 특수한 경우에 주로 사용된다.

(1) 원가가산방법

기업을 하는 현장에 계신 분들을 만나면 거의 대부분이 원가가산을 말한다. 현장에서 계신 분들 중 경영학을 전공하신 분들이 그렇게 많지 않아서 용어를 원가가산 가격책정이라고 정확하게 표현하는 경우는 드물다. 그러나 그분들이 말씀하시는 것을 자세히 들어보면 "원가에다가 좀 남겼다."라는 동일한 개념을 거의 다 이야기한다는 것이다. 이것이 원가가산의 기본개념이다.

원가가산이 전 세계 마케팅 활동에서 가장 많이 쓰이는 이유는 '쉽다'는 것이다. 원가는 기업이 내부 활동에 소요되는 모든 비용들을 분석하면 쉽게 파악할 수 있다. 기업이 알고 있는 원가에 기업이 남기고 싶은 이윤을 붙이는 것이다.

다시 말해서, 원가파악은 과거 현상에 대한 분석이고, 이윤부가는 미래 활동에 대한 추산이다. 원가가산 방법이 쉬우면서도 어렵게 느껴지는 것은 '얼마만큼의 적정한 이윤'을 붙일 것인가 하는 이유 때문이다.

이윤 책정의 정확한 기법이 있는가? 불행하게도 이윤을 얼마로 정할 것인가에 대한 적정한 기준은 별로 알려지지 않았다. 그냥 적절하게 정한다는 것뿐이다. 보통 현장의 이야기를 감안하면 적으면 20~30%대에서 많으면 80~90%대까지 붙이고 있다. 많은 기업들이 동일한 제품을 많이 판매하는 경우에는 상당히 낮은 이윤을 붙이고 있다. 이유는 원가가 하방경직성이 있는 것처럼, 이윤도 상방경직성이 있기 때문이다. 원가는 혁신을 통하여 가격을 대규모로 낮추었다고 하더라도 이 이상 가격이 내려가지 않는 경우가 보통이다. 이윤도 많이 붙이면 붙일수록 다른 기업의 제품들에 비하여 경쟁력이 떨어진다. 따라서 우리가 원하는 대로 마음대로만 붙일 수는 없는 것이다. 그래서 보통 20~30% 정도의 상당히 저가의 이윤을 붙인다.

많은 학생들이 20~30%면 많은 것 아니냐고 의아해하는 경우가 있는데, 그 정도 마진 가지고는 대부분의 기업들이 운영하기가 힘들어진다. 팔리는 제품의 경우에 20~30%의 마진이 생기는 것이지, 팔리지 않고 남게 되는 재고가 많아지면 그 정도의 마진으로는 적자가 나기 쉽다.

이윤을 많이 붙이는 경우에 80~90%까지 올라가고 있다. 90%대의 마진을 학생들에게 이야기하면 대부분의 학생들이 '설마' 하는 표정이다. 실제로 그러한 제품들은 부지기수이다. 8,000원짜리 화장품의 직접제품원가는 화장품 내용물 150원에 병 값이 200원인 경우가 있다. 5,000원이 넘는 고급커피의 원재료 비용이 300원이 안 되는 경우도 많고, 250만 원짜리 고급양복의 실제 재료비가 10만 원대라고 말한 실무자도 있다. 이와 같이 엄청난 고마진이 나타날 수 있는 이유는 기업들이 독점을 하고 있는 경우나 신기술에 근거한 신제품을 개발하였을 경우에 종종 나타난다. 타 기업이 모방할 수 없는 경우에 기업들은 독점적 이윤을 확보하기 위하여 최고마진을 붙이는 것이다.

보통 소비자들은 기업이 저마진을 붙이거나 상상하기 힘들 정도의 고마진을 붙이는 경우의 내부사정을 알 수가 없다. 그냥 매대에 진열된 제품이 예쁘고 매력적이면 값을 알아보는 정도이다. 또한 땡처리 점포에서 초저가로 팔리는 제품이 왜 싼지에 의문을 가지기 이전에 상당히 싼 제품이 판매된다고 그냥 생각할 정도이다.

이윤을 붙일 때 고려해야 할 것에는 제품 이미지와 판매 가격의 관계가 있다. 제품에 대한 이미지가 고급이라고 소비자들이 인정하는 경우에는 상대적으로 고가의 마진을 붙여도 가능하다. 반대로 제품 이미지가 중저급일 경우에는 고마진을 붙이면 위험하게 된다. 화장품과 고급 의류의 경우에 마진이 높으나, 반대로 중저가 의류의 경우에는 마진이 상당히 낮은 것이 보통이다.

(2) 수요지향방법

가격 결정 방식으로 원가가산 방식이 너무 압도적이나, 수요지향방법도 가끔 쓰이는 방법이다. 경제학원론의 기본개념이 수요공급의 원리에서 출발한 것으로 수요가 오르면 가격이 오른다는 것이다. 수요는 제품에 대한 소비자들의 내적 욕구의 반영일 수 있다. 따라서 욕구가 많은 제품은 높은 가격을 붙일 수 있다는 관점에서는 상당히 매력적이라고 할 수 있다.

(3) 경쟁의존방법

수요지향과 비슷하게 경쟁의존방법도 그렇게 많이 쓰이지는 않는다. 경쟁의존방법은 경쟁이 강해지면 가격이 내려가고, 경쟁이 약해지면 가격이 올라가는 것이다. 새로운 제품이 시장에 출시되었을 때에는 경쟁자가 별로 없어서 시장 선도자가 비교적 높은 가격을 매긴다. 그러나 그 제품이 소비자들의 인기를 끌면서 제품력이 강하다고 판정되면 경쟁업체들이 등장하면서 서로 강력한 경쟁에 돌입한다.

이 세상에서 가장 강력한 경쟁무기가 저가격이다. 남보다 싼 가격이 손님들을 끌어당길 수 있는 것이다. 후발주자들이 시장 선도자에 비하여 낮은 가격으로 진입하면 전체 시장가격이 무거워진다. 대부분의 경쟁업체들이 비슷한 가격을 매기게 된다. 어느 업체가 가격을 3분의 1 혹은 반값으로 대폭 인하하면 그와 동시에 가격 변화가 야기된다. 남보다 비싼 가격을 붙인 업체는 엄청난 제품력이 있지 않는 한 가격경쟁에서 이기기 힘들어진다.

02
원가가산 가격결정을 위한 전략적 원가관리의 개념과 원칙

1) 전략적 원가관리의 개념

앞에서 살펴본 것처럼 새로운 제품의 마케팅 수행에서 최종소비자 가격은 원가가산(cost-plus)의 방식으로 결정되는 것이 대부분이다. 원가에 판매자가 획득하고 싶은 일정의 마진을 붙여서 최종가격을 결정하는 것이다. 따라서 원가를 어떻게 결정하는가는 아주 중요한 문제가 된다.

보통 최종의 제품을 판매하고 나서 판매가격에서 원가를 제하면 수익이 생긴다. 그런데 판매가격에서 원가를 제한 수익은 보통 매출액 대비해 적으면 1%에서 많으면 30% 정도가 난다고 한다. 도매물류업의 경우에는 1% 정도이고, 수입제품이나 고급제품의 경우에는 최종마진이 30% 정도가 된다. 그런데 원가를 차지하는 비용들 중 대부분의 비용이 구매 관련 원가이다. 구매할 때 자재, 부품, 원재료를 저렴하게 구입하면 원가가 다운되고 그 결과 최종 마진이 많이 남는다는 것이다.

글로벌 기업의 가격경쟁력은 얼마나 저렴하고 품질이 좋은 자재를 구매할 수 있느냐 하는 것과 직결이 된다. 따라서 구매원가가 중요해진다.

2) 전략적 원가관리의 원칙

(1) 최저가 매입을 해야 한다

경쟁력이 있는 기업 활동을 위해서는 항상 최저가로 매입하도록 노력을 해야 한다. 국내의 모식품 유통업체는 식품 공급업체들과 연간 계약을 체결해서 구매를 하는데 항상 업계에서 최저가에 양질의 제품을 구매하는 것을 사전계약하고 매년 시행하고 있다. 국내에서 최저가 매입을 하는 것도 중요하고 전 세계 최고의 유통기업인 미국의 월마트는 항상 전 세계에서 최저가의 매입을 하는 것이 기본원칙이다.

(2) 구매원가 대비 수익표를 만드는 것이 필요하다

구매원가 대비해서 얼마만큼의 수익이 생겼는지 사전에 계량적으로 기획해서 수익표를 만들고, 그것대로 구매업무를 실행해야 한다. 사전에 구매원가에 대비해서 전체 예상 수익률이 회사의 전체 예상 수익률을 상회할 것이라는 확신이 들어야 구매경쟁력이 있다고 할 수 있다.

구매 관련 직접원가에는 보통 직접노무비, 직접재료비와 직접경비가 포함이 된다. 제조원가와 유통마진 그리고 판매마진을 전부 합해서 가격이 결정되어야 한다. 손익분기점을 항상 고려해야 한다.

(3) 원가를 상대방에게 요청해서 서로 알고서 결정한다

공급사슬관리과 완벽하게 수행이 되면 공급업체와 구매업체가 서로의 정보시스템을 연결해서 타사의 자재 관련 비용들과 수익들을 서로 알 수 있게 하고 있다. 이에 대비해서 서로 적절하다고 판단이 되는 원가요소들을 파악하고 나서 효율적인 상호 간의 구매활동을 하는 것이 필요하다.

원가 관련 정보를 타 회사에게 넘긴다는 것은 웬만한 결단력이 아니고서는 실행하기가 힘들다. 그러나 이와 같은 정보공유 활동을 통해서 업무효율성을 올릴 수 있다면 그렇게 하는 것이 바람직하다고 볼 수 있다.

03 최저가 구매를 위한 인터넷 활용

인터넷이 발전하면서 온라인의 새로운 중심이 전자카탈로그와 e-Marketplace 구매와 같은 것들이 되었다. 이와 같은 것들은 거의 실시간으로 글로벌적으로 연결이 되면서 구매 관련 비용이 최저가로 이루어지고 보다 정확한 정보들을 주고받을 수 있는 시스템으로 발전되어 가고 있다.

전자카탈로그란 인터넷상의 카탈로그로서 오프라인에서 실물의 카탈로그를 만든 것을 대체하는 형태이다. 이것을 제공해서 희망구매자가 정보를 취사선택해서 의사결정에 활용하는 것이다.

인터넷이 발전하면서 e-Marketplace가 생기면서 희망 공급자들의 전체와 희망 구매자들의 전체가 인터넷상에 모여서 전자적으로 공급과 구매를 결정하는 시스템이다. 우리나라는 정부가 주도하기 시작했고 민간으로 확산되면서 소모성자재들(MRO)을 중심으로 대형 그룹들이 e-Marketplace를 형성해서 구매 관련 비용들을 대규모로 줄이고 있다.

04 최저가 구매를 위한 글로벌 소싱

1) 최저가 구매를 위한 글로벌 소싱의 필요성

최저가 구매를 위해서 장기적인 관점에서 전 세계를 상대로 글로벌 소싱에 나서고 있다. 장기적으로 안정적인 자재원을 확보해서 경쟁력 있는 구매라인을 결성하겠다는 것이다. 전 세계 어디에서든지 최저가에 특색 있는 자재, 원재료, 부분품들이 확보가 가능하면 찾아가서 글로벌 소싱에 나서고 있다.

글로벌 소싱을 위해서는 해외 직접투자를 하거나 해외의 능력 있는 기업체들과 전략적 제휴도 하고 있다. 각각의 경우에 글로벌 소싱을 하는 방식을 설명하면 다음과 같다.

2) 글로벌 소싱을 위한 해외직접투자

기업들이 왜 해외에 직접 투자를 할까? 그냥 국내에서 만들어서 해외국가로 수출하면 될 것이 아닌가? 수출만을 하기에는 어느 정도 부족한 이유들이 있기 때문에 해외에 직접 투자하는 것이다. 해외에 직접 투자하는 것은 막대한 자금을 투입하므로 투자 실패로 판명이 나게 되면 손해가 막심해진다. 본국이 아닌 타국에서 기업 활동을 하는 것은 상당히 위험할 수 있다. 그럼에도 불구하고 해외직접투자를 하는 데에는 다양한 이유들이 있다. 생산기지의 확보차원, 마케팅형 사업동기와 전략적인 사업유지 동기들이 있다. 그러나 이와 같은 해외직접투자 동기들은 구매와 관련이 거의 없고, 글로벌 원재료를 확보하기 위한 사업 동기는 글로벌 소싱의 핵심이 된다. 이것을 설명하면 다음과 같다.

제3차 세계대전이 종결된 이후에 소리 없이 전 세계 경제 강대국들이 벌이는 무혈전쟁은 자원 확보 노력이다. 석유를 대체할 만한 미래형 에너지 자원들과 식량문제를 획기적으로 풀어줄 농업자원들과 지구온난화와 같은 환경문제를 현명하게 대처할 수 있는 대체자원들에 많은 국가들이 집중하고 있다.

다국적기업들은 미래국가들이 필요로 하는 자원들을 선점하려는 강한 욕구가 있다. 미처 본국이 점유하고 있지 못한 자원들을 확보하려고 하면 본국 정부의 직간접적인 다양한 형태의 지원들을 받을 수가 있기 때문이다. 또한 전 세계적으로 자원 풍요기업이 되면 수많은 독점적인 우위들을 확보하면서 세계경제를 움직일 수 있기 때문이다. 다국적기업들의 CEO들이 미개발 천연자원과 식량자원의 확보에 매진하고 있다.

3) 글로벌 소싱을 위한 전략적 제휴

글로벌 소싱을 위해서 해외직접투자를 하면 보통 비용이 많이 들게 된다. 해외에 직접 사업체를 내는 데는 사업 관련 투자비용이 많이 들고, 위험도 비례해서 커지는 경향이 있다. 투자비용을 저렴하게 하면서 위험을 줄이는 방법은 전략적 제휴이다. 양질의 부품, 재료, 천연자원 등을 확보하기 위한 전략적 제휴의 개념을 설명하면 다음과 같다.

국제적 전략적 제휴(international strategic alliance)란 국제적으로 서로 필요한 부문에 대해서 두 개의 기업체들이 협약체계를 형성하고서 업무를 같이하는 형태를 의미한다. 제휴란 두 개 이상의 기업

마무리사례 4년 연속 순이익 1위 달성 … 혁신경영의 힘

한국남동발전이 지난해에 이어 올해 공공기관 경영실적평가에서 기관평가와 기관장 평가 모두 A등급을 받았다. 한국수력원자력 등 에너지 관련 공기업들이 대거 하위권인 D, E등급으로 내려앉은 가운데 이룬 결과여서 더욱 값진 성과로 평가받고 있다.

남동발전은 민간기업인 포스코의 혁신경영인 VP(visual planning) 기법을 도입해 업무 효율성을 극대화했다. '4-ONE 컨틴전시 플랜' 추진을 통한 재무・예산의 철저한 분석과 전략적 관리의 결과로 4년 연속 화력발전사 최고 당기순이익 및 영업이익률을 달성했다.

또 연료 워룸 운영시스템(SCM 기반)을 바탕으로 국내 발전사 중 4년 연속으로 유연탄 최저가 구매에 성공했다. 발전분야 핵심지표인 설비이용률, 발전량, 발전원가에서 4년 연속 발전회사 1위를 기록하기도 했다.

남동발전은 삼성코닝 본부장 출신인 장도수 사장이 2008년 취임한 후 공기업 최초로 '소사장제'를 도입하는 등 강도 높은 변화와 혁신을 추진했다. 장 사장은 발전소장 등 사업본부장을 소사장으로 임명하고, 인사권과 예산결제 권한 등을 위임했다. 대신 소사장들은 매년 장 사장과 '목표달성 협약서'를 체결했다. 예를 들어 건설투자비로 얼마를 절감할 것인지, 공사 준공일, 발전소 건설 공정률 등 가이드라인을 세워 소사장과 사장이 계약을 맺는 방식이다. 이렇게 하면 삼천포 1호기, 2호기, 영흥 1호기, 여수 1호기 등 작은 단위별 실적이 적나라하게 드러난다.

장 사장은 "사업장별로 실적이 나타나다 보니 본부장들이 사장처럼 세세한 부분까지 챙겼고, 그 결과 원래 매출 목표가 2,000억 원이었는데 3,000억 원을 달성하는 사업장도 나타났다."면서 "이익은 처음 약속한 대로 직원들에게 돌려줬고 그게 다시 이익을 증가시키는 선순환으로 이어졌다."고 말했다.

남동발전은 이 같은 변화와 혁신이 기업 문화로 정착될 수 있도록 전략 경영(mission oriented), 현장중심 경영(ownership), 시나리오 경영(scenario), 가치창조 경영(top value)을 4대 축으로 하는 남동발전 고유의 시스템경영 체계를 정착시켰다.

이는 지속적인 경영성과를 창출하는 초석이 됐다. 장 사장이 취임할 무렵 1,000억 원이 넘는 적자를 보이던 남동발전은 지난해 1,741억 원의 당기순이익을 내는 알짜 공기업으로 변신했다. 매출도 3조433억 원(2008년)에서 4조6,777억 원(2012년)으로 50% 이상 증가했다.

남동발전은 이 같은 성과를 인정받아 2008년, 2009년, 2010년도에 한국전력이 주관하는 경영실적평가에서 3년 연속 최상위권을 유지하며 최우수 발전회사로서의 위상을 확고히 다졌다. 또 시장형 공기업으로 진입한 첫 해인 2011년도 공공기관 경영실적평가에서 기관 및 기관장평가 모두 A등급을 받는 성과를 달성했다.

안영대 남동발전 문화홍보팀장은 "올해 2년 연속 기관 및 기관장평가에서 A등급을 받음으로써 남동발전의 역량과 성과가 우연이 아니라는 사실을 입증했다."면서 "창조경영을 통해 세계 최고의 경쟁력을 갖춘 기업으로 도약하겠다."고 말했다.

남동발전은 2001년에 한전에서 분리된 발전전문 회사다. 삼천포 · 여수 · 영흥화력발전소 등 여섯 개 발전소에서 약 8,200MW(발전설비용량)의 전력을 운영하고 있다. 우리나라 총 발전설비용량(7만6,130MW)의 10% 정도를 차지한다.

출처: 동아일보(2013년 6월 27일).

7

Chapter

구매조달관리 및 공급업체 선정

2) 조달관리의 개념

자재는 생산계획이나 자재관리부서의 요구에 의해 조달하게 된다. 이때 구매부서는 일정한 규격의 표준품목은 일정한 관행이 존재하는 경우 이 관행에 따라 구입이 가능하다. 그러나 제품특성이 특이하거나 고가품을 조달하게 되는 경우 보통 여러 공급업체로부터 경쟁입찰을 받아 조달하게 된다. 따라서 조달관리(procurement management)는 단순히 구매관리와 구분되어 필요자재를 구매하기에 앞서 필요한 정보를 수집하고 자료를 조사하는 모든 과정을 의미한다.

조달계획에는 다음과 같은 내용이 포함된다.

(1) 생산계획에 따른 자재소요량 조사

(2) 재고자재를 파악하고 구입할 자재의 리스트를 선정

(3) 대용자재의 유무를 조사・검토

(4) 마케팅 조사

(5) 납기적합성 검토

(6) 구매 로트에 따른 가격차이 조사・검토

(7) 구매의 어려운 정도, 시장 여건 및 계절적인 상황의 판단

이렇게 조달계획에 따라 생산에 필요한 자재를 획득하는데, 이때 조달을 넓은 의미의 구매에 포함시키기도 한다. 또한 구매를 좁은 의미로 볼 때 조달수단으로 구매(buying)와 외주(outsourcing)로 분류할 수도 있다. 여기서 외주는 자사가 필요로 하는 기능을 가진 자재를 그 지정된 방법에 의해 특정기업에서 제조・가공을 위탁하여 조달하는 것이다. 여기서는 구매와 조달을 구분하지 않고 크게 구매를 중심으로 설명하려고 한다.

3) 구매관리의 중요성

(1) 기업이익의 증대

기업에서 구매는 생산성 향상과 관련 없이 기업의 이익을 창출할 수 있는 중요성을 갖는다. 생산활동을 수행하기 위해서는 생산계획에 따라 소요량만큼 자재를 외부로부터 구매하여야 하는데, 이때 자재 구매비를 절약함으로써 기업의 이익을 증대시키게 된다.

(2) 기업경영의 중요한 역할

기업은 생산계획에 의해 필요한 원·부자재를 조달하게 되므로 생산활동의 선행활동이 되어 기업 경영에 중요한 역할을 하게 된다. 그리고 기업운영 자금의 거의 절반을 사용함으로써 자금 운용 과정에서 내부이익을 제일 먼저 창출하는 역할인 원가절감 활동을 수행하게 된다.

(3) 기술혁신의 원동력

기업이 구매활동을 하는 과정에서 제품의 중요한 부분을 차지하는 원·부자재가 있을 경우 이를 낮은 가격으로 구입하는 방안을 찾거나, 기술혁신을 통해 대체할 수 있는 수단을 찾을 수 있으므로 기술혁신의 원동력이 될 수 있다.

(4) 재료비의 절감

재료비는 원가의 구성 중에서 제일 큰 비중을 차지하므로 재료비의 절감은 비용발생 없이 기업의 이익창출에 기여한다. 따라서 구매부분은 제조와 설계부분에 대해 서비스를 제공하면서 기업의 이익을 창출하는 중요 기능이 된다.

(5) 구매와 타 기능 부분과의 관계에서의 중요성

우선 생산부문과 관련하여 생산계획에 의해 필요한 자재소요량을 양질의 것으로 확보하는 것이므로 생산이 차질 없이 진행될 수 있도록 할 뿐만 아니라 완성된 제품의 품질을 결정해 주는 중요한 기능을 제공한다.

기술부문과 관련하여 기술부문에서 요구하는 원·부자재의 요구를 구매부서에서는 시장가격조사 결과에 따라 기업의 내규에 따른 구매결정을 하므로 이와 차이가 있을 수 있다. 이에 따라 제품의 불량이 초래되고 원가의 상승요인을 제공한 결과를 가져온다. 따라서 두 부문 간의 상호협조를 통해 최적의 구매가 되도록 노력을 기울여야 한다.

판매부문과 관련하여 자재가격의 상승 혹은 인하, 조달기간 등은 판매부문에 제약을 주고 완제품의 규격·수량·납기 등은 구매부분에 제약을 가하는 경우가 있다. 따라서 이 두 부문 간의 상호 협조가 필요하다.

창고부문과 관련하여 특정 자재의 사용빈도, 불량률 등은 창고부문의 자료에 의존하고 적정 재고수준의 유지는 구매부문의 협조가 필요하므로 두 부문 간에도 상호 협조가 필요하다.

02 구매 · 조달관리의 절차

구매 · 조달관리의 절차는 크게 네 단계, 즉 개발단계의 점검, 구매단가 인하의 요인 검토, 발주 · 납품체계의 구축과 업무절차의 개선으로 나누어 설명할 수 있다.

1) 개발단계의 점검

개발단계의 점검에서는 다음 사항들이 고려되어야 한다.

(1) 도면, 재질규격, 시험방법 등의 보유 확보 여부

(2) 자재명세서 및 제조공정의 점검
공차, 치수, 조립방법, 상호관계, 열처리 등 외주처리방법, 외주업체의 능력, 규격재료 구입방법, 재료구입상의 문제점, 설비능력, 품질관리방법, 시험(test)방법 등이 검토되어야 한다.

(3) 생산수량에 따른 적정한 공정 및 금형설계를 위한 가격경쟁력

(4) 목금형, JIG, FIXTURE 등을 이용한 초기 품질에서 양산품질 확보 여부

(5) 원 · 부자재의 구입방법
첫째, 자체조달, 구매조달기간 최소 로트량, 둘째, 각종 금형, 치공구의 제작 등 최소거래 단위, 셋째, 세부 개발일정(시제품 납입방법 및 적용)

(6) 제조공정의 품질보증을 위한 설비, 작업자의 능력

(7) 제품물류(운반구 · 포장처리 · 열처리 · 금형 등)

(8) 주문처와 제작처의 협의사항

협의사항으로 제조공정, 금형형태, 검사기준, 외주업체 선정(구성부품, 표면처리, 열처리, 금형 등), 운반 규격 및 포장단위 등이다.

2) 구매단가 인하의 요인검토

기업의 제품이 해외진출이 실현되는 경우 이를 위해 선적과 동시에 내국신용장을 개설하고 수출이 완료된 후 수출 시에 납부한 세금을 환불받게 된다. 이때 수출면장 기초원재료, 납세증명서(기납부 세금), 수입면장 분할증명서(분납증)를 제출하여 입증한 후 환급받게 된다. 이와 같이 환급세액제도의 의도는 수출을 장려하기 위해 실시되는 것이다. 또한 고객 지급품의 유상, 무상 혹은 직거래의 방향을 설정하여 물류의 거점에 따른 원가를 절감하여야 한다.

3) 발주 · 납품 체계 구축

기업이 생산 활동에 필요한 원 · 부자재 및 부분품을 발주하는 목표는 첫째, 적기 · 적량의 안정된 공급체계이다. 둘째, 조달 물류의 합리화 및 관리비용 최소화이다. 셋째, 외주업체 생산안정을 위한 정보체제 구축이다. 그 운영 방법으로는 첫째, 종합 생산, 자재관리시스템(MRP) 운영, 둘째, 부품 특성별 납품체계 운영(발주방식), 셋째, 신속한 정보전달 체계(VAN) 운영 등이 있다.

발주처에서의 체크 포인트는 첫째, 생산 신뢰도 향상이며, 둘째, 자체 시스템의 안정 여부이며, 셋째, 적합한 발주, 물류체계운영(VAN) 등이 있다. 수주처에서의 체크 포인트는 첫째, 납기수준 확보, 둘째, 생산 공급능력 확보, 셋째, 품질 수준 확보, 넷째, 업체 생산관리 시스템 개선 등이다. 따라서 기업 내부에서 발주・납품체제를 갖추어야 한다.

4) 업무절차의 개선

구매업무절차를 개선하기 위한 일반적인 관점을 보면 계획과 준비단계에서 첫째, 업무를 분석・개선할 절차를 선택하고 둘째, 모델 시스템(model system)을 연구하며 셋째, 규제하고 있는 규정 기준 등을 조사하며, 마지막으로 개선 스케줄을 수립한다.

(1) 현장조사

현장조사 시에는 ① 현장업무 담당자와 우호적인 접근, ② 개인의 비판금지, ③ 전표수집, ④ 문제점 개선 포인트 기록 등의 사항이 중요하다.

(2) 절차개선

업무절차서의 ① 목적의 적합성과 타당성, ② 조직과 절차를 위한 방침 등 외적요인 검토, ③ 업무절차 그 자체에 대한 검토가 필수적이다.

(3) 각 단계의 개선방향

각 단계의 개선방향으로 고려하여야 할 것으로는 ① 구매요청서 발행부문, ② 발주선 선정기준의 명확화, ③ 구매요청내역의 수용에 대한 점검 등을 개선방향으로 보아야 한다.

03 구매의 절차

구매의 절차는 일반적으로 다섯 가지 단계로 나누어 설명할 수 있다. 이는 각 부서의 구매요구, 견적과 절충, 계약주문, 납품과 대금지불 및 사후관리이다.

1) 각 부서의 구매요구

제조품목의 구매 필요성을 구매부문이 확인하고, 창고부문에 구매요구서를 제출한다. 구매요구서는 소요자재를 기재하고, 책임자가 서명・날인하여 무책임한 구매요구를 방지하여야 한다. 재고관리부문에서는 재고가 발주점에 다다르면 구매요구서를 발행하고, 사용부문의 구매요구서는 창고부문에 접수하고, 재고품이 있는 경우 불출하고, 재고 고갈의 경우 구매부문에 의뢰하여 구매하도록 하여야 한다.

재료표에 의한 것은 제품설계 완성 시 사양서에 의해 소요자재목록을 작성하여 구매부문으로 전달하고 이를 생산 부서에서는 제품일정계획을 동시에 통보한다. 이 방식은 표준부품과 소모품 공구류에 적용하여 효과를 거둘 수 있다. 또한 구매요구서는 표준서식으로 작성하여야 하며, 소요자재의 필요성을 기재하고, 구매에 필요한 정보를 정확히 표현되었는가를 점검한다.

재료표를 작성하는 경우 생산부문에서 정확히 작성하여 문제가 발생되지 않도록 하여야 한다. 구매부품은 구매요구제품과 동 품목의 과거 조달 및 자료와 대조・확인할 필요가 있으며 구매요구서 내용이 다를 경우 요구 부서에 확인・정정・보완하여야 한다.

2) 견적과 절충

생산활동에 필요한 원·부자재 및 부분품, 반제품 등 산업 유형에 따라 제조하는 제품의 소재들을 대단히 복잡하고 다종·다양할 것이다. 그러나 그 사업에 맞는 원·부자재를 외부로부터 구입하게 될 때에는 정해진 방법에 의해 구매를 해야 공정한 거래에 의해 자재를 구매할 수 있다.

구매방식으로는 수의계약, 자유공개경쟁입찰, 지명공개경쟁입찰, 투명구매, 공급처선정 모델에 의한 방법 등 여러 종류의 구매가 있을 수 있다. 어느 방법을 선택하든지 구매 시에는 혈연이나 학연, 지연에 따른 구매가 되지 않도록 공정을 기해야 한다.

외부공급자로부터 견적을 받게 될 때에는 기업의 적정한 기준에 의하여 선택하도록 하여야 한다. 물론 견적을 받아 평가분석하기 위한 정보수집과 정보 분석 능력에 의하여 판단한 후 공급원 중에서 품질, 가격과 납기 등을 고려하여 충분한 분석이 이루어진 후에 선정하여야 한다. 공급자선정 시에는 공급자의 당위성이 있고 공급자의 재정 상태나 신용상태, 납기율, 서비스율 등을 고루 고려하여 최종 선정하여야 한다.

견적서에 의하여 거래처를 선정하는 순서를 일반적 사항으로 보지만 적합한 견적으로 판단하기까지는 많은 시간이 필요하며, 회사의 내적 기준과 비교·판단하도록 한다.

견적이 선정되면 특히 가격에 대하여 상호의견을 제시하여 가격, 품질, 납기 등의 절충이 충분히 이루어져 차후 문제 발생 시에 분쟁이 없도록 조건을 명시하는 것이 중요하다.

람직하다. 과거부터 거래를 한 발주처인 경우는 과거 실적에 따라 판단하여 가격과 거래관계의 유지를 위한 발주량이나 외주거래 관계를 고려하여 택할 수 있다.

그러나 처음 구매를 의뢰하기로 결정할 때는 공급처의 사용조사, 재물상태 등을 면밀히 조사하여야 한다. 특히 선정품목이 가격과 능률면 · 품질면 · 생산적인 측면에서 중요한 것일수록 철저한 조사가 이루어져야 한다. 일반적으로 공급처를 선정하기 위해서는 동일한 품목마다 수 개의 공급처를 확보하고 유리한 구매가 될 수 있도록 경쟁을 유발시켜 양질의 품목을 저가에 구매할 수 있도록 한다. 또한 구매해야 할 자재가 어떠한 경로를 거쳐 시장에 유통되고 있는 것인지, 그의 공급은 어느 지역에서 어떻게 분화되고 있는 것인가를 아는 것이 공급자 선정의 제1단계이다.

그리고 공급방법의 선택이 중요하다. 이들의 조사는 실제로 요구되는 자재에 따라 그때마다 실시할 수는 없다. 그렇기 때문에 모든 것이 사전에 ① 자재의 공급처의 조사, ② 공급자의 선택조사, ③ 공급자의 등록과 그 유지 등을 사전에 준비할 필요가 있다. 그렇지 못한 경우라면 수요를 충당할 수 없는 경우가 발생하므로 이는 제조기업에서 사전계획 미비로 기업의 기회이익을 상실하게 된다. 그러므로 과학적이고 객관적으로 자사에 가장 유리한 업자를 선정하면 기업의 이익을 증대시킬 수 있다.

또 더욱 안전한 구매를 하려고 할 때는 판매원으로부터 시장정보(marketing information), 카탈로그(catalogue), 업계전문지, 사용부서로부터 제언을 받아 이를 기초로 공급자 리스트를 작성한 후 이로부터 선택하거나 공급업자와 직접 면담을 하여 정보를 수집 · 분석한 자료에 따라 적합하다고 인정되는 공급자를 선택한다.

이외에도 공급처나 공급자를 선정하고 측정할 때 변수들을 고려하여 가격, 인도, 수량, 품질서비스, 유지보수, 기술지원, 재무상태, 구매조건 등을 가격기준으로 고려하고 잠재력이 있는 평가 시는 다음 4가지를 평가기준으로 삼는다. 즉 ① 기술능력, ② 제조능력, ③ 재무능력, ④ 관리능력 등의 정보로 평가될 수 있다.

기대값 모형을 이용하여 여러 구매선 중에서 하나를 선정하는 방법이 있다. 이는 공급자의 공급가격, 품질, 신용도, 재정상태 등과 같은 선정기준을 정하여 이들 각 기준에 1점에서 10점까지 중요도에 따라 점수를 부여하여 각 공급자들이 이들 기준을 충족시킬 확률(0에서 1까지)을 추정하고 그중 가장 큰 기대점수를 얻은 공급자를 선정한다.

$$EP(\text{기대점수}) = \sum(\text{중요도}) \cdot P(\text{확률})$$

예제

A기업은 호돌이 상사와 호순이 상사 중에서 공급자를 평가하고자 한다. 이 두 상사를 대상으로 세 가지의 평가결정기준과 중요도 및 각 공급자가 각 결정기준을 충족시킬 확률 등이 다음과 같이 주어졌다고 가정하자. 이 경우에 어느 공급자를 선정하여야 되는가?

결 정 기 준	점 수	공 급 자	
		호돌이 상사	호순이 상사
1. 적정가격을 제시할 수 있는 능력	5	0.80	0.90
2. 재정상태의 양호	10	0.60	0.95
3. 품질규정을 지킬 수 있는 능력	9	0.90	0.80

해 호돌이 상사의 기대점수=0.80(5)+0.60(10)+0.90(9)=18.1
*호순이 상사의 기대점수=0.90(5)+0.95(10)+0.80(9)=21.2
분석한 결과로 보아 공급처 선정에 업체는 기대점수 21.2점을 얻은 호순이 상사가 결정되었다.

이 결정모형의 이점은 공급자 선정 시 여러 결정기준을 상황에 따라 부여하여 계산할 수 있고, 규격 선정과 같은 그 밖의 구매문제에도 활용될 수 있다. 그리고 여러 가지 복합적인 기준이 있고 불확실성이 내재되어 있는 경우 기대가치에 의한 접근방법이 유용하다.

2) 공급자 선정조사

신자재의 공급을 위해 공급경로의 정보를 구매처 및 외주처와의 구매・외주의 교섭을 통하여 자연스럽게 흡수하던 시대는 이제 과거가 되어버렸다. 최근에는 적극적인 정보수집을 하지 않으면 타 기업에 뒤지게 된다는 것을 인식하여야 할 것이다. 일반적으로 정보수집처는 ① 업계의 산업 제 단체의 조사, ② 업계의 신문, ③ 각 기업이 발행한 카탈로그에서 정보를 얻을 수 있다. 나아가 세계 선진국 업계로부터 국제시장정보를 수집함으로써 기업의 발전과 함께 공급처의 선정에 큰 도움이 된다.

또한 기업이 필요로 하는 자재의 취급업자는 위의 조사에 따라 공급자재의 ④ 성능, ⑤ 기술능력의 일반적 평가에 따라 자사와의 지리적 관계, 공급경로 등을 통해 가능한 회사들을 알아두어야 할 것이다. 더구나 업자의 경영내용을 조사하여 우량기업을 선정하도록 한다. 이와 같이 업자의 경영 자료는 그 업자가 직접 거래하고 있는 기관에서 평가하여야 한다.

(1) 업계단체 조사

기업이 필요로 하는 자재의 제조자는 자재의 취급업자에 대한 일반적인 지식을 각 도에 산재되어 있는 상공회의소 또는 시가 전시하는 전시장 · 산업전시장 등에서 자료를 제공받을 수 있다. 나아가 업자협회나 조합조직을 통하여 정보의 제공을 받기도 한다. 그러나 산업협동조합의 불확실한 정보는 각 회사의 정확한 생산판매실적 등의 자료제공이 미비하기 때문이라고 볼 수 있다. 따라서 그 제공 자료도 정확한 정보로서 반드시 충분히 신뢰할 수는 없지만, 일반적으로 종합적인 업계의 정보로서 무시할 수 없기 때문에 이를 감안하여야 할 것이다.

(2) 업계신문과 각 사내신문

산업경제신문이나 전문적 상업신문은 새로운 자재의 개발, 공업기술의 소개에 따라 적극적으로 지면을 이용하여 알리고 있다. 나아가 업계 자체도 각각 업계신문 등에 따라 일반적으로 정보를 보도하고 있으므로 이를 이용하여 통계분석을 할 수 있다.

이들 소식(news)으로 정보와 동시에 신문을 매체로 하거나 또는 매스컴에 보도된 정보로서 또는 각 사의 광고자료를 스크랩 · 파일(file)을 해두어 이를 이용하는 것이 중요하다.

현재의 필요자료와 관련된 새로운 자료정보, 기술정보, 또는 관련되는 기업정보, 그리고 신문광고자료를 스크랩 · 파일을 해야만 한다. 왜냐하면 구매담당자와 업자와의 구매계약을 통하여 교섭을 하는 데 있어서 자연스럽게 얻은 지식도 중요한 정보의 원천이겠지만, 개개인의 정보지식인 동시에 조직적인 정보수집의 시대란 것을 인식하지 않으면 안 된다.

(3) 각 기업의 카탈로그 수집

기업은 자재구매에 직접적으로 관련하는 공급처에 관한 조사가 되면 각 공급처에서의 제품 카탈로그 수집을 필요로 할 것이다. 막연하게 자료를 요구하는 것이 아니라, 제조기업이 요구하는 당사의 입장에서 필요로 하는 것이나 의도하고 있는 자료의 성질, 거기에 더욱 도움을 줄 수 있는 작업방법 등에 대응한 자료에 대한 카탈로그 설명서를 제공받아 자재별・업자별 또는 용도별로도 상호 간에 참고될 수 있도록 철하여야만 한다.

이러한 요건에 따르는 제품 카탈로그가 정비되어 있는 기업이야말로 근대적인 판매정책을 갖고 있는 기업이라 할 수 있으며, 연구와 기술과 제조와 판매가 종합적인 기능을 가지는 것이 근대화의 진전된 기업이란 것을 인식하여야 한다.

(4) 거래은행 금융기관조사

기업의 거래은행에서의 실적 또는 신뢰도를 평가하는 것이 중요하다. 관계기관에서는 거래업자의 평가 등을 외부에 비밀로 유지시키고 있으나 금융면에서의 거래빈도 등으로부터 스스로 그 경영상태, 특히 자금조달 등의 상황을 파악할 수 있도록 한다.

(5) 거래처

업자의 제품을 현재 이용하고 있는 제품 거래처의 평가가 중요하다. 납입에 있어서 종종 일어나는 납기지연, 자재의 잘못 배달 또는 불량품의 발생률 등 가장 객관적 자료의 수집이 가능하다.

3) 실태조사

위와 같이 예비조사를 마치고 실제의 거래처를 지정하여 구매계약, 특히 연간 장기구매계약 등이 상호 간의 신용과 신뢰에 바탕을 두는 관계를 유지할 수 있는가, 없는가의 결정을 위해 그 업자의 실태조사를 할 필요가 있다.

물론 실태조사를 하여 구매처를 결정할 때는 기본적인 요소들인 ① 품질, ② 가격, ③ 납기를 검토할 필요가 있다는 것도 아울러 인식하여야 하나, 우선 거래처를 파악해야 하므로 아래와 같이 세분할 수 있다.

(1) 등기원본조사

제조·판매업자로서 알려져 있다고 하더라도 실체는 단순한 제품의 중개업자인 경우도 있다. 제조업자로서 장기구매계약을 맺고, 그에 따라 하청제조업자에 분할 발주하는 실례도 흔한 일이다. 그러므로 먼저 법규상 등기원본으로 확인할 필요가 있다.

(2) 공장기계 설비조사

필요로 하는 정도의 가공능력과 기술·기계설비를 갖추고 있는지, 지시한 검사를 실시할 수 있는 검사설비·기구를 가지고 있는지의 여부와 나아가서는 납기를 확인할 수 있도록 공정관리시스템이 되고 있는지, 품질관리 및 공정관리기사 능력 유무 정도 등을 조사한다.

(3) 노동 상태 조사

종업원의 임금·급여수준은 어떠한가? 종업원의 평균 이동시간수 등 제조원가의 구성을 이루는 고정비 중 인건비 등의 비교조사에 의해 노동력으로 본 이 공장에서의 가능제조능력, 안정이 된 기술능력의 유지가 가능한지 노사분쟁 등에 의해 기업의 안정, 지속적인 조업능력을 기대할 수 있는지를 분명히 하여야 한다.

(4) 경영분석

실태조사 중에 또한 중요시할 것은 이 기업의 과거 수년간에 걸친 경영성과의 분석, 즉 재무구조 또는 자기자본비율과 부채비율의 균형 등을 분석하여야 한다. 또한 재무진단에서 그치지 말고 경영 전반의 진단을 조사기관을 설정하여 실시할 필요가 있다.

(5) 사업자등록

위와 같이 구매담당자는 이를 조사하고, 또한 실태조사에 따라서 선정된 업자는 전면적으로 신뢰할 수 있는 업자를 선정할 필요가 있다. 관계자로부터의 추천을 받은 업자라고 하더라도 이러한 조사의 결과로부터 평가받게 되므로 정실의 개입 여지가 있어서는 안 된다.

업자등록과 유지제도의 요소를 설명해 보면 다음과 같다.

① 거래업자의 명단

한 자재에 적어도 최소한 3업자를 선정하여 등록하는 것이 바람직하다. 일반적으로, 구매계약은 원칙적으로 다른 등록사로부터 견적을 받아 비교하여 계약을 해야 한다. 1개의 회사만 지정하면 자유 공평한 경쟁에 의한 납기, 품질, 금액에서 기업의 손실을 초래할 우려가 있다. 즉 이는 시장조사에 어둡다는 것을 의미하는 것으로 경쟁에 의한 납기·품질·금액에서의 개선의 여지가 없게 된다. 다만 일괄발주계약과 같이 반드시 자유경쟁을 하지 못하는 경우에는 등록자 중에 1사에 지명 계약하는 경우도 있다.

② 등록의 갱신

연간 계약의 실태에 따라 등록을 갱신하고 구매처의 고정화를 방지하고 구매담당자에 의하여 좌우되지 않도록 객관적 판단기준과 등록갱신의 결정과정을 정하는 것이 바람직하다. 더욱이 계약실적에는 견적의 비교 시에 결과에 대한 기록납입실적, 즉 납기의 준수, 납입자재의 수납표, 검사기록, 작업공간에서 생기는 불량품의 발생률, 자재 사용 후에 나타나는 성능의 발휘 등을 특히 고려하여야 한다.

4) 거래선과의 계약방법

구매계약은 원칙적으로 공급자 명단으로부터 선택한 업자의 구입자재의 품질, 납기, 수량 및 가격에 대한 교섭에 따라 계약이 이루어지는 것이지만, 거래처의 선정은 거래의 공정이라고 하는 관점에 따라 구매담당자의 개인적 판단에는 바람직하지 않다. 공정한 선택으로 여러 방법들이 있다.

국가에서 실시하는 사업에 따른 구매·공사의 발주 등에서는 미리 발주할 것을 공시하고 납입가격 등의 견적서를 제출하도록 하여 예정된 가격에 가장 적합한 견적을 제시한 업자를 계약자로 결정하는 방법은 다음과 같다.

- 공개입찰제: 기술적으로도 불특정 업자를 대상으로 하는 것이 적절하지 않는 경우에 미리 공급업자를 조사한 다음 지정업자를 선정하여 이들을 대상으로 하는 입찰제이다.
- 지정입찰제: 입찰제도는 입찰자를 한정하지 않는 것이 원칙이지

만 지정업자 가운데 여러 군데를 선정하여 견적조회를 실시하는 상호교섭을 하여 계약자를 선정하는 방법이다.

- 견적조회제도: 일반기업에서는 공급처 명단에 있는 업자에 견적조회를 실시한 방법을 들 수 있으나, 명단의 업자 중에서 거래를 실시하기 위해 먼저 한 거래처를 선정・지정하여 교섭하는 방법이다.
- 수의계약: 특정자재인 경우 그 업자밖에 취급하지 않는 경우 등에는 특별히 특별계약을 하는 것도 예외로 인정된다.

공정하고 자유로운 경쟁의 원칙에 따라 지정된 품질, 납기, 수량이 지켜지고 아울러 보다 싼 가격으로 구매를 하기 위해서는 일반기업에서의 자재구매에 있어서도 최저가 되는 견적조회를 원칙으로 하고 싶지만, 장기적 안정이 되는 거래관계를 맺기 위해서는 가격교섭의 여지를 충분히 남기고 있는 수의계약을 하는 것도 바람직하다. 물론 전술한 바와 같이 주요자재의 취급업자에 대해서는 정기적으로 택하는 것이 바람직하다.

또 일반적으로 구매방법을 구분하여 보면 입찰에 의한 방법과 공정협의에 의한 방법 및 기타 방법으로 나눌 수 있다. 입찰에 의한 방법으로는 일반경쟁입찰에 의한 방법으로 일반경쟁입찰, 지명경쟁입찰, 공개경쟁입찰 등이 있으며 공정협의에 의한 방법은 특명구매방법, 수의계약방법이 있다. 그리고 기타 방법으로서는 상호구매방법, 공동구매방법, 순회구매방법, 간이구매방법, 계열구매방법 등으로 구분된다.

구매의 효과를 측정하는 객관적 척도는 다음과 같다.

- 절감액

- 적기조달 여부
- 구매물품의 품질
- 발주물품의 가치
- 구매비용
- 주문취소로 지불되는 부과금

5) 구매시장조사

(1) 시장조사의 기능

기업에서는 생산에 필요한 목적물을 구입하는 데 품질, 가격, 납기, 서비스 수준을 고려하여 필요로 하는 자료의 수집, 분석, 검토에 심혈을 기울여야 한다. 위와 같은 방법으로 언제나 현재보다 나은 구매방법을 연구·검토해야 하며 기업의 구매방침에 의하여 원가절감·이윤증대에 기여하는 과학적인 방법으로 적용되어야 한다.

(2) 시장조사의 목적

구매부문에서는 구입하려는 대상물에 대한 구매 예정가를 정하고, 합리적인 구매계획을 수립함으로써 구매업무의 목표를 달성하고 기업의 이익목표를 달성하는 데 목적이 있다.

(3) 원가 요인

기업이 원가를 절감하면서 품질이 좋고, 가격인하로 고객의 만족도를 충족시킬 경우 기업의 시장점유율은 높아지게 된다. 이렇게 원가를 인하하면서 경쟁력이 있는 기업이 되려면 ① 품질의 규격, ② 구매 시기나 조달기간, ③ 구매선, ④ 구매방법, ⑤ 구매량, ⑥ 시장의 동향(국제원자재가, 원유가, 환율의 동향), ⑦ 유통경로, ⑧ 지불조건 등 원가의 요인을 고려하여야 한다.

(4) 구매시장조사의 원칙

구매시장조사 시에는 원칙을 벗어나지 않도록 하여야 한다. 이 원칙들은 ① 비용·경제성의 원칙, ② 시장조사 적시성의 원칙, ③ 조사탄력성의 원칙, ④ 조사정확성의 원칙, ⑤ 조사계획성의 원칙으로 이를 준수하여 구매시장조사가 이루어짐으로써 표준원가 이하의 가격결정이 되도록 노력한다.

(5) 판매시장조사의 계획

판매시장조사에 있어서는 ① 일반기본조사, ② 품목별조사, ③ 구매선 실태조사, ④ 유통경로의 조사, ⑤ 자재의 신제품개발 등을 들 수 있다.

특히 구매선의 실태조사에 있어서 재정 문제나 신용의 신뢰도, 부채비율 등을 조사하여야 할 것이며, 유통경로조사에서는 어떤 경로로 부가원가가 형성되는지 면밀한 조사가 필요하다.

(6) 시장조사의 목적

시장조사 전에 우선 ① 무엇을 알려고 하는지, ② 어느 정도의 범위에서 정보를 수립할 것인지, ③ 어떤 방법으로 수집할 것인지를 결정하고 정보를 수집하여야 할 것이다. 그리고 정보처리를 위해 ① 정보수집, ② 평가, ③ 분류·정리, ④ 분석, ⑤ 이용, ⑥ 처분 등을 고려하여야 한다.

만일 해외시장조사가 필요하다면 ① 무역상대국의 지리적 조건,

인구, 기후관계, ② 통화체계의 유형 및 유통구조, ③ 교통, 통신, 국민성, ④ 상관습, 조세체계, 수출입규모, ⑤ 사업의 안정성, ⑥ 법적·행적적·종교적 관습 체계의 정보를 수집하고 답사 후 진행되어야 한다.

물론 조사가 필요할 때는 그 방법을 사전에 알고 대응하는 준비가 필요하게 된다. 우선 ① 국가별 수출입 통계, ② 국내외 경제단체 및 유관기관 활용, ③ 광고회사, ④ 자체 현지조사 등을 충분히 고려하여야 한다.

마무리사례 — 달라진 경제 생태계, 선택은?

국회를 통과했거나 계류 중인 '경제민주화 법안'들에 대해 현란한 수사로 비난하는 측을 보면 내심 실소를 흘리게 된다.

'대중적 질투의 법제화'
'대기업을 벌주고 기업인을 망신시킬 목적의 징벌적 법안'

대기업들의 속마음이 드러나 보이는 요란한 표현들인데, 이면에는 어느 정도의 위기감과 당혹감도 읽을 수 있다.

'경제'와 '민주화'의 합성이 도대체 말이 되느냐는 지적에서부터 '정치 민주화'와 '경제 민주화'를 같은 시각으로 보는 그 자체가 문제의 본질이라는 주장까지, 부정적 논거의 스펙트럼은 제법 폭이 넓고 진지하다.

여기서 그 논란에 끼어들 생각은 전혀 없다. 옳고 그름을 따질 문제가 아니라고 보기 때문이다. 충고하자면, '경제 민주화'를 논쟁의 대상으로 보면 답이 나오지 않는다. 이 이슈를 '현상' 또는 '흐름'의 문제로 볼 필요가 있다. 주가나 환율이 과하게 오르면 어느 순간 변곡점이 찾아오고 떨어지는 흐름으로 반전되는 게 자연스러운 것과 마찬가지다.

30년 안팎 고도성장이 모든 걸 덮었을 때도 있었다. 기업들은 빠르게 성장했고 많은 걸 누렸다. 그 과실이 대다수에 돌아갈 만큼 여유로울 때는 편법과 횡포가 묻혔다. 그후 외환위기가 찾아오고 한 차례 흔들리는가 싶더니, 더 이상 성장에 기대기 어려운 애매한 상황이 10여 년 지속됐다. 나눠먹을 잉여가 현저히 줄었다. 불만은 커져갔다. 그 변곡의 끝 무렵에 마침내 '경제 민주화'가 새로운 프레임으로 등장한 것이다.

말하자면, 경제 생태계가 바뀐 것이다. '틀린' 것이 아니라 '달라진' 것이다. 표적이 된 대기업들의 선택이 새로운 승부를 불러올 것이다. 달라진 틀에 맞추려면 고통이 따르겠지만, 처음부터 전략적으로 새로운 생태계에 적응하는 쪽이 효율적인 선택으로 보인다. 피하고, 숨고, 뒤돌아서 욕하는 것으로는 흐름을 돌릴 수 없다.

재벌들이 가장 예민하게 반응하는 '일감 몰아주기'만 해도 그렇다. 눈앞의 이익이 아까워 '잠시 숨겨두려는' 기업들이 적지 않다. 소나기를 피해가자는 생각인데, 그 비용은 후회막급으로 커질 것이다. 이 문제가 오너 일가의 소유-승계와 닿아 있는 경우 포기하기 어려운 건 사실이다. 하지만 시간이 지날수록 '뿔을 바로잡다가 소를 죽이는' 형국으로 치달을 가능성이 매우 높다. 1, 2년 지나 다시 흐지부지될 거라고 본다면 천만의 말씀. 다시 '성장의 시대'로 회귀하지 않는 한 흐름은 꺾이지 않는다.

영리한 기업들은 새로운 생태계를 인정할 채비에 분주하다. 중견 그룹들 가운데는 지배구조의 틀을 다시 짜기 시작한 곳도 눈에 띈다. 외형의 40%를 포기하고서라도 책잡히지 않는 방식을 선택하려 한다는 D그룹. 당장은 그 포기에 뼛속까지 저리겠지만 반등의 힘도 결국 거기서 나올 것으로 믿는다.

이미 통과된 하도급법(징벌적 손해배상제), 자본시장법(임원 연봉 5억 원 이상 공개), 정년연장법(근로자 정년 만 60세) 외에도 계류 중인 공정거래법, 프랜차이즈법, 특정경제범죄가중처벌법 등은 대기업 오너들에게 심한 부담으로 다가올 것이다.

일견 '민주화'의 요구가 격하고 과하게 느껴지는 것도 이해는 간다. 그러나 지금은 투쟁보다 적응이 우선이다. 당사자들이 능동적으로 적응하려 애쓰다 보면 결국 시간을 매개로 다시 균형점에 수렴할 것이다.

그 과정에서 망하면 누가 책임지느냐고? 가혹하지만, 그건 새로운 생태계에 지불해야 할 비용이다.

출처: 머니투데이(2013년 5월 15일).

격, 주문 수량, 원하는 품질로 배송되는지를 확인하기 위해서이고, 이러한 과정을 통제하고 관리하는 것을 검수관리라고 한다.

검수방법에는 모든 물품을 전부 검수하는 전수검수법과 몇 개의 물품만 정해진 방법에 의해 선정하여 검수하는 발췌검수법이 있다. 전수검수법은 검사해야 될 물량이 작고 신선도가 요구되는 구매품에 주로 사용되는 검수법이다. 전수검수법은 시간과 비용이 많이 든다. 발췌검수법은 검수해야 될 물량이 많고 검수 과정을 수행하면 제품을 사용하는 것이 문제가 생기는 구매품을 대상으로 정해진 수만큼 무작위로 발췌하여 검수하는 경우에 주로 사용되는 검수법이다. 발췌검수법은 전수검수법에 비해서 시간과 비용이 적게 든다.

검수관리를 담당하는 검수직원(receiving person)은 요청한 주문 제품의 배송 여부를 확인하고 납품된 물품의 품질, 수량 등이 구매명세서(purchasing specifications)에 기록된 내용과 일치하는지를 확인하는 업무를 주로 수행한다. 부가적으로는 신용장의 발행 여부를 확인하고 책임 소재를 가리기 위해 송장에 검수인과 검수 날짜 등을 기록하여 히스토리 관리가 되도록 한다. 검수직원은 다음과 같은 필수 조건을 갖춰야 한다.

① 구매품의 품질 판단 능력 및 건강(특히, 식자재와 같은 음식재료 담당자)

② 세금계산서(영수증) 및 구매 관련 서식의 사용 및 이해력

③ 검수도구 사용방법 이해 능력

④ 구매품과 구매명세서와의 정확한 비교 능력

⑤ 검수 결과에 대한 비타협적인(no compromising) 자세

⑥ 구매품에 대한 완벽한 지식(quality judgement)

검수직원은 위에서 언급한 업무적인 필수 조건과 더불어 개인적인 요건이 필요하다. 즉, 부정부패를 모르는 청렴성과 성실하고 적극적인 성격과 신속하고 치밀한 검수 능력이 필요하다. 또한 자재를 구매하는 협력업체 직원들에게 친절해야 한다.

(2) 검수절차 및 사후업무

검수업무를 수행하기 위해서는 먼저 선행 요건들을 갖춰야 한다. 유능한 검수요원을 확보해야 하고 검수에 필요한 시설이나 기기류를 구비해야 한다. 검수에 필요한 검수 매뉴얼 또는 시스템을 구축해야 하고 검수 일정이나 검수가 진행되기 위한 제반사항을 준비하는 것도 필요하다. 또한 분명하고 명확한 구매명세서 원본 또는 사본을 갖춰야 검수절차가 진행된다.

검수 과정의 기본은 구매품을 인수(accept)하여, 검수확인(validating)을 한 후에 검수확인서명(signing)을 하는 것이며, 검수절차 및 사후업무에 대한 구체적인 설명은 다음과 같다.

① 검수절차

검수절차는 서류검수와 물품검사를 통해서 진행된다. 일반적으로 자재 도착 시 먼저 서류검수를 진행하고 서류에 이상이 없을 때 자재 검수를 진행한다. 서류검수는 자재와 함께 들어온 구매서류 및 검수서류를 확인하는 절차로 다음의 순서를 따른다.

- 구매명세서에 의거하여 협력업체의 제반서류 및 납기일을 확인한다.
- 거래명세표(invoice, 송장 또는 납품서)를 확인한다.
- 세금계산서의 기재사항을 확인한다.

검수 담당자는 구매명세서와 공급사의 거래명세서(송장)를 대조해야 한다. 대조 과정에서는 물품의 품목 및 수량을 검사하고 크기, 중량 등과 같은 물품의 품질 특성을 검사한다. 납품 가격의 적절성과 대금의 지급방법을 확인하고 반품이 필요한 물품을 찾아내서 반품 여부를 결정한다. 또한 발주서, 구매명세서, 거래명세서(송장)를 대조하여 확인하고 물품 공급사가 얼마나 성실한지에 대한 신뢰도를 파악하는 업무도 수행한다.

물품검수는 검수 서류 내용과 입고 자재를 비교하여 자재를 확인하는 과정이다. 자재에 이상이 없는 경우에 한해 납품을 허가한다. 그러나 부득이한 사정으로 입고를 허락하는 경우도 있는데 그러한 경우는 입고 자재의 가격을 삭감하거나 추후에 추가 입고를 조건으로 하는 경우 등이다. 물품을 검수할 때는 전수검수, 샘플링검수방법 등을 사용한다.

② 사후업무

물품검수를 통해 자재가 납품되면 거래명세표에 검수 도장을 찍어준다. 만약 물품에 하자가 발생한 경우에는 반품을 하거나 조건부 납품을 하기도 한다. 하자가 발생한 물품의 반품 시에는 꼭 반품서를 작성해야 한다. 납품 기한을 어긴 경우에는 계약 조건에 명시되어 있다면 지체상환금을 부과한다. 물품검수 과정이 종료되면 당일에 처리한 관련 서류들을 정리하고 검수일지를 작성하여 보고한다. 검수업무와 직접적인 관련이 없어도 검수직원은 시장 상황 및 물품에 대한 정확한 정보를 수시로 파악하고 숙지하고 있어야 한다.

2) 출고관리

(1) 출고관리의 정의

재고관리에서 구매된 자재의 처리와 관련해서 출고(issuing)와 출하(shipment)라는 용어를 사용한다. 출고는 창고에서 물품 또는 자재를 꺼내서 준다는 의미이며, 재고가 특정 장소나 위치에서 보관되다가 생산계획 또는 요청에 의해 관련 부서로 출고되어 제조 과정을 통해 완제품으로 변환되어 판매가 되면 고객에게 출고된다. 출하는 일반적으로 고객에게 출고되는 것을 의미하며, 출고와 구별되는 점은 판매업무와 연관시켜 피킹(picking: 주문받은 물품을 저장소에서 꺼내는 작업이며 사전피킹 방식과 출하동시피킹 방식 등이 있음), 포장(packaging), 운송(transportation) 등의 작업 프로세스로 구성되어 있다는 것이다. 출하관리는 판매 오더(order)가 중심이 되고 출하가 완료되면 회사의 자산이 이동되기 때문에 재고 및 미수금의 증감과 깊은 관계를 가지고 있다.

본 내용에서는 출고에 초점을 맞추며 출고관리(issuing management)는 물품 또는 자재의 출고를 위해 정해진 승인 절차를 수행하여 적절한 사용량을 사용할 수 있도록 조절하는 관리 과정을 의미한다. 관리 측면에서의 출고의 목적은 재고관리와 주문관리를 효율적으로 수행하는 것이다. 출고관리는 출고담당 직원이 출고요청서(requisition form)에 기재된 출고 항목과 수량을 정해진 장소로 이동시킬 때 발생하는 모든 업무를 처리하는 것이다.

(2) 출고방법

출고를 하는 방법은 검수지역에서 사용부서로 직접 이동되는 직접

출고와 저장소에서 사용부서로 이동되는 저장출고로 구분할 수 있다.

① 직접출고관리

직접출고는 검수지역에서 사용부서로 직접 이동되는 것으로서 직접출고 되는 물품 및 자재는 당일 소비되는 품목이며 원가는 검수장부의 직접구매원가로 계산된다. 보다 체계적인 직접출고관리를 위해서는 당일에 소비될 수 있는 품목만을 직접출고관리 품목으로 제한하고 나머지 품목들은 저장출고관리로 전환하는 것이 합리적이다. 직접출고를 위해 구입한 자재들이 당일에 소비되지 못하면 재고관리 비용이 증가하고 구입 자재의 원가 계산이 정확하게 이루어지지 않는 문제가 발생한다.

② 저장출고관리

직접출고관리 품목들은 통상적으로 쉽게 부패하거나 저장 시 제품 품질에 심각한 문제가 발생할 확률이 높은 품목군이다. 그러나 저장출고관리 품목들은 출고 당일에 사용하지 않아도 제품의 품질에 영향을 줄 정도로 품질 저하가 발생하지 않고 수개월간 재고로 보유해도 특별한 문제가 발생하지 않는 품목들을 관리하는 방식을 말한다.

자재의 출고일과 실제 사용일이 다른 경우에는 출고전표와 실제 사용일이 기록된 투입전표를 공동으로 관리하여 원가 계산 및 재고관리가 불일치되는 문제가 발생하지 않도록 해야 한다. 특히 저장출고의 경우에는 직접출고보다 자재의 보관 기간이 길어지기 때문에 자재의 출고 및 투입 시에 유의해야 한다. 자재 출고 시에는 꼭 출고전표를 작성하여 기록으로 남겨야 재고 불일치 문제를 해결할 수 있다.

(3) 저장고 관리

구매관리에서 저장고는 구매품의 입고 및 출고 시에 현물이 저장되어 관리되는 장소로 기업에서는 반드시 갖추어야 할 장소이다. 저장고의 관리방법 및 저장고 직원의 역할을 상세하게 살펴본다.

① 저장고 관리방법

가. 구매품이 도난당하거나 부패하여 손실되는 상황이 발생하지 않도록 해야 한다.

나. 저장고를 담당하는 직원은 구매품의 순환과정을 추적하고 기록해야 하며 구매품에 손상이 발생하면 관련 부서장에게 정확한 상황을 보고하고 대책을 협의해야 한다.

다. 모든 구매품은 관련 정부 부서가 정하는 안전기준을 준수해야 한다. 각 제품의 특성에 따라 적절한 보관방법을 준수해야 한다.

라. 저장고는 항상 최고의 청결 및 청소 상태를 유지해야 한다. 온도, 습도, 환기 등과 관련된 조건들을 최적 상태로 유지하고 관리해야 한다.

마. 구매품 고유의 특성과 유효기간이 유지되도록 조직적이고 체계적으로 관리해야 한다.

바. 저장고에 보관된 구매품의 정확한 관리를 위해 모든 저장품에 인식표를 붙이거나 구역을 표시하여 관리하는 관리 시스템을 보유해야 한다.

사. 저장고에서 입고 및 출고되는 모든 제품을 상시 감사하고 전 과정을 기록해야 한다.

아. 저장고에서 구매품이 허락 없이 유출되지 않도록 보안관리프로세스를 구축해야 한다.

② 저장고 직원의 역할

가. 특정 시기(예: 월말, 주말 등)에 저장고의 재고회전율이 낮거나 결품 등이 발생하는 구매품은 관련 상관에게 보고하고 대책을 세운다.

나. 정해진 업무시간 외에 저장고의 출입을 최소화하기 위해 운영시간에 대한 관리 표준을 정하고 준수하도록 관리 및 감독한다.

다. 저장고의 열쇠 및 비밀번호는 저장고 담당직원 등과 같이 허용된 자만이 사용할 수 있도록 엄격하게 통제한다.

라. 저장고는 항상 청결하고 정리정돈된 상태로 유지한다.

마. 저장고의 지정된 위치에 지정된 물품이 보관되도록 한다.

바. 구매품의 입고 및 출고의 순환 과정을 관리하고 기록한다.

사. 저장품의 입고 및 출고 과정에서 회사가 정한 입고 및 출고 기준(예: 선입선출, 후입선출 등)에 따라 진행되는지 확인하고 관리한다.

마무리사례 ‘대 · 중소기업 동반성장을 위한 부당단가 근절대책’ 발표

범부처 협업을 통한 종합대책 마련

정부는 6월 12일에 경제관계 장관회의를 개최하고, 관계부처 합동으로 ‘대 · 중소기업 동반성장을 위한 부당단가 근절대책’을 발표했다.

◎ 이번 대책은 최근의 부당단가 인하 관행이 근절되지 않을 경우 중소기업의 경영악화가 심화될 뿐만 아니라 소득양극화, 일자리창출 부진으로 이어져 우리 경제의 지속가능한 발전에 부정적인 영향을 미칠 수 있다는 점에 착안하여 부당단가 인하 문제를 근본적으로 바로잡기 위해서 관계부처 협업으로 종합대책을 마련했다.

◎ 정부는 이번 ‘부당단가인하 근절 대책’을 마련하면서 5가지 사항에 중점을 두었다. 우선 공공부문이 모범적 발주자로 솔선하여 부당단가인하 관행을 바로잡겠다는 의지를 강력하게 천명했다.

◎ 대표적으로 창조경제의 핵심이나 그간 무형물이라 제값을 보장받지 못했던 S/W 관련, 상용 S/W 유지관리대가 예산의 현실화를 꾀하여 S/W업계 중소 사업자의 오랜 숙원을 해결했다.

◎ 현재 원사업자는 S/W 관련 유지관리보수를 S/W 도입가의 8%, 수급 사업자는 2~3% 수준으로 수령하여 1인 인건비도 충당되지 않아 유지관리를 하면 할수록 손해가 되는 경우가 많았다. 2014년까지 평균 10% 수준으로 상향하고, 이후 2017년까지 15% 내에서 단계적으로 상향하는 것을 검토하기로 했다.

◎ H/W 및 S/W의 일괄발주 시 S/W가 무형물이라 상대적으로 쉽게 단가를 인하하는 문제를 해결하기 위해 S/W의 분리발주 범위를 확대하고 조달 수수료를 인하했으며, 분리발주 대상사업건수 및 계약금액이 2배 이상 증가했다.

◎ 관행적으로 무상으로 유지관리가 이루어져 온 과업들 중에서 S/W 메이저 업그레이드 같은 과업에 유상 유지관리로 전환했으며, 중소 S/W업체의 기술 및 지식 재산권이 보호되는 효과도 기대된다.

◎ 또한 건설업 분야의 공공발주에서도 설계서상의 공사량을 임의조정하거나 시공사 부담으로 추가시공을 요구하지 않도록 대책을 마련했다.

◎ 공공부문에서 S/W 및 건설 발주 시 불공정발주의 사례로 지적되어 오던 부분에 거래관행 개선책을 제시하기로 했다.

◎ 부당단가인하를 근절하기 위해 법 집행을 강화하는 정책 위주에서 벗어나 B2C, B2B, B2Global의 판로 다변화를 통해 대기업 수요 독점에 따른 문제를 완화하고 중소기업들이 스스로 자기 이익을 보호하도록 하는 데 중점을 두었다.

◎ TV 홈쇼핑에서의 접근성을 개선하기 위해 소비자들이 가장 많이 TV 홈쇼핑을 시청하는 프라임 시간대에서 중소기업제품이 편성되는 시간을 현행보다 9시간을 늘리고, 중소기업들이 일정 방송 시간대를 구입하는 정액 수수료 방송제도도 개선하여 과중한 정액 수수료로 중소기업이 피해를 보지 않도록 할 계획이다.

◎ 테스트마켓, 중기전용판매장, 백화점과 대형마트와 같은 대형 유통점, 마지막으로는 국외면세점 등 해외진출에 이르기까지 단계별 맞춤 지원을 통해 중소기업 제품이 외부 판로망에 성공적으로 안착할 수 있도록 지원할 예정이다.

◎ 또한 납품업체가 대형 유통업체에 지급하는 판매 장려금, 인테리어비, ARS비 등의 비용부담을 합리화하여 주요 유통망에 대한 중소기업의 진입턱을 낮추는 정책도 실천하기로 했다.

◎ 이를 통해 연간 최소 245억 원 상당의 ARS 할인 비용 부담 경감이 예상되며, 납품업체당 연간 10,300만 원 상당의 TV홈쇼핑 방송 제작 관련 추가부담이 경감될 것으로 추정된다.

◎ B2C 외에 B2Global, B2B에서 전문 무역상사 활성화, 교차구매 확대 등을 통해 중소기업의 판로 개척을 지원함으로써 대기업의 수요독점으로 인한 중소기업의 지나친 의존성을 완화하여 힘의 불균형 해소를 통해 부당단가인하에 중소기업이 적극 대응할 수 있도록 했다.

◎ 중소기업의 발전이 대기업 발전의 기반임을 인식하여 대기업 스스로 상생협력의 필요성을 느끼고 동반성장을 위한 환경 및 시스템을 구축하도록 유도하는 데도 이번 대책의 중점을 두었다.

◎ 대·중소기업의 이해관계를 재무적으로 일치시키는 상생금융이 실질적으로 활발히 운용되고 1차 협력사뿐만 아니라 2·3차 협력사에게도 혜택이 돌아가도록 제도를 정비했다.

◎ 성과 공유제도 참여기업 및 과제수를 수평적으로 확대시킬 뿐만 아니라, 대기업·1차 협력사, 1차 협력사·협력사 간의 참여도 늘리는 등 수직적으로 확산되도록 노력할 것이다.

◎ 또한 동반성장지수를 통해 대기업-1차 협력사-2·3차 협력사로 상생에 대한 인식과 노력이 질적으로 확산될 수 있도록 했다.

◎ 이러한 정책들과 함께 범부처적으로 부당단가인하 등 불공정거래에 감시·예방도 한층 강화할 것이다.

◎ 유통업종 등 중점감시업종에 감시 강화뿐 아니라 납품단가나 전속거래에 광범위한 실태조사를 실시하고, 하도급법을 개정하여 부당특약을 금지·제재할 것이다.

◎ 또한 근원적인 처방하여 한계를 지닌 사후제재 위주의 법 집행에서 탈피하여

법 위반 예방에도 힘쓸 것이다.

◎ 납품단가 결정 · 변경 관련 거래기록 관리체제를 구축하고, 수급 사업자(공공부문)나 2 · 3차 협력사(민간부문)까지 하도급대금이 제대로 지급되는지 전자적으로 관리할 수 있는 전자적 하도급 관리시스템을 공공 및 민간부문 모두에서 구축해서 확산할 것이다.

◎ 부당단가 인하가 개별 중소기업만의 문제가 아니라 국가경제의 지속적 발전을 저해하는 경제범죄라는 사회적 공감대를 형성할 수 있도록 위반행위에 제재를 강화할 것이다.

◎ 이번에 하도급법에 새로 도입된 부당단가인하의 3배 손해배상 제도 및 중소기업 협동조합의 납품단가 조정협의 제도가 안착할 수 있도록 구체적인 관련 가이드라인을 제정하여 제도의 실효성을 제고하면서 제도의 불확실성으로 인한 대기업의 불안감도 해소할 것이다.

◎ ① 대한변협과의 MOU 체결 및 ② 변호사(공정거래조정원 소속)로 구성된 3배 손해배상 소송지원단(공정거래조정원에 설치)을 통해 소송요건 충족 여부, 고려사항, 승소 가능성 등을 자문했다.

◎ 2011년 기준 재료비 상승분 5.5% 중 단가 인상으로 반영된 부분은 0.6%로서 4.9%가 미반영, 미반영분 중 10%가 단가인상에 반영(단가 인상분 1.1%)된다고 가정할 경우 중소기업 입장에서 얻게 될 이익이다.

◎ 또한 하도급법 상습 법 위반 사업자에게 공공부문 입찰참가 제한을 강화하고 책임있는 CEO에 벌칙도 강화할 것이다.

◎ 부당단가인하 정책의 실효성을 제고하기 위하여 '부당단가인하 근절대책'이 차질없이 추진되는지 주기적으로 점검할 예정이다.

◎ 반기별로 2 · 3차 협력사를 포함한 중소 수급사업자 등을 대상으로 '부당단가인하 근절 간담회'를 개최하여 정책 만족도 조사를 실시하고 추가 조치가 필요한 사항에 의견을 수렴하는 등 피드백할 예정이다.

◎ 관계부처 합동으로 분기별로 거점을 정해서 현장점검을 실시하고 중소 수급 사업자의 건의사항을 수렴할 계획이다.

◎ 이번 대책을 통해 중소기업이 정당한 보상을 받을 수 있는 생태계가 조성되어 창조경제를 위한 기반이 구축되고 대 · 중소기업 간, 중견기업 · 중소기업 간 불균형이 완화될 수 있을 것으로 기대된다.

출처: 정책브리핑(2013년 6월 14일).

9

Chapter

전략적 구매를 위한 공급자관계관리

도입사례 ― 대기업들, 甲문화 없애기 안간힘

라면 상무 · 욕설 우유 등 계기로 특권의식 버리고 상생 노력
계약서에 甲 · 乙 단어 아예 삭제 … 윤리관리 전담부서 운영 확대

현대 · 기아자동차 감사실 소속인 A과장. 최근 들어 야근 횟수가 부쩍 늘었다. 임직원 비리 신고가 몰리는 연말연시나 명절 연휴도 아닌데 밥 먹을 시간도 없다. 갑작스레 "임직원 비리를 24시간 감시하라"는 명령이 떨어져서다. 이른바 '갑의 횡포' 사건이 연이어 터지면서 불똥이 어디로 튈지 몰라 내린 극약 처방이다. 현대차 관계자는 "감사실 직원 70여 명이 총동원돼 갑을 관계와 관련된 문제가 발생하지 않도록 수시 감사를 벌이고 있다."고 전했다.

대표적인 '갑'으로 꼽히는 대기업들이 바짝 긴장하고 있다. 약간의 빌미만 잡혀도 자칫 무차별적인 여론의 도마에 오를 수 있어서다. 포스코에너지의 '라면 상무' 사건으로 시작해 남양유업의 '막말 영업사원' 사건이 잇따르면서 대기업들은 협력사나 대리점을 깍듯이 대하는 건 물론이고 "부하 직원들도 상전 모시듯 하라"며 집안 단속에 나서고 있다. 시한폭탄이 돼버린 인터넷과 소셜네트워크서비스(SNS)를 상시 모니터링하는 것도 기본이다.

◇ 24시간 제보라인 구축

대기업들은 갑을 관계에서 터져나올 각종 비리를 근절하기 위해 임직원 신고 체계를 강화하고 있다. 현대 · 기아차는 사이버감사실을 운영하고 있다. 제보를 통해 불공정거래나 뇌물수수 행위 등을 신고받는다. 제보자의 신변을 보호하기 위해 철저히 비밀에 부친다. GS칼텍스는 임직원들 명함에 반드시 비리를 제보할 수 있는 전화번호를 넣도록 했다.

대형 비리를 예방하기 위해 민원 즉시 해결 체계도 갖추고 있다. CJ제일제당은 인터넷에 제기된 대리점주들의 민원을 24시간 내에 해결하도록 하고 있다. 이마트는 지난달부터 구매 담당자(MD)가 협력사 상담 요청에 얼마나 성실하게 응했는지를 인사고과에 반영하고 있다. 협력사가 온라인으로 상담을 요청하면 7일 안에 응해야 한다.

윤리규정을 만들어 교육하는 건 필수다. 삼성은 2011년 협력사와 접촉할 때 지켜야 할 행동을 담은 '비즈니스 가이드라인'을 만들었다. '어떤 뇌물도 받지 않는다'를 비롯한 9개항을 어기면 가차없이 징계를 받는다. 위반한 직원뿐 아니라 담당 임원도 문책받는다. 너무 빡빡하게 운영해 협력사 임직원들이 "삼성 직원과 밥 한 끼 먹기 힘들 정도로 삭막해졌다."고 토로할 정도다.

LG는 올초 임직원 비리 감사를 담당하는 '정도경영 태스크포스(TF)'에 윤리사무국을 신설했다. 지난 1월부터 협력사 임직원에게 경조금이나 선물을 일절 받지 못하게 했다. 5만원 이내 경조금과 승진 축하 선물은 계열사 윤리사무국에 신고하고 받을 수 있었던 기존 조항을 더욱 강화한 것이다. SK도 그룹 의사결정 기구인 수펙스추구협의회에 윤리경영위원회를 두고 계열사별로 윤리강령을 제정, 실천하고 있다.

◇ '갑'과 '을' 용어 퇴출

유통업체들은 거래 계약서에서 '갑, 을'이라는 말 자체를 없애고 있다. 현대백화점은 10일부터 모든 거래 계약서에서 '갑'과 '을'이라는 표현을 쓰지 않고 현대백화점은 현대백화점으로, 협력사는 협력사 이름으로 쓰기로 했다. 신세계백화점은 2001년부터 갑과 을을 구매자와 공급자 등으로 바꿔 쓰고 있다. 롯데마트는 갑과 을을 뒤바꿔 롯데마트를 을로, 협력사를 갑으로 쓰고 있다.

삼성은 언어폭력을 예방하는 데 힘쓰고 있다. 상사와 부하 간에 오가는 거친 말을 없애야 잘못된 내부 갑을 관계를 바로잡을 수 있다고 판단해서다. 3월부터 '폭언은 해사(害社) 행위'로 규정하고 세 번에 걸쳐 사내 방송 등을 통해 언어 순화 캠페인을 벌이고 있다. "한 게 뭐 있다고 밥 먹고 있어. 밥이 넘어가냐" 등 구체적인 폭언 사례를 열거하며 고운말 쓰기 문화를 확산시키고 있다. 약자의 비판적 목소리가 높아지고 순식간에 악덕기업으로 전락할 수 있다는 위기감이 확산되면서 평판 관리의 중요성이 커지고 있다.

출처: 한국경제(2013년 5월 10일).

01 구매관리에서 공급자관계관리의 기본개념

1) 정의

구매(purchasing 혹은 procurement)관리는 기업체가 필요로 하는 원재료와 각종 자재에 대한 구매계획을 하고 주문하여 입고된 것을 실제 구매한 것과 비교해 보는 전반적인 관리 과정을 의미한다. 구매관리는 생산과 판매를 통해서 지속적으로 수입을 창출하려는 기업 활동에서 가장 중요한 요소 중 하나이다. 최종소비자에게 판매되는 제품들의 구매 관련 비용이 거의 절반에 가까운 것으로 추산되고 있다. 선박이나 건설과 같은 대형 프로젝트나 혹은 자동차나 핸드폰과 같은 세밀한 제품들을 개발해서 생산하는 데 필요한 모든 원자재의 비용이 상당한 비중을 차지하고 있다.

구매관리는 기본적으로 공급자(Supplier)에게서 원재료를 납품받는 과정이기 때문에 공급자를 잘못 선정하게 되면 매우 심각한 문제에 빠지게 된다. 공급계약을 체결하고 나서 공급을 적시에 해주지 않게 되면 생산에 차질이 발생한다.

2) 중요성

공급자관계관리의 중요성은 구매환경의 측면과 구매 프로세스의 측면에서 바라볼 수가 있다. 두 측면에서 각각의 중요성을 상술하면 다음과 같다.

첫째, 구매는 구매한 원재료와 부속품들을 가지고 기업 자체의 기술로 창의적인 최종제품을 생산하기 위해서 수행하는 업무활동이다.

구매의 최종목적은 기업 외부의 소비자들에게 최고 품질의 제품을 최적의 가격으로 판매하기 위한 것이다. 구매는 판매를 위한 전제 작업이다. 따라서 구매담당자는 항상 최종고객들의 다양한 형태의 욕구들을 미리 파악해서 그들에게 최고의 경쟁력을 가지고 있는 제품을 생산해서 제공하는 것에 신경을 써야 한다.

최종소비자의 욕구는 마케팅조사를 통해서 분석이 될 수 있다. 초점집단면접(focus group interview)이나 설문지법(survey method)을 통해서 분석이 가능하다. 시장에 출시된 기존제품들과는 무언가가 다른 새로운 제품을 창출할 마케팅 계획이 입안된 이후에 이것에 맞추어서 개발할 제품의 원재료와 부속품을 구입하는 절차에 들어가게 된다. 이와 같이 필요한 원재료와 부속품을 제공해 줄 수 있는 공급자와 관계를 유지하는 것이 구매관리의 중요한 역할이라고 볼 수 있다.

둘째, 구매 프로세스상의 측면에서 보면 공급자는 구매 작업을 지원해 주는 외부기관이다. 구매담당자가 필요로 하는 것들을 제공할 많은 공급자들을 항상 파악하고 있어야 한다. 내부에서 책정한 다양한 기준으로 공급자들을 평가한 후에 최종의 공급자들을 선택하게 된다. 한번 선정한 공급자들과는 지속적인 관계를 유지하는 것이 안정적인 원재료의 확보와 비교적 저렴한 가격에 지속적으로 필요한 것들을 확보할 수가 있는 것이다.

항상 시장에는 경쟁자들이 존재한다. 경쟁자들도 비슷한 유형의 제품들을 개발하기 때문에 유사한 부품들이 필요하게 되는 것이다. 전체 공급자들 중에서 우수한 공급자들은 숫자적으로 제한되어 있는 것이 보통이다. 따라서 어느 회사가 선정한 공급자들은 다른 기업체들에게 부품을 공급할 수가 있다. 경쟁관계에 있는 다른 기업들에게는 공급을 하지 못하게 독점적인 공급라인을 확보하라고 공급업자에게 요청하려면 공급자가 준비하는 거의 모든 것들을 구매해야 한다. 이것은 상당히 부담이 되어서, 보통의 경우에는 능력 있는 공급자는 복수의 기업체들에게 부품을 공급하는 것이 보통이다. 공급자와 구매기업과의 관계가 단기적이 되면, 다시 공급자를 선정해야 하는 번거로움에 처하게 된다. 경우에 따라서는 적절한 공급자를 확보하지 못해서 제품생산에 차질을 유발할 수도 있다. 따라서 안정적인 공급라인을 확보하기 위해서는 공급자를 잘 선정하고 관계를 유지하는 것이 중요하다.

02
공급자 선정의 기준과 활용

1) 공급자 선정의 기준

공급자 선정의 기준은 거래의 필요성과 거래의 품질 두 가지가 있다. 하나씩 설명하면 다음과 같다.

첫째, 거래 필요성이란 거래를 할 만한 공급자들 중에서 거래 모색을 하는 것이다. 과거에는 구매자들이 비교적 많은 공급자들을 선발해서 그들과 거래들을 수행해 왔다. 그러나 이렇게 많은 공급자와 거래를 하게 되면 공급자별로 공급물량이 충분하지 않아서 그들로서는 공급의 규모의 이득을 볼 수가 없는 경우가 많았다. 1980년대 이후에 공급사슬관리의 이론과 관계마케팅의 이론이 많이 개발되면서 공급자의 숫자를 되도록 줄이는 형태로 나아가고 있다.

우리나라의 대형 홈쇼핑업체들이 과거에는 수천 개의 공급업자들이 있었는데 최근에는 정예화하는 형태로 나아가고 있다. 또한 자동차 제조회사도 약 5,000개 정도의 부품, 원재료, 반제품의 공급업자들이 있는데 실제로 중요한 공급업자들과는 아주 긴밀하게 관련을 맺고 있다.

공급자 시장에 소속되어 있으면서 구매자가 거래의 필요성을 느낄 수 있는 공급자들을 정예화할 필요가 있다. 한번 거래를 맺으면 상당히 오랜 기간 동안 긴밀한 관계를 상호 간에 유지하면서 안정적인 공급라인을 확보하는 것이 중요하다는 인식이 구매관리자들에게서 점점 더 늘어가고 있다.

둘째, 거래의 품질도 공급자의 선정에서 중요한 기준이 된다. 공급자를 선정하는 작업에서는 많은 후보공급자들을 열거하고는 그들이 거래의 품질을 어떻게 유지하는지를 탐문도 하고 혹은 공급업체에게 직접 문의를 하기도 한다. 구매기업과 비경쟁관계인 다른 구매기업에게 현재 공급하고 있는 상황에 대해서 의견을 물어보는 것도 하나의 방편이라고 볼 수 있다.

거래의 품질은 신뢰할 수 있어야 하고, 안정적인 물량을 공급하면서도 거래비용이 늘지 않아야 하는 것이다. 보통의 경우에는 주문을 하면 공급자가 물량을 배송해 주는 경우가 많은데, 만약 구매자가 직접 배송을 하겠다고 하면 공급자는 구매가격을 낮추어 줄 수도 있는 것이다. 또한 현찰로 결제하는지 혹은 어음인지에 따라서도 공급품질이 달라질 수가 있다. 보통은 현찰로 결제를 하면 2% 정도를 구매대금에서 할인해 주는 경우가 많다.

2) 공급자 선정 작업

앞에서 언급한 거래의 필요성과 거래의 품질에 따라서 공급자를 선정하는 작업에 들어가면 된다. 충분한 숫자의 공급자들이 시장에서 대기를 하는 경우에는 구매자가 우위에 서게 된다. 구매자는 보통 공급가격에 관심을 많이 두지만, 공급자는 구매자가 주문하는 수량에 관심을 더 많이 두게 된다. 공급자는 많은 물량에 대해서 가격할인을 해줄 준비를 항상 하고 있는 것이 보통이다.

많은 주문수량에 대한 가격할인의 가능성을 파악한 후에는 후보공급자를 2배수나 3배수로 축약하는 작업에 들어간다. 중공업과 같은 대형장치 산업의 경우에는 한번 공급자를 선정하게 되면 비교적 장기간 거래에 들어가게 된다. 따라서 후보자들에게서 샘플을 받아보고 나서 그것만으로 최종결정을 내리기가 힘들어지는 경우가 있다. 이럴 때에는 한 번의 거래계약을 체결하고 나서 공급이 되는 물량의 품질과 거래의 품질을 동시에 고려하면서 거래단절을 할 것인지 혹은 장기간의 거래관계를 유지할 것인지를 결정해야 한다.

경공업이나 일반 중소형 기업체들의 경우에는 공급자들을 비교적 쉽게 바꿀 수가 있다. 작은 의류업체가 원단업자를 바꾸는 것이나 혹은 인테리어업체가 인테리어 공급업자를 비교적 용이하게 바꿀 수가 있다. 이러한 경우에는 어느 정도 지속적인 거래관계가 유지된 이후에야 장기적인 관계구축의 필요성을 상호 간에 언급하게 되는 것이 보통이다.

3) 공급자 활용

구매자의 입장에서 핵심 아이템은 직접적으로 자신이 공급업자에게서 부품이나 원재료를 공급받아서 생산하는 것이 보통이다. 핵심 아이템은 외부에 비밀이 알려지는 것을 방지하기 위해서 구매자가 직접 생산해서 판매하는 것이 보통이다. 핵심 아이템이란 업종에 따라서 달라지지만 제품의 가장 핵심적인 부품들을 말한다. 자동차는 모터이고, 정보통신 제품은 반도체이다.

비핵심 아이템의 경우에는 구매자가 직접 생산을 하지 않고 외주공급(outsourcing)을 받는 것이 보통이다. 비핵심 아이템은 외부로 비밀이 노출될 것이 별로 없고 또한 외부 공급업자가 거의 완제품 수준으로 공급하는 것을 납품받아서 사용해도 별 문제가 없다.

보통 제품의 품질이란 소비자들이 중요하게 여기는 제품 속성별로 우수한 품질을 가지는 원재료나 부품을 사용하면 품질이 올라가게 되어 있는 것이다. 핵심 아이템은 우수한 품질의 원재료를 사용하나, 비핵심 아이템은 원재료의 품질이 어느 정도만 되면 문제가 되지 않는 것이 보통이다.

외주공급을 받는 것을 점점 더 늘리게 되면 내부에서 자본을 투자해서 직접 생산하는 것에 비해서 훨씬 도움이 될 수 있다.

03 구매 프로세스

전 세계의 거의 모든 기업체들의 구매 프로세스(procurement process)는 보통 다음과 같은 과정들로 구성이 된다.

첫째, 제품과 서비스의 수요파악

둘째, 공급자 선정

셋째, 구매발주

넷째, 공급자 평가

1) 제품과 서비스의 수요파악

생산과 판매를 준비하는 기업체는 새롭게 출시할 제품과 서비스의 수요파악을 먼저 한다. 이것이 파악된 이후에 소비자의 관점에서 중요하다고 판단되는 속성별로 우수한 자재, 부품, 원재료, 반제품, 가공품을 구매하는 것이 첫 번째 과정이다.

2) 공급자 선정

수요가 있는 것들을 공급 가능한 복수의 공급자를 확보한 후에 경쟁입찰을 하거나 혹은 수의계약을 시행한다. 경쟁입찰은 대부분의 초기 구매 거래 혹은 금액이 큰 경우에는 거의 대부분이 경쟁입찰을 하게 된다. 사전에 정해진 대로 공지하고 입찰에 응한 후보 공급자들을 대상으로 주로 가격, 자재명세, 배송조건들을 검토한 후에 최종 결정을 한다. 수의계약은 거래를 여러 번 해서 거래경험이 쌓인 후에나 혹은 금액이 소액인 경우에 실행한다.

3) 구매발주

구매발주는 핵심 아이템과 비핵심 아이템을 구분해서 한다. 핵심 아이템은 필요한 수량만큼 항상 확보가 가능하도록 구매라인을 확보해 두는 것이 필요하다. 비핵심 아이템의 경우에는 저가격으로 구매가 가능한 복수의 라인들을 적절하게 활용하면 된다. 구매 관련 다양한 비용들(거래비용)을 공급자와 구매자들 중에서 누가 분담하는지를 사전에 확약하고 그것대로 시행한다.

4) 공급자 평가

공급자 평가는 거래비용 관점에서 공급비용과 공급효과의 비교를 한다. 또한 공급되는 제품의 품질도 평가한다. 거래관계의 품질도 평가한다. 한번 공급자로 결정이 되면 큰 문제가 없으면 지속해서 공급자로 활용하는 것이 보통이다. 그러나 열악한 자재를 제공하거나 혹은 수량을 불확실하게 공급하면 공급관계 단절을 검토해야 한다.

04 공급자와 구매기업과의 관계

1) 공급자 기업과 구매자 기업의 관계 중요성

앞에서 살펴본 것처럼 구매기업은 안정적인 공급자를 확보하는 것이 필요하다. 구매 조달 라인을 확실하게 확보하고 있어야 필요한 모든 생산설비를 원활하게 가동하면서 경쟁력이 있는 제품개발과 마케팅활동에 치중할 수 있는 것이다.

관계가 왜 중요한가?

이 세상에 있는 모든 활동들은 '관계'와 '차이'라는 두 가지 큰 틀로서 구분이 가능하다. 인간의 모든 활동들을 숫자적으로 분석해서 이해하려는 조사방법론의 핵심도 개념들과 실체들의 관계와 차이를 분석하는 것이다. 더욱 더 쉽게 이야기하면, 이 세상에 있는 모든 것들은 관계라는 개념과 차이라는 개념으로 이해될 수 있다는 것이다.

관계관리는 비용대비해서 효과가 있는가? 관계관리의 기본생산성은 얼마나 되는가? 기업과 소비자와의 관계를 강화시키면서 한번 고객이 된 사람이 지속적으로 그 기업의 제품과 서비스를 구매한다는 것이다. 이렇게 되면 기업체로서는 상당히 이득이 된다. 단골고객은 제품충성도(brand loyalty: 한번 구매한 제품을 지속해서 구매하는 경향)가 높고, 브랜드 가치(brand value: 제품 브랜드에 대해서 전반적으로 고객이 가지는 호감이 높아서 형성되는 브랜드 파워)가 높아지고, 이탈경향(tendency to exit: 특정제품을 더 이상 구매하지 않고 경쟁제품을 구매하려는 성향)이 적어진다고 한다.

물론 관계관리를 수행하는 데에는 많은 비용이 든다. 특정 고객관리에 드는 자료수집 및 관리비용과 그 고객에게 제공하는 각종 마케팅 인센티브가 막대하게 든다. 전체적으로는 관계마케팅의 비용이 급증하나 고객 개별적으로는 효과가 비용보다 크다는 것이 마케팅 학계의 정설이다.

2) 공급자 기업과 구매자 기업과의 관계의 특성

공급자 기업과 구매자 기업과의 관계(relationship)는 다양한 형태의 특성들이 있다. 그것들은 장기적인 관계유지와 상호 의존의 관계유지의 특성들이다. 이것들을 각각 설명하면 다음과 같다.

첫째, 장기적인 관계유지는 단기적인 관계유지보다 훨씬 더 중요한 것이다. 관계가 없었던 공급자 기업과 구매자 기업이 관계를 형성하려면 여러 가지 단계들을 거치면서 서로 노력해야 한다. 발굴하고, 만나서 협의하고, 최종거래관계를 형성하게 된다. 이 과정에서 공급자 기업과 구매자 기업은 시간과 비용의 투자가 발생하게 된다.

이것들을 거래비용(transaction cost)이라고 부른다. 거래를 맺기 위해서 소요되는 비용들이다. 거래비용은 거래가 유지되면 수익에 공헌하면서 관계를 형성한 기업체들에게 유익하게 된다. 그러나 거래비용은 무형의 특성을 가지고 있어서, 거래관계가 단절되면 소요된 비용들을 회복하기가 힘들어진다. 다시 말해서, 잠재 공급자 기업과 잠재 구매자 기업이 서로 만나서 보낸 시간비용과 회의비용은 거래가 단절되면 어디에서도 회복할 수 없다. 거래비용이 많이 들어가면 갈수록 두 기업은 관계를 단절하기보다는 유지하려는 움직임을 가지는 것이 보통이다.

둘째, 거래비용 때문에 장기적인 관계가 유지가 되면 공급자 기업과 구매자 기업은 상호 의존(mutual dependence)하게 된다. 공급자는 구매자에게 공급해야 하고, 반대로 구매자는 공급자에게서 구매해야 한다. 상호 간에 의존하게 되면서 안정적인 공급망과 안정적인 구매처를 서로 필요로 하게 된다. 상호 간의 욕구를 충족시켜 가는 노력들을 추진하면서 서로 의존관계로 돌입하게 된다. 처음에는 탐색적인 관점에서 만남을 추진하다가 거래비용이 높아지고 다른 유익한 대체안이 발견되지 않으면 관계를 형성하고 장기간의 관계유지가 되면서 상호 의존이 되는 것이다.

3) 관계가치

관계가치란 공급업자와 구매자가 지속적인 관계를 맺으면서 관계의 품질을 올리는 것을 말한다. 구매자가 만족한 경우에는 구매자와 공급업자의 관계에 별로 변화가 없으나, 구매자가 불만족한 경우에는 구매자와 공급자의 관계가 어긋나게 된다. 구매자가 별 말 없이 스스로 공급업자와의 관계를 중단하게 되면 관계가치가 하락하게 된다.

공급업자와 구매자 간의 관계가치(relationship value)는 상호 간에 관계가 형성되어서 지속적으로 유지되면서 상호 간에 경제적인 이득과 심리적인 이득이 올라가는 것을 말한다. 한번 관계를 맺으면 이것을 지속적으로 유지하는 것이 상호 간의 우위가 될 수 있다.

예를 들어서, 제품에 작은 하자가 생겨서 품질 이상을 소비자가 기업에 전하면 기업은 일단 소비자 불만을 접수한 상태에서 최대한도로 문제 해결을 하도록 노력해야 한다. 새로운 좋은 품질의 제품으로 바꾸어 주거나 혹은 현찰 보상을 해주는 방식으로 문제를 풀어나가야 한다. 그러나 진짜 문제는 기업이 인지했더라도 어떻게 통제가 불가능한 경우의 것이나 혹은 기업이 인지하지 못한 경우의 문제이다. 먼저 서비스기업이 제공한 서비스가 소비자의 관점에서는 지난 번 경우보다 품질이 확 떨어졌다고 인지해서 불만을 표시한 경우이다. 서비스는 형체가 없으므로 품질 균일성(quality uniformity)을 유지하는 것이 상당히 힘들다.

아무리 실력이 뛰어난 헤어드레서라고 해도 어떤 때는 상당히 머리를 잘하는데, 본인이 약간 피곤한 경우에는 동일한 소비자의 머리를 잘 못하는 경우도 있다. 이러할 때 소비자는 지난번과 동일한 가액을 지불하고서 낮은 품질의 서비스 구매를 하는 것에 대해서 불만을 표시하면 기업으로서는 별 도리가 없을 수가 있다. 서비스를 잘하라는 말만 서비스 제공자에게 할 수 있을 뿐이다.

더 심한 문제는 대부분 소비자의 실제 불만을 기업이 인지하지 못하는 경우이다. 미국이나 한국이나 대부분의 소비자들은 불만이 있으면 그냥 말없이 떠난다. 물론 미국의 경우에 불만 제기를 하는 비율이 한국의 경우보다 좀더 높은 것은 사실이나, 기본적으로 불만 소비자들은 불평을 하지 않는다. 불평을 해보았자 별로 개선될 것 같지 않다는 것이다. 젊은 소비자들은 어느 정도는 적극적으로 불만표시 행동에 나서고, 심지어는 정부나 소비자단체에 고발하는 공적불평(public complaints)에 나선다. 그러나 연세가 든 소비자들은 대부분이 속으로 삭이거나 친한 사람들에게 말로 하는 사적불평(private complaints)으로 마무리하고 만다.

고객 불만의 원인에 대한 근본적인 해결이 되지 않으면 불만은 수면 아래로 사라지는 것이지, 없어지는 것은 아니다. 기업에 직접적으로 전해지는 고객 불만의 비율이 약간 줄었다고 해서 관계품질이 좋아졌다고 오인하는 것은 엄청난 문제가 될 수 있다.

최종제품을 판매해서 사용하는 최종소비자의 불만이 구매자와 공급업자 양쪽에게 전달되어 공급업자는 문제가 없는 양질의 자재를 제공하고 구매자는 이러한 양질의 자재를 가지고서 최고의 제품을 만들어서 최종소비자에게 제공하는 시스템이 구축되어야 한다. 공급업자와 구매자가 양방향 커뮤니케이션(two-way communication)을 통해서 좋은 방향으로 나가도록 하는 것이 필요하다.

4) 관계형성의 유형

공급업자와 구매자가 관계를 맺는 방식으로 두 가지의 큰 흐름이 있다. 하나는 일반적인 시장거래관계로서 시장의 흐름에 맡기면서 한 가지씩 거래를 하는 형태이다. 다시 말해서, 이것은 한번 거래를 하고 나서 다시 과거의 거래를 잊고 그리고 언젠가 기회가 되면 새로운 거래를 하는 것을 말한다. 다른 하나는 시장거래에서 시작해 공급업자와 구매자가 완전히 혼연일체의 형태를 띠는 합작관계라는 형태이다. 한쪽이 다른 한쪽에게 투자를 하거나 혹은 서로 지분을 가지고서 새로운 신규회사를 설립하는 형태이다. 이러면서 서로가 서로를 장기적인 관점에서 관계를 유지하겠다는 의사를 표시하고 최적의 장기적인 구매관계를 유지하는 형태이다.

관계형성의 유형에는 크게 일반 거래관계와 합작관계라는 양극단의 관계유형이 있다. 물론 이 두 가지 관계 유형 안에 협력적인 관계들이 다양한 형태로 존재가 가능할 수는 있으나, 그것들은 거래관계에서 합작관계로 이동하는 과정 중 일부분이라고 볼 수 있다.

거래관계와 합작관계를 비교해서 분석해 보면 〈표 9-1〉과 같다.

▮표 9-1▮ 거래관계와 합작관계의 분석

거래관계	합작관계
시장 의존적	상호 의존적
총거래비용이 높음	총거래비용이 낮음
누적적인 구매비용	누적적인 구매비용
높음	낮음
낮은 신뢰	높은 신뢰
공급자의 자유교체	공급자의 장기활용
정보 불공유	정보 공유
단절이 쉬움	단절이 어려움

(1) 거래관계의 특성

거래관계는 시장 의존적이어서 시장에서 일어나는 수많은 공급업자와 수많은 구매자 간의 관계들 중 하나에 불과하다. 그냥 A사의 제품을 B사가 한 번 구매하는 형태이다. 그냥 한 번 서로 만나서 제품을 주고받는 것이다. 한 번의 경우에는 거래비용이 별로 높지 않으나, 매번 구매할 때마다 새로운 공급업자를 검토해서 선정하고 연락하는 업무들을 수없이 하게 되면 총거래비용이 엄청나게 올라가게 된다.

따라서 공급업자와 구매자가 신뢰관계가 형성이 될 수 없이 그냥 딱딱한 관계로서 유지가 된다. 신뢰가 형성되지 못한 상태에서는 상호 간에 정보가 공유될 수 없다. 공급업자가 공급하는 원재료의 실제 원가가 얼마인지와 공급업자의 판매마진이 얼마인지를 절대로 구매 희망자에게 공지하지 않는다. 이것은 구매 희망자도 마찬가지이다. 자신이 공급업자의 제품을 구매해서 제품을 만들었을 경우에 최종소비자 판매가격에 대비해서 공급업자의 원재료가 얼마의 구성 비율인지를 공급업자에게 알려주지 않는 것이다.

시장관계는 한 번의 관계로서 관계단절이 빈번하게 일어난다. 따라서 단선적인 공급업자와 구매자 간의 관계로서 과거에는 이러한 형태가 많았다. 글로벌 대기업들도 시장적인 거래관계를 유지한 적이 있었으나, 최근에는 합작적인 관계로 나아가는 상황이다. 물론 아직도 영세한 업자들은 단선적인 관계를 유지하는 경우가 꽤 있다.

(2) 합작관계의 특성

합작관계란 시장적인 거래관계의 완전한 반대 형태로서 양자 간에 거의 밀접하게 움직이는 한 가지의 관계를 의미한다. 구매자가 공급업자의 주주가 되는 형태이거나 혹은 공급업자가 구매자의 주주가 되는 것이다. 혹은 양자가 별개로 투자해서 하나의 독립적인 구매업체를 설립하고 공급업자는 여기에 지속적으로 공급하고, 구매자는 이러한 독립적인 구매업체를 통해서 지속적으로 원재료를 매입하는 형태라고 볼 수 있다.

합작관계란 시장적인 거래관계의 완전한 반대 형태로서 상호 의존적이다. 공급업자와 구매자가 상호 의존적인 관계를 유지하려는 것이다. 한 번의 거래비용은 높은 편이나 거래가 장기간 지속화되면서 총거래비용은 낮아지고 따라서 거래 횟수당 총누적비용도 낮아진다고 볼 수 있다. 공급업자와 구매자가 장기적인 공급관계를 유지하면서 거래관계를 단절하기가 어려워지는 형태이다.

합작관계에서 공급자와 구매자의 공헌도는 상호 간에 얼마나 구매관계를 조화롭게 유지하려는가와 밀접한 연관이 있다. 여기에 영향을 미치는 요인들은 다음과 같다.

첫째, 상호 신뢰(mutual trust)가 필요하다. 상호 신뢰란 서로 주장하는 것에 일관성이 있고 동시에 투명해야 한다. 그리고 주장해서 협의가 완료되어 계약형태가 문서로 되었을 때에는 이것을 성심껏 준수하는 것이 필요하다. 처음의 주장과 차후의 행동이 일치하지 않을 때에는 공급업자와 구매자가 상호 신뢰를 할 수 없다. 말과 행동이 일치해서 공급업자는 최적의 원재료를 최저가에 공급하고, 구매자는 양질의 원재료를 최고가로 매입하려는 의사가 있어야 양자의 관계가 협력적인 관계로 발전해 나갈 수 있다. 상호 신뢰란 정직하고, 예측 가능해야 하고, 그리고 관계 내부의 질을 유지할 수 있어야 한다.

둘째, 상호 신뢰의 바탕 위에서 정보 공유(information sharing)가 필요하다. 상호 신뢰의 바탕 위에서 공급업자와 구매자가 알고 있는 모든 정보들을 공유하는 시스템을 형성하고 이를 지속적으로 유지해야한다. 상호 간에 정보를 공유하게 되면 공유한 바탕 위에서 상호 간에 업무효율화가 이루어지면서 서로 이득을 취할 수가 있게 된다. 공급업자와 구매자의 상호 이득의 형태(win-win structure formation)가 만들어져야 지속적인 협력관계를 상호 간에 유지할 수 있다.

셋째, 정보 공유를 하면서 노력과 투자를 서로 해야 한다. 상호 신뢰와 정보공유를 하면서 서로 간에 관계 강화를 위한 노력과 시간 혹은 물적 투자를 동시에 병행해야 한다. 신뢰와 정보 공유의 바탕 위에서도 상호 간에 노력을 하지 않으면 관계가 발전할 수 없게 된다. 다른 공급업자와 다른 구매자 간의 협력관계보다 못한 관계 성적표가 나오게 되면 공급업자나 구매자는 언제든지 관계 이탈을 하려는 성향을 보일 것이다. 합작관계란 협력적인 노력에서 어느 한쪽 혹은 양쪽의 관계 이탈 없이 지속적으로 관계가 유지되어 가야 하는 것이다.

(3) 형성된 관계상의 상호 간의 목표

공급업자와 구매업자가 한번 장기간의 거래관계를 형성하게 되면 각각의 목적들을 조화롭게 절충해 나가는 것이 필요하다. 공급업자의 장기적인 목표는 안정적인 공급라인의 구축이고, 구매업자의 장기적인 목표는 최소가격에 최적 구매라인의 확보라고 할 수 있다. 양자의 목표가 갈등을 일으킬 소지가 당연히 많이 있다.

공급업자는 되도록 많이 공급하면서도 이익을 올리려고 하는 데 비해서, 구매업자는 되도록 적게 사면서도 가격을 낮추려는 것이다. 그런데 보통은 구매자가 공급관계의 향후에서 더 많은 이득을 올리는 것이 보통이다. 다시 말해서, 공급자의 직접적인 거래 마진보다는 구매자가 부품, 원재료, 반제품을 공급받은 이후에 이것을 제조에 활용해서 판매가격을 높이면서 이득을 더 많이 볼 수 있는 것이 보통이다.

구매자가 공급자를 가격 관점에서만 평가하게 되면 공급업자는 불만에 빠진다. 부품마다 약간씩의 차이가 있으면 최종제품이 만들어져서 소비자에게 전달되었을 때 장기적인 제품의 품질이 공급된 부품이나 원재료의 품질에서 영향을 받을 수 있는 것이다. 따라서 구매자는 공급자들에게 어느 정도의 안정적인 공급마진을 획득할 수 있게 하면서 자신이 보다 품질이 좋은 재료들을 많이 공급받을 수 있도록 하는 노력이 필요하다.

형성된 상호 간의 목표를 지속적으로 달성하려면 어느 한쪽이든지 간에 기회주의 행동(opportunistic behavior)을 하지 말아야 한다. 기회주의 행동이란 자신의 이득을 챙기기를 위해서 상호 간에 합의된 적이 없는 행동을 하는 것을 말한다. 기회주의 행동이 늘어나면 상호신뢰에 금이 가게 되면서 장기적으로 우호적인 관계를 유지할 수가 없게 된다.

마무리사례

[공공솔루션마켓 2013] 공급자와 수요자 상생 공공솔루션 전략 논의

정부조직법 통과로 미래창조과학부 등 새 정부 부처들이 본격 출범했다. 그동안 미뤄왔던 공공정보화 사업도 잇따라 추진된다. 새 정부 들어 부처 간 융합과 공공정보 개방 등 정부3.0 구현에 공공정보화 사업이 집중될 전망이다. 새로 출범하는 미래부, 해양수산부 등의 인프라 구축 사업도 활발할 것으로 예상된다. 국방・교육・전자정부・복지・국토교통 등 분야에서 대규모 사업을 발주한다. 전자신문과 IT서비스산업협회는 지난해에 이어 올해도 '공급자와 수요자 윈윈을 위한 공공솔루션 마케팅 전략'이라는 부제로 '공공솔루션마켓 2013'을 29일 개최한다.

공공솔루션마켓 2013에서는 최근 정보화 시장의 최대 화두인 빅데이터 78와 SW 품질관리가 집중 논의된다. 올해 초 시행한 개정 소프트웨어(SW) 산업진흥법을 비롯해 SW 시장에 영향을 미치는 법규나 제도 설명도 이뤄진다. 행사는 공봉석 정부정보화협의회장과 강재화 공공부문발주자협의회장의 개회사와 환영사로 시작한다. 오전에는 기조연설과 두 개의 주제강연이, 오후에는 세 개 트랙으로 나눠 총 16개의 강연이 진행된다.

◇ 공공정보화 화두인 빅데이터 전략 제시

올해 공공정보화 화두로 떠오르는 빅데이터와 클라우드 전략에 해법을 제시한다. 최윤석 한국오라클 전무는 '공공 분야에서의 빅데이터・클라우드 플랫폼 활용전략' 주제의 기조강연에서 해법을 소개한다.

정보통신산업진흥원 예측조사에 따르면 빅데이터 활용은 지난해 10대 이슈 중 2위에 꼽혔으나 올해 1위로 선정됐다. 클라우드컴퓨팅 도입은 7위에서 3위로 올라왔다. 그만큼 공공정보화 시장에서 도입하는 비율이 높아지고 있다는 근거다.

빅데이터 분석이 앞다퉈 도입되는 것은 이전에 관리되지 않던 새로운 데이터를 포함, 업무 분석 예측 능력을 높여 비즈니스 효율성을 향상시켜 줄 수 있기 때문이다. 이를 장애원인 분석이나 수율 분석, 추천서비스 제공 등 다양한 분야에 적용할 수 있다.

실제로 미국 정부는 빅데이터 활용을 백악관 과학기술정책실이 주도한다. 국립과학재단, 국립보건원, 국방부, 방위고등연구계획국, 에너지부, 미국지질조사원 등 연방부처와 기관이 참여한다. 정부 범부처 IT 연구개발(R&D) 프로그램인 '네크워킹과 정보기술 연구개발(NITRD)' 전체 예산의 5%를 투입한다.

빅데이터 분석 적용 분야는 의료・범죄・보안・사기예방 등 다양하다. 이 중 대표적인 사례가 911 긴급전화 데이터 분석 활용이다. 911 전화가 발생하는 지역 데이터를 분석해 경찰 인력 배치와 순찰 빈도를 조절한다. 이때 활용되는 데이터는 기존 경찰의 데이터베이스(DB)와 CCTV 데이터, 3천 개가 넘는 센서와 차량번호판 등이다. 범죄 발생 시 용의자 위치와 예상경로 등을 분석해 실시간으로 경찰관에게 전송해 가장 빠른 시간 내 용의자를 검거한다.

우리나라 공공 분야에서 사물지능통신(M2M159)과 빅데이터가 인프라 구축 차원에서 추진됐다. 그러나 향후에는 정보의 통합과 융합이 이뤄져야 한다. 정보 통합과 연계를 위해 플랫폼 차원의 활용 극대화 방안 마련이 시급하다.

공공기관의 소셜미디어 활성화 방안에도 해법을 제시한다. 소셜미디어 기획은 소통을 위한 다양한 채널 구축으로, 실행은 대화를 통한 신뢰 구축이 이뤄져야 한다. 소통의 효율적 운영과 소셜미디어에 동화되기 위한 변화도 필요하다.

◇ 환경 변화에 맞게 SW 품질검증 강화해야

상용 SW의 품질검증 방안도 논의된다. 전수남 정보통신산업진흥원 팀장은 '상용화 SW 품질검증 방안'이라는 주제강연에서 SW 환경 변화에 맞춰 품질도 강화돼야 한다고 강조한다. SW 적용 규모는 6년 만에 10배 이상 확대됐고 이제는 항공기나 자동차도 SW 안정성에 문제가 생기면 수출을 못하게 됐다.

SW 품질 강화를 위한 해법으로 SW 요구사항 가시화를 제시한다. SW 요구사항 가시화는 이해관계자의 식별·요구분석·정의를 명확히 하는 것이다. 요구 변경에 빠른 대응이 가능한 개발방법을 적용하고 일정 규모 이상의 변경 요구에 대가 지급, 이해관계자가 참여한 단계별 검토로 요구사항 검증과 가시화가 이뤄져야 한다.

품질 요구사항은 SW 유형, 적용할 도메인별 시장에서 요구하는 품질 수준으로 정의한다. 통용될 수 있는 결함 수준과 이를 위한 정책·동적 테스트 기준 수립, 기타 사용성과 유지보수성 등을 확보하기 위한 기준도 마련해야 한다. SW 공학기술 적용도 해답이다.

2011년 기준으로 국내 SW 개발 프로젝트의 결함밀도는 기능점수(FP)당 0.16개다. 이는 지난 2010년 대비 0.01FP 포인트 개선된 수치다. 국내 SW 개발 생산성은 23.4FP/MM이다. 2011년 국내 SW 공학 수준점수는 62.4점으로 전년보다 좋아졌지만, 여전히 미흡하다. 인력 수준 점수가 가장 낮다. SW 공학 인력이 부족하다는 의미다.

상용화 SW 품질검증 방안으로 월드베스트소프트웨어(WBS) 품질관리 사례가 대표적이다. 요구사항 분석단계에서 이해관계자를 식별하고 요구사항 수집·분석을 진행한다. 기능·비기능 요구사항도 정의한다. 주기적으로 요구사항 수집·분석을 실시하고 요구사항 추적관리, 체계적 요구사항 변경관리도 실시한다.

설계·개발 단계는 수행기관에서 제시한 프로세스를 적용하고 디자인 인스펙션, 코드 인스펙션, 품질보증, 체계적 테스트 등 SW 공학기술도 활용한다. 시장 강제 표준, 글로벌 지향 품질 표준 목표, 합리적 개발 · 유지체계 등 글로벌 품질요건도 반영한다. 유지보수 단계는 글로벌화 개발과 원소스 유지관리를 통한 유지비용 최소화도 이룰 수 있다.

◇ 전문SW기업 중심으로 시장 재편

개정 SW 산업진흥법 시행에 따른 향후 공공정보화 시장 변화 설명도 소개한다. 홍태준 정보통신산업진흥원 수석은 '2013년 알아야 하는 SW 산업 법 · 제도'라는 주제 강연에서 개정 SW 산업진흥법을 자세히 설명한다.

개정 SW 산업진흥법의 핵심은 대기업 참여제한 강화로 기존 대기업 중심의 SW 시장질서를 전문 SW 기업 중심으로 전환한다는 것이다. 대기업은 해외 진출 확대를 적극 유도한다. 이를 위해 예외사업 대폭 축소와 하한제 강화로 중소 SW 기업의 공공 시장 참여를 확대했다. 상호출자제한기업집단 소속 기업은 사업 금액에 관계없이 원칙적으로 공공 SW 사업에 참여를 제한하기로 했다.

이를 따르지 않으면 공공기관의 장은 그 사유를 미래창조과학부 장관에게 통지하도록 했다. 부적절하다고 판단되면 법령 준수 적용을 권고할 수 있다.

대기업 참여제한 예외적용 범위도 축소했다. 기존에 정보시스템 구축 계획수립 사업, 시범사업을 예외적용 범위에서 삭제하고 유지보수 사업도 2014년 12월 말까지로 한정했다. 유찰사업은 조달청에 의뢰해 발주한 사업으로 국한하고 국가 주요 사업은 국방, 외교, 치안, 전력 등으로 구체화했다.

선진형 SW 산업 생태계로의 변화를 위해 글로벌 기준을 반영한 명확한 요구사항도 도입했다. 공공기관은 SW 사업 기획 · 예산편성 · 발주 · 계약 시 이를 적용해야 한다. 발주 시 제안요청서(RFP)에 세부적인 요구사항을 정해 공개해야 한다. 전자정부법을 개정해 프로젝트관리조직(PMO284) 제도 도입 근거도 마련했다.

정부는 공공 SW 시장에 적용되는 대기업 참여제한과 분리발주 등 각종 제도 준수 여부에 대한 상시 모니터링을 강화하기로 했다. 개선권고를 받은 공공기관은 1개월 이내 결과를 통보해야 한다. 관리감독 전문기관으로 정보통신산업진흥원을 지정했다. SW 사업 대가기준 규정 폐지 및 민간이양, SW 전문인력 양성기관 지정 취소 근거 마련, SW 품질인증기관 지정 취소 근거 마련, SW 유통 촉진과 활성화를 위한 사업지원 등도 소개했다.

출처: 전자신문(2013년 3월 29일).

10

Chapter

구매협상

도입사례

질병관리본부 시약 구매 '총체적 부실' 복지부-구매 · 관리 · 보관 등 문제점 수두룩 지적

질병관리본부의 시약구매관리 실태가 총체적 문제점을 드러냈다. 보건복지부가 진행한 감사에서 이 같은 사실이 밝혀졌다.

현재 질병관리본부 산하 국립보건연구원 4명은 시약 납품과정에서 편의를 봐주는 대가로 총 4억9,000만 원의 뇌물을 받은 사실이 적발돼 검찰 수사를 받고 있다.

복지부가 31일 공개한 '질병관리본부 시약구매관리 실태 감사 결과'에 따르면 시약 수의계약 등 10개가 넘는 항목에서 문제점이 발견됐다.

보건연구원은 입찰과 계약 등의 절차를 거쳐 시약을 구매하는 규정을 따르지 않았다. 판매업체로부터 시약을 납품받아 사용한 후에 제품을 지정해 총무과에 계약을 요청하는 편법을 썼다.

지난해 1월 1일부터 같은 해 6월 30일까지 8개 과에서 68개 품목 총 1억500만 원의 시약을 선납받고, 사후계약을 요청하는 등 물품구매업무를 부적절하게 처리했다.

시약 등 구매예산 집행도 규정을 어겼다. 연구비는 연구개발 활동과 수행 목적으로 사용하는 인건비와 직접비, 간접비로만 사용해야 한다. 연구과제 수행이 직접 관련된 시약과 재료 등의 구매용도로만 사용토록 규정돼 있다.

그런데 보건연구원은 당초 연구계획서에 반영되지 않은 시약 1,163만 원어치를 구매했다. 공동사용시약 구매비로 계상된 755만7,000원으로 시약을 구매하지 않고 연구계획에 반영되지 않은 다른 품목의 시약을 사들였다.

현행 질병연구관리규정 제23조에 따르면 비목 간 20% 미만 또는 200만 원 이하의 산출내역 변경은 승인절차 없이 연구기획과로 서면통보하면 된다. 이런 제도적 허점을 노린 것이다.

구매한 시약은 연구과제 수행에 직접 관련된 용도로만 사용해야 함에도 지난해 구매한 시약 중 509개 품목 2억8,545만2,000원 상당의 시약을 공동 사용했다.

연구종료가 임박한 시점에 시약을 구매하기도 했다. 내부연구과제 시약 구매비 3,450만 원 중 1,767만8,000원(51.2%)을 이런 식으로 집행했다.

감사실은 납품 소요기간(1개월)을 고려할 때 구매시약이 당해 연구과제 수행에 직접 사용됐는지 불분명하다고 지적했다.

물품을 구매할 때 추산액을 쪼개 상급관리자의 결재를 회피한 사례도 발견됐다. 현행 규정은 물품구매 시 1,000만 원 미만, 과장 1,000만 원 이상, 센터장 3,000만 원 이상, 원장 4,000만 원 이상 본부장에게 결재권한을 부여했다.

그럼에도 보건연구원은 특정부서는 구매요구 추산액 5,870만3,700원에 대해 본부장 결재를 받아야 함에도 900만 원대 6건으로 나눠 구매요구서를 각각 작성했다. 담당과장의 결재만 받고 지난해 2월 6일 하루에 13건(1억2,700만 원)을 분할구매 요구하고, 다음 날 같은 제품 5건(4,800만 원)을 다시 분할구매 요구했다.

당초 계약한 물품의 수량을 과다하게 초과해 구매하는 경우에는 구매물품의 단가를 인하할 여지와 예산절감을 도모할 필요성이 있다. 하지만 150개를 구매하기로 예약하고 물량 확대 등의 특별한 이유가 없는데도 6배가 넘는 915개(3억600만 원)을 사들였다.

이를 관리할 모 과장은 단가계약 수량보다 지나치게 많은 시약을 구매함에도 총 46건을 제대로 감독하지 못했다.

수의계약이 가능한 2,000만 원 미만 조건을 충족하고자 지난해 총 108건, 계약금액 5억53만9,000원을 분리 발주한 사실도 적발됐다.

지난해 5월부터 12월까지 수시 재물조사를 진행한 결과, 반입할 수 없는 데모물품 등 재산대장에 등재되지 않은 물품 359개, 12억3,800만 원 상당이 보건연구원 21개 부서에서 발견됐다.

출처: 데일리메디(2013년 07월 31일).

01
구매협상의 기본개념

1) 정의

구매협상(purchasing negotiation 혹은 procurement negotiation)이란 판매자와 구매자 간에 구매와 관련해서 협의해서 구매를 종결시키기 위한 전체적인 논의과정을 포괄적으로 표현한 용어이다. 구매는 구매자의 욕구를 판매자가 어떠한 방식으로 충족시킬 것인가에 대해서 다양한 주장들과 반박주장들이 등장할 수가 있다. 따라서 협상은 주고받는 게임(give-and-take game)으로서 어느 일방적인 승리를 추구하는 것이기보다는, 상대가 있는 상태의 주어진 조건하에서 획득할 수 있는 최선의 양방의 선택을 이끌어내는 과정이라고 볼 수 있다.

기업현장에서는 구매협상이 순조롭게 진행되어서 상호 간에 만족하는 회담이 도출될 때가 있다. 그러나 모든 기업의 현장에서 구매협상이 장밋빛 예측대로 진행되는 경우는 그렇게 많지가 않다. 수백년 이상의 기업의 역사를 가진 유럽의 기업들도 구매 관련 협상에서 난항을 겪는 경우가 종종 발표되고 있다. 아시아적 기업문화를 가진 일본과 중국의 구매협상 방식도 우리나라와는 비슷한 면도 있지만 다른 면도 있다. 세계 최강의 경쟁력을 가진 미국기업들의 구매협상 방식에서도 바람직한 면과 그렇지 않은 면들을 동시에 볼 수가 있다. 구매협상에 대한 사전지식과 접근방법에 대한 많은 학습이 되면 현재보다는 훨씬 더 효율적인 구매결과를 발현할 수 있을 것으로 판단된다.

2) 중요성

우리 기업체가 돈을 내고 필요로 하는 것을 사려고 하는데 왜 그렇게 복잡한가?

이러한 질문은 구매담당 업무에 종사하지 않는 다양한 부서들(기획부서, 정보부서, 내부부서)이 종종 제기하는 것이다.

기획부서, 정보부서나 기업 내부의 인사파트나 총무파트와 같은 내부 부서들은 외부와 협상을 할 일이 별로 없다. 이들은 혼자서 결정할 수 있는 업무들을 주로 담당하는 것이다.

그런데 구매는 다르다. 항상 상대가 있다. 판매자가 없다면 어떠한 구매행위도 발생하기가 힘들다. 구매를 하려는 욕구가 있다고 하더라도 그러한 욕구를 충족시켜 줄 만한 제품을 공급할 수 있는 제공자(provider)가 있어야 하는 것이다.

따라서 구매는 상대와 협의를 해서 좋은 결과를 내거나 혹은 어느 한쪽만이 이득이 되는 결과를 내거나 혹은 양쪽이 모두 다 손해를 보는 결론에 도달하는 것이 보통이다.

구매협상의 기존 이론들을 충분히 습득한 후에 현장에서 부딪치는 구매상황에서 이론에 근거한 대로 합리적이고 활용 가능한 협상을 수행하는 것이 절실히 필요하다.

02
구매협상의 구조와 대상

경제능력이 세계 10위권 정도에 도달한 대한민국과 우리나라보다 발전한 산업국가들(미국, 중국, 일본, 독일 등)에서 보편적으로 나오는 구매협상의 구조와 대상을 기본적으로 이해할 필요가 있다. 구매협상의 구조는 판매자와 구매자가 만나서 협상을 시도해야 하는 형태들을 압축한 것이다. 크게 네 가지 구조가 있는데 상술하면 다음과 같다. 또한 이러한 구매협상의 구조들에서 구매협상의 대상이 되는 것들에도 크게 다섯 가지가 있다. 이것들도 또한 구체적으로 아래에서 설명이 될 것이다.

1) 구조

(1) 원재료원 구매구조

생산을 하기 위해서 원재료원들을 구매 시도하는 경우이다. 생산에 필요한 각종 재료, 부품 혹은 설비들을 구매하는 것은 원재료 공급업자들과 생산기업체 간의 구매협상 상황이 발생한다. 대기업의 경우에는 안정적인 구매라인을 국내외에 확보하기 위해서 다양한 공급선의 개척에 일찍부터 나서왔다. 그러나 규모가 작은 생산중견기업이나 생산중소기업들은 막상 원재료 가격의 급등락 시에 필요한 자재를 적시에 구매하지 못해서 생산에 차질을 빚는 경우가 종종 일어난다.

(2) 완제품 혹은 반제품 구매구조

대기업이 OEM(original equipment manufacturer)으로서 하청업체에서 완제품이나 혹은 반제품을 납품받아서 자사의 브랜드로 판매하는 경우가 전 세계에 비일비재하다. 강력한 브랜드 자산을 구축하고 있는 거의 전 세계의 모든 기업들은 이와 같이 하청구매를 자주 한다. 나이키는 자사 내부에는 생산시설이 없이 전 세계의 완제품 공급업체들을 확보하고서 자사에서 정해준 제품명세서에 따라서 생산하는 것을 주문하고 그리고 품질검사 후에 매입해서 판매하는 형태를 취하고 있다. 이러한 경우에는 하청업체와의 완제품 구매구조를 조기에 형성하는 것이 필요하다.

(3) 유통업체의 제조물 구매구조

제조업체들과 달리 유통업체들도 국내 제조업체들이나 혹은 해외 수입업체들에게서 구매하는 구조를 취하고 있다. 국내의 대형 할인점이나 대형 전문점들은 직접 매입하는 형태의 구매구조를 가지고 있다. 직접 매입해서 유통업체가 판매하다가 남은 재고는 할인행사를 하거나 혹은 이월판매를 하고 그리고 남으면 전국적인 땡처리 업체들에게 구매가격의 10~20%에 재판매해서 재고를 떨구는 것이다. 단 국내의 백화점은 직접 구매를 하지 않고, 판매업체가 들어와서 판매하는 것만 사후매입하는 특정매입의 형태를 취하고 있다.

(4) 정부조달 구매구조

가장 큰 구매자는 정부 자체라고 볼 수 있다. 수많은 정부기관들이 필요로 하는 각종 자재나 설비를 구매하고 그리고 국민들에게 배포하게 되는 각종 물품들도 조달청을 통해서 구매하고 있다. 정부

구매는 원재료의 매입단가의 대부분을 결정하게 된다. 최적의 품질의 원재료를 최저가로 매입하는 것과 구매를 잘 못하는 경우에는 구매원가에서 상당한 차이를 내게 된다. 구매를 비효율적으로 처리하게 되면 구매원가가 상승하면서 그 이후의 제품제조과정의 원가상승 부담이 되어 판매하는 데에도 비경쟁적인 결과를 야기하게 된다.

따라서 구매를 어느 개인이 결정하기보다는 팀으로 다수의 사람들이 관여하는 편이 구매협상 자체가 효율적이면서 보다 바람직하게 될 것으로 판단되어 미국이나 유럽과 한국 거의 대부분의 구매협상이 다수의 사람들이 관여하는 복잡한 절차를 거치게 된다.

구매협상에 관여하는 사람들은 보통 제안자(initiator), 의사결정자(decision maker), 영향력 행사자(influencer), 구매자(buyer), 사용자(user)로 구분할 수 있다. 각각의 역할을 수행하는 사람들을 구체적으로 설명하면 다음과 같다.

제안자는 구매를 최초로 제안하는 사람이다. 회사가 필요한 각종 원재료나 설비와 부품을 얼마의 양을 어떠한 방식으로 구매할지에 대한 필요성을 제기하는 최초의 제안자이다. 보통의 경우에는 중간경영층의 실무자들(부장, 과장)이 구매제안을 수행하기 전에 구매담당부서의 임원(전무, 상무)에게 구두로 보고하고 허가를 취득한 후에 구매를 제안하는 것이 보통이다.

구매를 제안하게 되면 구매하는 대상물품(원재료, 설비, 부품)을 필요로 하는 부서의 임직원들과 구매협상을 통해서 구매가격이 정해지면 이러한 구매가격의 적절성을 회사의 차원에서 평가하는 기획팀이나 재무팀의 임직원들도 의사결정자에 포함될 수가 있다. 여러 부서가 관여되면서 여러 사람들의 공통적인 협의를 통해서 최종적인 구매협상이 완료되는 것이 보통이다.

구매제안이 되고 구매의사결정 과정이 진행되면 여기에 영향력 행사자들이 직간접으로 관여하게 된다. 최고의사결정자인 회장이나 사장도 구매협상에 대해서 관심을 가지게 되면서 다양한 언급들을 하게 되는데 이것들은 구매협상 전반에 상당한 영향력을 미치게 된다. 혹은 회사와 관련이 되어 있는 다양한 형태의 이해관계자집단(공급자쪽의 사람들이나 외부 이해관계자들)이 영향력을 행사하게 된다.

구매협상이 종결되면 구매팀이 구매자가 되어서 최종프로세스를 진행하게 된다. 제품명세서에 포함된 다양한 부품이나 원재료들이 필요한 것을 일일이 체크하면서 구매조건과 가격을 포함해서 대금지불을 하는 구매과정을 진행하게 된다.

구매가 완료되고 나면 필요한 자재나 부품들을 필요로 하는 부서에서 사용하게 된다. 제조업체는 주로 생산 관련 부서에서 사용을 하게 되고, 유통업체의 경우에는 진열과 판매를 책임지는 머천다이징팀에서 활용하게 된다.

물론 항상 이와 같은 다양한 구매 관련 임직원들이 관여하는 것은 아니다. 어떤 경우에는 한 명이 제안자이면서 의사결정자가 될 수도 있고, 다른 경우에는 제안자와 영향력 행사자가 완전히 별개일 수도 있다. 어떠한 경우이든지간에 다양한 유형의 구매 관련 임직원들이 관여하게 되면 복잡한 의사결정이 이루어지지만 구매협상에서 예기치 못했던 불필요한 문제나 비효율적인 업무들을 줄일 수가 있다.

중소기업의 경우에는 구매담당 부서가 없이 개인이 구매를 담당하는 경우도 발생하게 된다. 생산부장의 지시에 따라서 생산 관련 대리나 사원이 구매를 혼자서 진행하고 최종적으로 결제를 받아서 수

1) 구매문제의 인식

구매협상이 시작되는 첫 번째 단계는 구매문제의 인식이다. 쉽게 표현해서, 우리 기업체가 무엇인가를 구매해야겠다는 포괄적인 느낌을 가지는 것이다. 구매하려는 물품의 큰 카테고리를 결정하거나 혹은 꼭 필요한 부분품의 조건을 명확하게 인식하는 것이다.

2) 구매요구사항 확정

구매문제의 인식을 한 후에는 구체적인 구매요구사항을 결정하는 단계가 있어야 한다. 제품명세서(product specification)는 생산하려는 제품의 기능과 형태를 설계하고 나서 전반적인 제품에 대해 수치화와 문서화하는 것을 말한다.

3) 공급가능자 탐색

구매요구사항을 충족시켜 줄 공급가능자를 탐색하는 과정이 필요하다. 과거에 거래경험이 있는 업체들과 신규로 적으면 한두 개, 많으면 다수의 업체들을 포함해서 공급가능자 리스트를 만든다.

4) 공급자 선택

구매센터는 가능한 공급희망업체들로부터 제안서를 받고는 그것을 다양한 복합기준으로 평가하게 된다. 재벌기업이나 대형기업들은 사전에 정해진 룰에 따라서 선정 절차를 밟아나가고 중견기업이나 중소기업들은 그때그때의 상황에 맞추어서 진행되는 것이 보통이다.

5) 구매공급 성과평가

구매는 원가구성에서 가장 중요한 항목으로 구매공급자를 엄격하게 평가하는 것이 보통이다. 연간계약을 맺은 경우에는 일년 동안의 적절한 품질의 원재료나 부품을 최저에 가까운 가격대로 매입할 수 있었는지를 평가한다. 단품계약의 경우에는 단품거래가 완료된 이후에 공급업자 평가를 하게 된다.

05 구매협상 시의 영향력 행사

1) 구매협상의 최종목표

구매협상의 최종목표는 장기적으로 안정적인 공급원을 확보하려 양질의 원재료나 부품 혹은 설비를 경쟁력 있는 가격대에서 지속적으로 매입하는 것이다. 한 번의 잘된 구매협상이 중요한 것이 아니라, 장기적으로 종합적으로 양호한 결과를 산출하는 구매협상이 필요하다. 구매협상에 임하기 전에 항상 장기성, 안정성, 효율성을 염두에 두고서 임해야 한다.

2) 구매협상은 상호영향력 행사과정

구매협상은 구매자와 공급자 상호 간의 밀고 당기는 과정의 산물이다. 우리나라의 몇 개 재벌급의 기업들이 공급자의 가격후려치기를 하는 것으로 알려지고 있으나 이것은 바로 앞에서 지적했던 장기적, 안정성, 효율성의 원칙에 어긋나게 된다. 한쪽에서 너무 강하게 밀어붙이면 다른 한쪽의 반발이나 의사포기를 초래해서 단기간의 거래로 종결되게 된다.

구매협상은 구매자(buyer)과 공급자(seller)가 상호 간에 영향력을 행사하면서 상대편의 의중을 파악하고 그리고 적절한 조각행동들을 수행해서 전체적으로 바람직한 모자이크협상을 만드는 것이 최고로 알려지고 있다.

구매협상은 한쪽의 영향력 행사와 상대방의 카운터 영향력 행사가 부딪히면서 조정의 결과에 도달하는 것이 최고이다. 이것이 스무스하게 진행이 되면 항상 양쪽 모두에게 이익이 되는 결정(win-win decision making)에 도달한다.

3) 영향력 행사의 하위수단들

구매협상과정에서 행사할 수 있는 영향력 발휘 수단들에는 크게 다섯 가지가 있다. 그것들은 전문적인 영향력, 위협적인 영향력, 인간적인 영향력, 시혜적인 영향력 그리고 법적인 영향력이 있다. 전문적인 영향력이란 구매하려는 물품과 물품의 공급환경에 대해서 많은 정보와 지식을 가지고 있는 것을 의미한다. 위협적인 영향력이란 주문 거절이거나 공급 절단과 같은 위협을 상대방에게 가하면서 만드는 영향력을 말한다. 인간적인 영향력이란 각종 인연들(지연, 학연, 혈연 혹은 친밀관계)을 통해서 맺어진 것들을 활용하는 영향력이다. 시혜적인 영향력이란 가격인하 혹은 각종 리베이트의 제공과 같이 금전적인 혜택을 상대방에게 제공하면서 영향력을 발휘하는 것이다. 법적인 영향력이란 법적 권한이 있는 것들을 활용해서 상대방에게 가하는 영향력을 말한다.

구매협상이론에서 밝혀진 바에 의하면 가장 강한 영향력이 전문적인 영향력이고 그 다음이 위협적인 영향력과 인간적인 영향력, 그리고 시혜적인 영향력이 의미가 있고, 가장 바람직하지 않은 영향력이 법적인 영향력이라고 한다.

4) 구매협상에서의 현실적인 협상기술들

앞의 영향력 행사 이론을 감안해서 현실적으로 미국과 우리나라에서 발생하고 있는 다양한 종류의 구매협상에서 성공을 이끌어 낼 수 있는 협상기술들을 하나씩 열거하면 다음과 같다.

(1) 구매협상 시작하면서부터 상대방을 압도하라

앞의 이론에서 보았듯이 가장 강한 영향력인 전문적인 영향력과 상대방이 구매협상에 응하지 않았을 경우 예상되는 손실을 상기시키는 것이 필요하다. 이 제품에 대해서 많은 것을 알고 있어서 상대방에게 전 세계의 공급상황과 물동량 그리고 가격정보와 품질정보를 알려 주면 공급업체와의 협상에서 우선권을 잡을 수가 있다. 동시에 상대가 구매에 응하지 않아서 생길 미래의 잠재적 손해를 상기시켜서 손실이 크다고 상대가 인식하면 협상에 적극 응할 것이다. 또한 식사와 대화를 하면서 인간적인 설득도 하고, 구매협상에 응하면 생길 수 있는 경제적인 이득을 상대방에게 알리는 것도 중요하다.

상대방을 리드하는 것과 상대방에게 끌려가는 것은 구매협상에 임하기 전의 정신적인 상태와 직결되면서 협상의 유리한 고지를 점하는 데에 필요한 것이다.

(2) 구매협상에 나의 결정시간과 상대방의 결정시간을 구체적으로 파악하라

결정시간(decision time)은 구매협상에서 가장 중요한 변수들 중 하나이다. 우리가 빠른 시간 내에 구매완료를 해야 하는 상황이고 상대방은 그렇지 않다면 구매협상에서 우리는 나쁜 조건에 구매체결을 해야 한다. 반면에 우리에게 충분한 시간이 있다면 상대방이 시간압박을 받을 수가 있다.

만약 CEO가 구매협상의 완료시점을 정해 주었다면, 구매협상 라인을 여러 개로 늘려서 동시에 추진하면서 시간 내에 완료하도록 탄력적인 복수협상에 진입하는 것이 필요하다. CEO를 설득해서 구매협상시간을 늘릴 수 있는지도 타진해 보면서, 상대방들에게는 우리가 시간압박을 받고 있다는 것을 알리지 말고, 충분한 시간적인 여유가 있는 것으로 위장하는 것도 필요하다.

(3) 가격과 다른 조건들을 총체적으로 결정변수로 정하고 협상하는 것이 필요하다

많은 경우에 단일의 조건인 최저가 구매를 정해놓고 임하게 되면 최저가 구매를 할 수는 있으나 나쁜 품질의 원재료나 심하면 충분하게 사용하지 못할 설비를 구매하는 우를 범하게 된다. 가격은 가장 중요하긴 하지만 많은 구매변수 중 하나일 뿐이다.

CEO가 가격상한폭이나 최고가격을 제시한 경우라도 가격을 맞추면서 동시에 다른 조건들(물류, 추후 서비스, 물량개수, 대금지불방법)을 고려하면 회사가 정한 가격대에서도 충분한 협상이 가능해진다.

(4) 구매협상이 막히면 창조적인 대안을 개발해서 제시하라

구매협상이란 우리가 제시하는 조건들의 폭과 상대방이 제시하는 조건들의 폭에 겹치는 부분들이 있으면 그 안에서 구매협상이 쉽게 종결될 수 있다. 그러나 우리의 제시조건과 상대의 제시조건에 겹치는 부분이 없다면 어느 한쪽 혹은 양쪽이 양보를 해야 협상이 진전이 될 수 있다.

따라서 상대방과 우리의 구매조건의 차이가 크면 구매물량의 증감이나 구매시기의 분할과 같은 의도적인 상황변화를 감안해서 새로운 창조적인 조건들의 집합을 만들어야 한다. 상대방의 조건에 탄력성이 완전히 없고 우리는 협상을 해야 한다면 우리가 구매물량과 구매시기의 변화를 주면서 상대방의 조건 중에서 우리에게 최고로 유리한 조건으로 결정을 하면 된다.

반면에 우리가 강하게 나가고 상대방이 상당히 탄력적이라면 상대방에게 상황변화 요청을 요구해서 그들의 조건의 집합을 우리 쪽에 맞추게 하는 것도 필요하다.

(5) 구매협상과정 중에서 인간적인 모욕감을 주지 말고, 오로지 구매협상에만 임하라

많은 경우에 구매협상을 장기간 하다 보면 상대방을 하대하거나 혹은 인간적인 모욕감을 주는 정보나 언사를 제시해서 인간적인 관계를 파탄으로 몰고 가는 경우가 있다. 이렇게 되면 혹시 구매협상이 완결되었다고 하더라도 추후의 관계는 원만하게 될 수가 없다.

따라서 상대방을 인격이 있는 협상자로 배려하면서 우리가 제시한 조건들의 이유와 논리성을 명확하게 상대방에게 납득시키는 것이 필요하다. 현재의 소비자욕구의 변화에 맞추어서 우리는 이 정도의 판매가를 책정하고 우리가 얼마의 마진을 남기려면 이러한 선에서 매입완료가 되어야 한다는 숫자적인 논리에 집중하게 되면 인간적으로 부드러워지면서 원만하게 타결될 수 있다.

06 구매협상 시의 갈등 조정과 성공적인 구매협상의 전략

1) 어느 정도의 구매협상 갈등은 바람직하다

갈등을 완전히 배제하겠다는 것을 불가능하다. 상대방이 우리의 무리한 요구도 들어줄 상대라면 실제로는 구매협상을 할 필요가 없을 수도 있다. 상대방의 이득과 우리의 이득이 보합되면서 상호 간에 이득증진을 위하는 것이 최고의 구매협상이다.

따라서 갈등은 현존하는 것이다. 또한 갈등이 어느 정도 있는 경우가 갈등이 전혀 없는 경우나 갈등이 최고조에 달하는 경우보다 훨씬 더 효율적이다. 갈등이 어느 정도 있게 되면 상호 견제를 통해서 어느 한쪽의 일방적인 행위를 유지할 수가 없다.

2) 구매협상의 현실적인 체결방식

미국에서의 구매협상 방식은 크게 세 가지로 제안되는데 흥정(bargaining), 타협(compromise), 문제해결(problem solving)이다. 흥정이란 구매협상의 일반적인 형태로서 상대방과의 교섭을 통해서 어느 정도 논의 후에 결정하는 것이다. 타협이란 흥정보다는 약간 상위의 형태로서 상대방이 이번에 취하지 못한 이득을 차후에 보장한다는 방식이다. 문제해결이란 가장 높은 수준으로서 양쪽의 제안들을 포함하는 아주 창조적인 대안을 찾는 것이다.

미국에서는 주로 구매협상에서는 양자가 제시한 조건들을 포함하는 창조적인 문제해결안을 도출해서 그것으로 결론을 내리라고 권고하고 있다.

3) 상호이득적인 구매협상을 통한 장기적인 관계 유지

구매자와 판매자가 협상을 통해서 상호 간에 이득을 취득하고 나서 차후에도 그러한 방식으로 상호이득이 보장되면 장기관계로 발전해 나갈 수가 있다. 장기관계를 위해서는 단기적인 손해에 크게 집착할 필요가 없이 긴 안목을 가지고 구매협상에 응하는 것이 가장 바람직하다.

마무리사례

창조경제와 자동차산업

우리나라 자가운전자의 일평균 운전시간은 약 1시간 40분이다. 대부분 운전자는 차를 모는 동안 별 생각 없이 운전에만 집중한다. 자동차가 스스로 인지하고 판단해서 이동하는 자율주행차가 상용화되면 운전자는 1시간 40분 동안 훨씬 더 부가가치 있는 활동을 할 수 있을 것이다.

아침 회의를 준비하거나 회사 메일을 미리 확인해 답변하는 업무활동 외에 어학공부, 독서 등 개인학습까지 할 수 있다. 또한 자율주행차는 운전부주의로 인한 교통사고를 예방할 수 있다. 지난 해 우리나라 교통사고 건수는 약 22만 건인데, 주요 사고원인이 운전자 피로로 인한 부주의였다.

자율주행차를 만들려면 운전상황 분석과 자동차 제어를 위해 인간공학, 인공지능, 로봇공학 등 첨단기술 융합이 필요하다. 그 이전에 자동차와 IT 융합을 통해 운전자에게 새로운 안전과 편의기능을 제공하는 지능형 자동차 개발이 이뤄져야 한다. 이때 인간의 오감을 인지하는 센서, 주행정보를 음성과 시각으로 자연스럽게 전달하는 감성공학이 적용된다.

또한 궁극의 친환경차인 수소연료전지차를 개발하려면 고분자화학, 소재공학 등 이종기술이 융합된다. 이를 통해 자동차 내 전장부품 비중은 32%에서 2020년 50%까지 확대될 것으로 예상된다.

완성차업체는 자동차와 무선통신망, 스마트그리드, 빅데이터 기술과의 융합을 통해 이동서비스 공급업체(mobility service provider)로 변신할 전망이다. 무선 인터넷망을 통해 자동차 SW 무선 업그레이드, 원격 차량관리, 지능화된 AS 등 운전자 편의를 획기적으로 향상하는 새로운 이동서비스가 생겨날 것이다.

이러한 이동서비스를 제공하는 과정에서 수집된 빅데이터는 보험료 산정, 교통 및 주차정보 등 다양한 이동서비스에 활용될 수 있다. 미국 IT서비스업체 시스코시스템즈는 자동차 운행 과정에서 수집된 빅데이터를 활용해 자동차 1대당 연간 1,400달러의 새로운 부가가치를 창출할 수 있다고 예측했다.

다른 한편으로는 자동차를 만드는 제조과정에 IT를 도입해 생산성 향상 및 고객서비스 제고로 경쟁력을 강화한다. 이미 R&D와 생산부문에서는 3D 시뮬레이션 설계, 3D 프린팅 기술, 글로벌 실시간 품질관리 등이 실시된다.

판매부문에서도 자동차 판매점이 멀티터치 기술, 증강현실 기술 등을 활용해 디지털 가상쇼룸으로 변모할 전망이다. 자동차 판매점에서 고객이 직접 내장재, 색상, 옵션을 장착한 자동차를 실물 크기로 볼 수 있으며, 심지어 가상운전도 체험할 수 있을 것이다.

이처럼 자율주행차, 수소연료전지차 등 미래형 자동차를 개발하고, 새로운 이동서비스가 창출되면서 이종산업과의 융합 확대와 동시 다발적 기술혁신이 발생할 것이다.

특히 IT, 전기, 화학 등 이종산업에 속한 중소 및 중견 부품업체와의 협력이 확대될 전망이다. 이를 통해 자동차산업의 경쟁력 제고와 관련 산업에서 새로운 일자리가 만들어지는 창조경제 활동을 촉진할 수 있다. 이것이 창조경제 시대의 대표 융복합 산업으로서 자동차산업을 주목해야 하는 이유다.

하지만 미래형 자동차 개발에 성공하기 위해서는 여러 가지 준비가 요구된다. 우선 국내 테스트베드 역할 강화와 전기차·수소연료전지차 충전인프라 확대가 필요하다. 미국과 독일은 자율주행차 운행 허가법안을 제정해 자율주행차 시험을 장려하며, 수소연료전지차 개발을 위해 H2USA, NOW 등 정부 육성 프로그램 또는 원스톱 지원기관을 발족했다.

또한 미래형 자동차 개발을 위한 혁신 및 요소기술 개발과 차량용 이동서비스 창출을 위한 정부의 중소 IT업체 지원 확대가 요구된다. 이때 인간 및 감성공학에 대한 기초연구가 중요한데, 독일에서는 프라운호퍼, 막스플랑크 등의 국가 연구기관이 이를 적극적으로 지원한다.

미래형 자동차 개발을 통해 기술 융합과 창의성 발휘가 활발해지면 한국 자동차 산업은 추격자에서 세계 자동차산업을 선도하는 글로벌 리더로 도약할 수 있을 것이다.

출처: 머니투데이(2013년 10월 7일).

11

Chapter

재고관리의 개념 및 독립수요의 재고관리

도입사례

국내 시장은 포화 … 국외 매장은 운영난 이마트의 선택 '피비상품 수출'

이마트 자체브랜드 수출팀 홍콩 파크앤숍 진출 성과
중기 생산제품 판로 의미도

지난 달 29일부터 홍콩의 슈퍼마켓 체인 '파크앤숍(PARKnSHOP)' 매장 60여 곳에 과자, 율무차, 라면, 고추장 등 이마트의 자체브랜드 제품 35종이 진열됐다. 너비 2m, 5단 높이의 작은 진열대에 불과하지만, 이 진열대에는 대형마트의 깊은 고민이 담겨 있다.

이마트를 비롯한 국내 대형마트의 사업환경은 갈수록 어려워지고 있다. 1993년 이마트 창동점을 시작으로 이마트, 홈플러스, 롯데마트 등 3대 대형마트는 전국적으로 점포를 381개까지 늘리는 등 빠르게 성장했다. 하지만 대형마트 간 경쟁이 심해지면서 시장이 포화 상태에 이르렀다. 이를 타개하기 위해 기업형 슈퍼마켓(SSM)에 손을 댔다가 '골목상권 침해'라는 거센 비난에 직면했고, 의무휴업 등 영업규제까지 받게 됐다. 2010년 4.9%를 기록한 대형마트 3사의 매출신장률은 2011년 2.9%, 2012년 −3.3%로 거듭 추락했다. 그동안 해마다 10여 개씩 점포를 늘려 왔지만, 올해에는 단 한 곳도 새로 열지 못했다.

대형마트 판매액 추이 (단위: 원)

※ 대형매장(백화점 제외)을 갖추고 식료품과 의류 등 각종 유형의 상품을 판매하는 종합소매점(매장면적 300m² 이상)의 판매액 기준

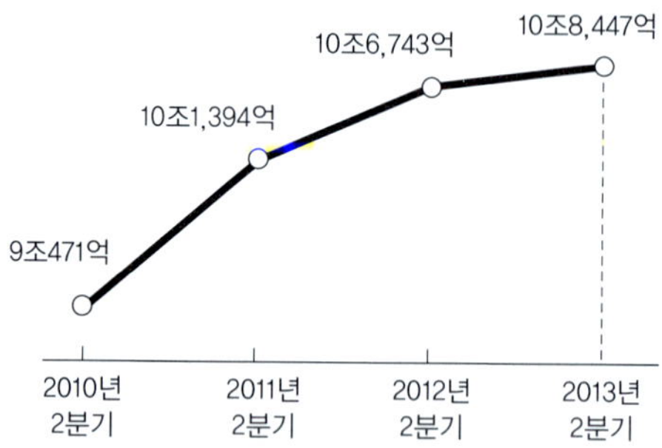

출처: 통계청.

이에 대형마트들은 국외로 눈길을 돌렸다. 국외에 매장을 열기 시작했다. 롯데마트가 가장 적극적이었다. 롯데마트는 현재 중국에 105개, 인도네시아에 34개, 베트남에 4개 등 국내(104개)보다 많은 매장을 국외에서 운영하고 있다. 하지만 소비자들의 선호나 유통구조가 국내와 전혀 다른 외국에서 매장을 운영하는 일은 쉽지 않다. 롯데마트는 국외사업에서 매년 수백억 원대의 적자를 보고 있다. 이마트

도 마찬가지다. 이마트는 중국에 매장을 한때 27개까지 늘렸지만, 지금은 16개로 줄었다.

이런 상황에서 이마트는 수출로 방향을 틀었다. 그동안 세계 각국을 다니며 제품 수입 일을 해온 바이어들을 모아 지난해 8월 수출전담팀을 꾸렸다. 지난 6월에는 상품 주문・발주, 통관, 대금정산 등 수출에 필요한 모든 과정을 아우르는 수출관리 시스템을 구축했다. 1년 가까운 준비 끝에 얻은 첫 성과가 홍콩 파크앤샵 매장 진출이었다. 파크앤샵의 모기업인 왓슨그룹은 세계 33개국에서 20여 개 브랜드, 1만800여 개의 소매점을 운영하고 있다. 이마트는 파크앤숍 진출이 왓슨그룹의 다른 소매점으로까지 수출을 확대하는 기회가 될 수 있을 것으로 기대하고 있다.

김형도 이마트 수출전담팀장은 "한류 영향으로 외국에서 한국 식품에 대한 수요가 늘고 있지만, 외국 유통기업의 바이어가 한국 식품을 구색을 갖춰 수입하기는 쉽지 않다. 한국 제품에 대한 이해가 깊은 국내 대형마트가 다양한 품목을 소량으로 공급해 주면, 외국 유통기업 입장에서는 재고 부담도 덜 수 있고, 수출입 절차까지 책임져 주기 때문에 매력적인 파트너가 될 수 있다."고 말했다. 이마트는 홍콩 외에 일본, 싱가포르, 몽골 등의 유통기업과도 제품 공급계약 협상을 진행 중이다.

이마트의 수출 전략은 대기업과 중소기업의 상생이라는 의미도 있다. 이번에 이마트가 수출한 자체브랜드 제품은 대부분 자체 수출역량이 부족한 중소기업이 만든 제품이다. 이들 기업은 국내 이마트 매장에 납품하는 것과 똑같이 제품을 공급하기만 하면 된다. '이마트 찰떡쿠키' 등 과자류를 만드는 청우식품의 정혁수 유통사업부장은 "중국 등에 자체적으로 수출을 하고 있기는 하지만, 이마트를 통하면 신용장이나 대금결제 문제 등으로 인한 위험부담 없이 수출이 가능하다. 추가적인 부담 없이 여러 나라에 우리 회사 제품을 알릴 수 있는 좋은 기회가 될 것"이라고 말했다.

허인철 이마트 대표는 "중소기업 제품 수출은 동반성장의 새로운 모델이 될 것이다. 한류 영향으로 제품 수입 문의가 많이 들어오는 만큼 판로 개척에 적극적으로 힘쓸 것"이라고 말했다.

출처: 한겨레(2013년 8월 1일).

01 재고의 개념

1) 재고의 개념

재고(inventory)란 미래의 수요를 위해 기업에서 비축한 일체를 말한다. 재고는 유입 속도가 유출 속도를 초과할 때 발생하고 유출이 유입을 초과하면 소진된다. 여기에서는 재고를 이해하기 위한 기본용어와 기본개념에 중점을 둔다. 즉, 계정과목, 재고증감의 유인, 재고의 형태 등이다.

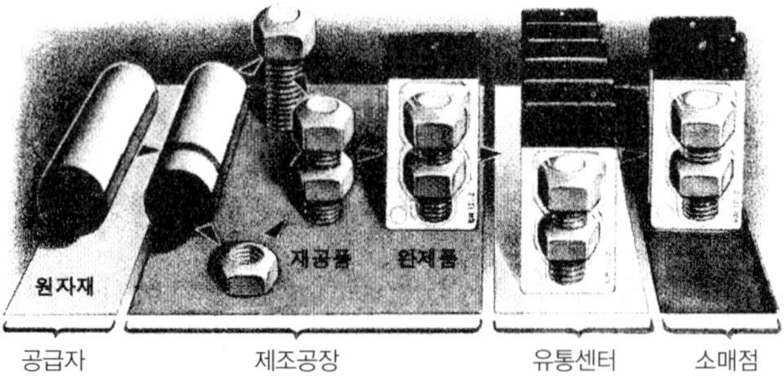

▌그림 11-1▐ 재고의 연속적 비축지점

(1) 계정과목

제조공장의 재고에는 원재료, 재공품(work-in-process: WIP), 완제품의 세 가지 형태, 즉 계정과목이 존재한다. 재고는 다양한 형태, 위치, 비축지점을 가질 수 있다. 원자재는 두 종류의 저장점, 즉 납품업체의 시설과 공장에 보관된다. 원재료는 공장에서 하나 이상의 공정을 거치게 되며, 여기에서 원재료를 여러 단계의 재공품으로 변환시켜 나간다. 이 재고가 마지막 공정을 거치면 완제품 재고가 되는 것이다. 완제품은 공장, 유통센터, 소매점에 보관할 수 있다.

자재유통체계는 기업의 규모에 따라 복잡한 정도가 달라진다. 매장 내의 재고만 관리하는 소규모 소매점은 비교적 간단한 시스템을 사용한다. 대규모의 소매상(예컨대 E-마트, 까르푸 등)은 유통센터와 심지어 제조공장까지 통합하여 복잡한 시스템이 필요해진다. 공정중심 제조업체는 후방통합을 통하여 자체 부품 공장들을 두어 조립라인에 부품을 공급하기도 하지만, 이러한 다공장 운영에서는 여러 곳의 재고가 서로 조화를 이루게 하여야 하는 부담이 있다.

(2) 재고감축의 유인

재고와 관련된 비용에는 재고량이 많을수록 증가하는 것과 반대의 것이 있다. 재고관리자의 임무는 이 두 가지 비용을 고려하여 적정한 재고수준을 결정하는 것이다. 재고를 적게 유지해야 하는 이유 중 중요한 것은 재고가 재화에 투자된 자금을 의미하고 이 자금에 대한 이자를 지급하여야 하기 때문이다. 재고유지비용은 품목을 보유하기 때문에 드는 비용으로 이자, 보관비용, 취급비, 세금, 보험료, 상품훼손 중에서 재고수준에 따라 바뀌는 것만 의미한다.

단위기간당 유지비용은 보통 해당 품목의 가치와 비교하여 백분율로 표시한다. 재고 한 단위를 1년간 유지하는 데 드는 비용은 보통 그 가치의 20～40% 정도의 범위이다. 유지비용이 30%이고 평균 재고수준이 매출액의 20%라면 재고유지비용은 매출액의 6%(0.3×0.2)이다. 경상이익이 보통 10% 미만임을 감안하면, 이 비용은 상당히 큰 것이다. 재고를 감축하여야 하는 이유를 알기 위하여 유지비용을 항목별로 살펴보기로 한다.

① 이자 및 기회비용

재고에 자금이 묶이면 대출을 얻어야 하거나 전망이 좋고 매력적인 이자기회를 잃어버릴지도 모른다. 이자와 기회비용 중에서 어느 쪽이 큰지는 명확하지 않지만, 어느 쪽이든 최소한 15%는 된다.

② 보관비용과 처리비용

재고는 공간을 차지하고 반입과 반출이 있어야 한다. 장・단기 계약으로 저장 공간을 임대할 때 보관비용과 처리비용이 발생한다. 또, 빈 저장 공간을 다른 용도로 활용할 수 있을 때에도 발생한다.

③ 세금, 보험료, 훼손비

연말재고가 많으면 세금이 많아지고, 보험가액이 높아져서 보험료도 증가한다. 훼손에는 세 가지 형태가 있다. 첫째, 고객이나 종업원들의 좀도둑질과 절도가 매출액에서 상당한 비중을 차지하는 기업도 있다. 둘째, 모델 변경, 기술 변화, 뜻밖의 수요감소로 인해 재고를 제값에 못 팔거나 사용할 수 없게 되는 것이 진부화이다. 셋째, 물리적 결함 또는 파괴로 인한 손상도 가치를 하락시킨다. 예를 들어 유통기한이 지난 음식이나 채소는 가격이 하락하거나 폐기된다.

(3) 재고비축의 이유

또한 기업이 재고를 비축해야 하는 이유도 있다. 재고증대의 요인을 간단히 살펴보기로 하자.

① 고객서비스

재고는 배달 속도를 빠르게 하고 적시 인도를 가능하게 한다. 재고의 고갈이나 미납주문은 도소매상의 골칫거리로 나타난다. 재고고갈은 수요가 발생한 순간에 이를 충족시키기 위한 표준품목이 없는 것이며, 판매기회의 상실로 이어진다. 미납주문(back order)은 고객의 주문을 약속시간보다 늦게 만족시켜 주는 것이다. 고객은 기다려 주겠지만 다음 기회에는 다른 회사와 거래할 것이다. 재고는 고객에 대해 적시인도율도 증가시키는데, 이는 고객만족의 핵심이다.

② 주문비용

주문비용(ordering cost)은 주문할 때마다 발생하는 비용으로 작업장에 제조명령을 하거나 납품업체에게 주문하는 데 필요한 비용이다. 같은 품목에 대한 주문비용은 주문량에 관계없이 일정하다. 주문량 결정, 납품업체 선택, 협상안 결정에 시간을 써야 한다. 문서작성, 검토, 수납에도 시간이 걸린다. 자체생산 품목의 제조를 명령할 때에도 청사진이나 생산경로 지시서를 공정에 전달하여야 한다.

③ 작업준비비용

생산설비가 생산품목을 전환할 때 발생하는 비용이 작업준비비이다. 치공구 교체, 청소, 변환에 필요한 노동시간도 포함된다. 작업을 변경한 직후에는 불량이나 재작업률이 높을 수도 있다. 준비비용은 주문량과 상관없이 일정하므로, 한꺼번에 많은 양을 주문하고 이를 재고로 유지하게 하는 유인이 된다.

④ 노동력과 장비의 이용률

재고량을 늘리면 작업인력의 생산성과 장비의 이용률을 세 가지 관점에서 증가시킬 수 있다. 첫째는, 주문량이 커지면 주문횟수가 줄어서 부가가치 증대 활동이 아닌 가동준비시간을 줄일 수 있다. 둘째는, 부품 재고 부족으로 인한 생산일정 변경을 줄일 수 있다. 셋째, 수요가 주기적이거나 계절적일 때에도 산출량을 일정하게 유지할 수 있어서 이용률이 높아진다. 수요가 적은 기간에 비축된 재고로 절정기의 초과수요에 대처할 수 있으므로, 추가 작업교대, 고용, 일시해고, 초과근무 등을 최소화할 수 있다. 절정기에 최대수요에 맞추어 생산하지 않아도 되기 때문에 설비용량을 줄여도 된다.

⑤ 수송비용

재고수준이 높아지면 수송비용이 감소하는 경우가 있다. 재고가 많으면 납기에 여유가 있어서 만차 단위의 적재가 가능하고, 재고의 전방배치는 묶음효과를 줄이고 재고를 늘리지만 출고 수송비용을 절감시킬 수 있다. 입고 시의 수송비용도 재고수준을 높임으로써 감소시킬 수 있다. 다수 품목을 동일한 납품업체에게 주문을 할 때에는 동시에 발주함으로써 할인가격과 만차 요율을 적용받아 수송비와 재료비를 절감할 수 있다.

⑥ 구입비용

높은 수준의 재고를 유지하면 납품업체에게서 총매입대금을 할인받을 수 있다. 주요 납품업체가 가격을 올리려는 것을 안다면, 재고가 일시적으로 증가하더라도 평소보다 대량주문하면 가격상승을 연기시키는 효과가 있어서 비용이 적게 들 것이다. 마찬가지로 수량할인의 이점을 얻을 수 있다. 주문량에 따라 단가를 할인해 주는 수량할인은 대량주문의 유인이 된다.

2) 재고의 유형

(1) 주기재고

재고의 목적 중 하나는 주문 사이클을 길게 하는 것으로, 주문횟수와 주문량을 결정하는 데 다음의 두 가지 원칙이 있다.

① 주문량(Q)은 주문 간의 시간 간격(주문 사이클)에 비례한다.

② 주문 사이클이 클수록 주기재고가 크다(주기재고 = $\frac{Q}{2}$).

주기재고가 많으면 고객서비스가 향상되고, 주문과 준비횟수가 줄며, 운송비와 구매비가 줄어든다.

(2) 안전재고

수요, 조달기간 그리고 공급에서의 불확실성을 대비하기 위한 재고로, 재고가 필요한 시기보다 빨리 도착하도록 주문하면 안전재고를 가질 수 있다.

(3) 예상재고

수요와 공급의 불규칙을 흡수하기 위한 재고로, 재고를 이용하여 생산율을 안정시키면 생산성을 높일 수 있다.

(4) 운송재고

원자재 흐름시스템에서 한 지점에서 다른 지점으로 이동하는 재고로, 이동에 시간이 걸리므로 필수적이다. 운송재고는 세 가지로, 구매운송재고(원자재), 공장 내 운송재고(재공품), 판매운송재고(완성품)이다. 두 지점 간의 운송재고는 조달기간 동안의 평균수요로 측정된다.

예제

공장 A는 평균 280단위의 주문량으로 특정한 제품을 도매상에 공급하고 있다. 도매상의 평균수요는 매주 70단위이며, 조달기간은 3주이다. 도매상은 평균적으로 주기재고와 운송재고가 얼마인가?

해 주기재고 $= \frac{Q}{2} = \frac{280}{2} = 140$단위

운송재고 = 평균수요(d) × 조달기간(LT) = 70(단위/주) × 3(주) = 210단위

3) 재고관리

(1) 재고측정

평균 총재고액은 보유하고 있는 모든 재고의 전체 금액으로, 일반적으로 생산기업은 총자산의 25%이며, 도매점과 소매점은 75%가 보통이다. 공급기간(주)은 평균 총재고액/주간 판매액(원가)으로 계산된다. 또한 재고회전율은 연간 판매액(원가)/평균 총재고액으로 계산할 수 있다.

예제

A기업은 지난해 평균 200만 원을 보유하였으며, 연간 판매액은 1,000만 원이었다. 연간 52주 동안 영업하였다면, 공급기간은 몇 주인가? 그리고 재고회전율은?

해 공급기간 $= \frac{200\text{만 원}}{1{,}000\text{만 원}/52\text{주}} = 10.4$(주)

재고회전율 $= \frac{1{,}000\text{만 원}}{200\text{만 원}} = 5$회전(연간)

(2) 재고감소

경영자는 재고를 감소시키는 효과적인 방법을 찾기 위해 항상 노력하고 있는데, 각 재고형태에 따라 재고를 줄이기 위한 몇 가지 기본적인 전술이 이용된다(〈표 11-1〉 참고).

▌표 11-1▐ 재고감소를 위한 수단

재고형태	1차 수단	2차 수단
주기재고	로트 크기 감소	• 주문비와 준비비 감소 • 반복성 증가 (그룹테크놀로지, 유연자동화)
안전재고	필요할 때 도착하도록 주문	• 예측 향상 • 조달기간 단축 • 공급불확실성 감소 (생산처리의 향상) • 설비와 노동력 증가 (다기능 작업자)
예상재고	수요율에 따라 생산	• 수용의 평준화 (수요 사이클 다른 제품 추가, 판매촉진, 계절 가격제)
운송재고	생산/분배의 조달기간 단축	• 전방재고 • 공급자와 운송업자의 결정 • 로트 크기 감소

출처: Krajewski & Ritzman (1996) p. 515.

(3) ABC분석

재고를 이용금액에 따라 세 등급으로 구분하여 관리하는 방법이다. 이 분석은 두 단계로 이루어진다. 첫째, 각 재고에 대해 등급을 할당한다. 이용금액을 기초로 많은 금액부터 서열화하여 20% 이내는 A등급(이용금액의 80%를 차지), 다음 30%는 B등급(이용금액의 15%), 나머지 50%는 C등급(이용금액의 5%)이다.

둘째, 각 등급에 따라 재고를 관리한다. A등급은 재고수준을 철저하게 관리하며 평균 로트 크기를 줄이기 위해 빈번하게 조사한다. C등급은 느슨하게 관리하는데 수송비 절약을 위해 한꺼번에 많은 양을 주문하기도 한다. B등급은 A등급과 C등급의 중간 정도로 관리한다.

표 11-2 ABC분석의 예

순위	품목번호	연간 화폐사용량(천 원)	누적 화폐사용량(천 원)	누적(%)
1	02A	74,670	74,670	30
2	05B	49,780	124,450	50
3	02B	39,824	164,274	66
4	01B	34,846	199,120	80
5	03C	27,379	226,499	91
6	01A	9,956	236,455	95
7	01C	4,978	241,433	97
8	05A	2,489	243,922	98
9	02C	2,489	246,411	99
10	03A	2,489	248,900	100
		₩248,900		

(4) 생산전략과의 연계

경영자들은 재고정책, 일정계획정책을 생산전략과 연계해서 수립해야 하며, 이때 위치전략에 주로 의존하게 된다. 이와 같은 공정중심회사의 재고정책은 제품중심회사의 정책과 달라야 한다. 일반적인 정책방향은 다음과 같다.

표 11-3 생산전략과 재고정책의 연계

공정중심	제품중심
1. 여유분이 많이 필요함 2. 조직구조의 통합이 필요함 3. 계획 대상기간이 짧음 4. 납품업체나 고객과의 관계가 비공식적 5. 특정고객 주문중심의 정보시스템	1. 여유분을 줄임 2. 조직구조의 통합이 덜 필요함 3. 계획 대상기간이 길 4. 납품업체나 고객과의 관계가 공식적 5. 예측과 재고 정보 중심의 정보시스템

① 여유

생산능력계획의 전략 중에 여유생산능력 대량 확보 전략이 있었으며, 그 내용은 여분의 설비를 확보하고 결과적으로 이용률이 낮아진다는 것이었다. 설비 이외에도 노동력이나 재고를 더 보유하는 여유도 있다. 정도의 차이는 있겠지만 모든 회사는 여유능력을 가지고 있다.

제품중심의 회사는 세 가지 이유 때문에 여유능력을 줄이려고 한다. 첫째, 공정이 비교적 단순하므로 완충의 필요성이 적다. 제품중심의 생산은 높은 반복성, 제품과 서비스의 표준화, 수량유연성 부족, 일관 흐름 정도 등의 특성이 있기 때문이다.

둘째, 불확실성을 대비한 완충의 필요성이 적다. 수요 측면에서 보면, 제품중심의 대량생산체계하에서는 수요예측이 쉽다. 표준화된 제품이나 서비스는 소비자나 엔지니어의 설계변경 요구가 적다. 공급 측면에서 보면 대량생산으로 협상능력이 높아져서 좋은 납품업체와 계약할 수 있다. 또한 병목현상, 재작업 파손 등으로 인한 생산량이나 제품리드타임의 불확실성을 줄일 수 있다. 제품리드타임이 짧을수록 재공품 재고의 양은 적어진다.

셋째, 제품중심전략의 기업은 경쟁우위로 저가격을 강조하는 경향이 있다. 최소의 여유능력을 유지하는 것이 생산성 향상과 원가절감에 중요하다. 안전재고와 잉여인력은 많은 비용을 수반한다.

② 통합된 조직구조

구매, 생산통제, 유통 등의 세 부서가 통합된 조직구조하에서는 이들 부서 간의 강력한 조정과 협력이 필요하며, 판매부서와 생산부서 간에도 조정과 협력이 필요하다. 통합에는 비용이 필요하므로 효과가 그 이상일 때에만 시행하여야 한다. 불확실한 공정중심의 환경에서 통합의 효과가 가장 크다. 수요와 공급의 불확실성은 예상 밖의 계획변경이 자주 일어나게 하여 부서 간의 조정이 자주 필요해진다. 공정중심 기업에서는 완제품 재고나 유통센터가 거의 없으므로 유통기능을 통합하여도 별로 복잡해지지 않는다.

제품중심 기업은 완제품 재고를 많이 보유하므로 부서를 세분화하여도 조정의 필요성이 많지 않다. 따라서 유통기능을 생산계획부서나 구매부서에서 분리하여 마케팅부서가 관리한다.

③ 계획기간

제품중심 기업에서 생산계획과 일정계획의 계획기간은 두 가지 이유로 길어진다. 첫째, 일정계획을 미리 수립할 수 있다. 수요와 공급의 불확실성이 적어서 일정계획을 정확히 작성할 수 있다. 공정중심의 공장에서 늘 발생하는 임시조치가 제품중심의 공장에서는 거의 일어나지 않는다. 둘째, 제품중심전략은 사전 계획에 대한 유인을 크게 만든다. 자본집약적이기 때문에 시설 및 장비의 이용률 극대화가 최우선 과제이다. 높은 가동률의 달성은 사전 일정계획에 많이 좌우된다.

④ 공급자 및 고객과의 관계

제품중심 기업에서는 공급자와의 관계나 고객과의 관계가 훨씬 공식적이고 폭이 넓다. 자재가 필요할 때마다 구매절차를 밟기보다는 주요 공급자와 연간 공급계약을 맺는 경우가 많다. 공급계약은 개별 구매보다 장점이 있다. 대량구매로 납품업체에게 강한 통제력을 행사할 수 있고 서비스 개선을 요구할 수 있다. 시장이 흩어져 있어서 유통센터 네트워크도 필요하기 때문에 유통경로도 공식적이 된다.

공정중심의 기업은 주문제작을 하므로 고객 가까이 유통센터를 두어 재고를 유지할 수 없다. 일반적으로 공장에서 고객에게 직접 출하한다.

⑤ 정보시스템

제품중심의 기업에서는 수요예측과 현재고상태의 파악이 중요하고 제품은 표준화된다. 공정중심 기업에서는 입찰과정과 구체적인 고객주문의 파악이 중요하다. 여기서 생산명령을 시달할 때 산출계획이 자세한 작업경로와 함께 전달된다.

예제

유통센터에 주별 평균수요가 50개인 품목이 있다. 이 품목의 단위당 원가는 $650이다. 공장에서 한 번에 평균 350개가 수송된다. 평균 리드타임(주문지연과 운송시간을 포함하여)은 2주이다. 이 유통센터는 연간 52주를 운영하고 1주일분의 안전재고를 가지고 있으며 예상재고는 없다.

a. 유통센터가 갖고 있는 평균 총재고액은 얼마인가?
b. 공급 주수는 얼마인가? 연간 매출원가는 얼마인가? 재고회전율은 얼마인가?
c. 재고감소의 주 대상이 되는 재고(주기재고, 안전재고, 수송주재고)는 무엇인가?

마무리사례

10명 중 8명은 3D 감상, 3DTV 구매의향 60% 넘어

10명 중 8명이 3D콘텐츠를 시청한 경험이 있는 것으로 나타났다. 또한 3D영화를 집에서도 감상하고 싶다는 의견이 70%를 넘었다. 시장조사전문기관 트렌드모니터(trendmonitor.co.kr)와 이지서베이(ezsurvey.co.kr)가 10월 17일부터 21일까지 성인남녀 1,200명을 대상으로 3D콘텐츠 이용경험 및 3DTV 구매의향 조사를 실시해 나온 결과다.

전체 10명 중 8명(77.3%)이 3D콘텐츠를 시청한 경험이 있을 만큼, 3D콘텐츠 시청 경험은 높게 나타났다. 2010년 조사(74.4%)보다 소폭 상승한 결과다. 3D영화에 대한 전반적인 인식도 여전히 긍정적이었다. 전체 80.3%가 3D기술이 영화를 좀 더 재미있게 만들어 준다고 인식했고 이는 2010년(76.8%)보다 늘어난 것이다.

또한 3D영화를 집에서도 시청하고 싶다는 응답 역시 전년(57.7%)보다 12.9% 상승한 70.6%에 이르렀다. 향후 모든 영화를 3D로 관람하고 싶다는 의견도 10명 중 4명 이상(43.4%)이었다.

그러나 3D안경에 대한 부정적인 시각이 많은 것은 향후 걸림돌이 될 것으로 예상된다. 과반수가 넘는 전체 53.7%가 3D 관람용 안경이 영화관람 체험을 반감시킨다고 생각하고 있어 기술적인 개선이 필요할 것으로 보인다.

3D영화는 일회성이면 충분하냐는 질문에 대한 동의율(31.2%)과 비동의율(29.8%) 응답이 비슷하게 나왔다. 대중들이 3D콘텐츠에 대한 매력을 느끼는 것은 분명하지만 이런 관심이 호기심 수준에서 머무르지 않기 위해서는 콘텐츠의 질적 개선이 반드시 필요하다.

한편, 전체 10명 중 6명은 자신이 시청을 한 3D콘텐츠를 타인에게 추천할 의향이 있다고 응답했다. 3D콘텐츠에 대한 단순한 호기심에서 비롯된 결과일 수도 있으나 그만큼 3D콘텐츠가 주변에 추천할 만큼 매력적이라고도 볼 수 있다.

시청 경험이 있는 3D콘텐츠는 영화(85.1%, 중복응답)가 압도적으로 많았다. 영화의 한 장르로 볼 수 있는 3D애니메이션이 32.7%로 그 뒤를 따랐으며, 3D게임은 21%에 그쳤다. 영화를 제외한 콘텐츠를 접한 경험을 가진 사람은 소수에 그친 것을 알 수 있다. 평균 3D영화의 관람횟수는 2~3회(50.6%)였으며 대부분 일반 3D 전용관(81.2%, 중복응답)에서 관람했다.

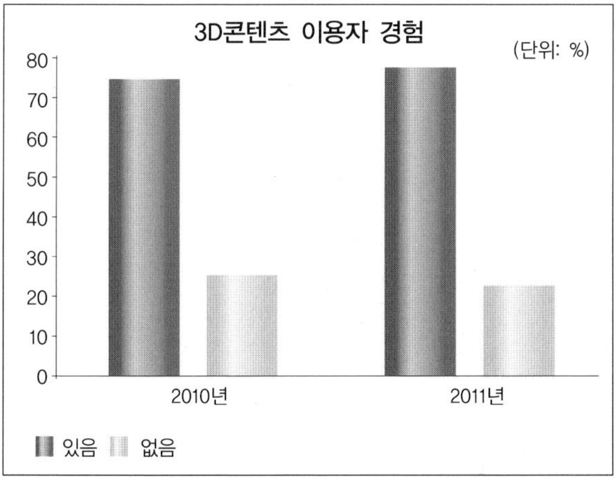

출처: 트렌드모니터.

3D로 가장 보고 싶은 영화 장르는 판타지(57.1%, 중복응답)였으며 액션(54.7%)과 SF(54.3%), 애니메이션(33.3%)에 대한 관심도 많았다.

설문에 참여한 패널(panel.co.kr)의 3DTV에 대한 관심도는 62%에 이르렀고 향후 3DTV 구매의향도 61.2%로 높았다. 그러나 구매계획시기에 대해서는 잘 모르겠다는 의견(40.6%)이 다수였으며 1~2년 이내(33.9%)에 구입한다는 응답이 그 다음으로 많았다.

3DTV에 대한 관심은 많으나 실질적인 구매계획을 세운 사람은 많지 않다는 것을 알 수 있다. 3D안경에 대한 부정적인 인식은 3DTV에 관한 조사에서도 잘 나타났다. 전체 79.9%가 가정에서 3DTV 안경을 착용해야 하면 불편할 것 같다는 데 동의한 것이다.

소비자들은 안경 없이 시청할 수 있는 3DTV라면 돈을 조금 더 지불하겠다는 의향(63.9%)을 보였다. 그러나 안경 없이 볼 수 있다고 하더라도 낮은 화질로 볼 의향

(31.2%)은 낮은 편이었다. 결국 3DTV는 '고화질'과 '안경 미착용'이라는 두 가지 조건이 충족되어야만 소비자의 구매욕구를 크게 끌어올릴 수 있을 것으로 보인다. 이상적인 3DTV 화면 크기는 40~44인치(24.3%), 50~54인치(23.1%), 45~49인치(20.3%) 순이었으며 지불예상금액은 200~250만 원(22.6%) 내지 150~200만 원(19.8%), 100~150만 원(19.1%) 순으로 나타났다.

출처: 전자신문(2011년 11월 25일).

12

Chapter

재고관리모형

도입사례 ── 창조경제 시작은 규제 철폐부터

박근혜 대통령은 6일 아시아 태평양 경제 협력체 정상회의가 열리는 인도네시아 발리에서 APEC 최고경영자회의 기조연설을 통해 '창조경제'를 설명하며, 규제 철폐를 창조경제의 핵심요소 중 하나라고 소개했다.

규제 철폐는 어느 정부에서나 전가의 보도(傳家寶刀)처럼 상투적으로 주창되어 새로울 것도 없지만, 그럼에도 불구하고 여전히 가장 중요한, 그리고 그 무엇보다도 선행되어야 할 정책방향이다.

박근혜 정부의 핵심 부처로 화려하게 시작했으나 지금은 유야무야(有耶無耶), 있는 듯 없는 듯 존재하는 미래창조과학부는 개각 0순위로 꼽히고 있다.

미래창조과학부가 국민들에게 존재 가치를 인식시키기 위해 시급히 해야 할 것은 새롭게 무엇을 시작하는 것보다 현재 있는 규제를 과감히 철폐하여 생동감 넘치는 ICT 생태계를 만드는 기반을 제공하는 것만으로도 충분하다.

그렇다면 국민들이 피부로 느낄 수 있게 불편함을 줄여 줄 수 있는 당장 없어져야 할 규제들은 무엇인가? 먼저, 공인인증서. 전 세계에 가장 큰 규모의 전자상거래가 이루어지는 아마존(amazon.com)이나 이베이(ebay.com), 이곳에서 물건을 구매할 때 공인인증서 또는 이와 유사한 인증 절차는 존재하지 않는다.

해외 은행도 마찬가지이다. 애플리케이션을 사용하여 구매를 하거나 금융업무를 볼 때도 이러한 인증제도 자체가 필요 없다. 공인인증서가 필요 없다는 단적인 예는 이 두 사례만 봐도 충분하다. 공인인증서의 장점이 있다면 왜 전 세계 선진금융과 전자상거래에서 이를 활용하지 않는가? 더 이상 공인인증서의 철폐를 미룰 필요가 없다.

공인인증서도 부족해서 이제는 공인전자주소(#메일)를 보급하기 위해 예산이 사용되고 있다.

현재의 전자주소 시스템이 갖고 오는 문제를 해결하고자 3년 동안 준비해서 지난해 9월 〈전자문서 및 전자거래 기본법〉을 시행하여 공인전자주소와 공인전자문서중계자 제도를 도입했다. 대체 누구를 위한 전자주소인가? 소비자가 불편해하는 것은 죄악이다.

지난해 약 3조3,000억 원을 수출해서 우리나라 전체 콘텐츠 수출액의 58%를 차지한 게임 산업은 오히려 국내에서 과다 규제로 옥죄이고 있다. 이러한 산업 규모 때문에 게임 산업이 규제받지 말아야 하는 것이 아니라, 게임을 즐길 수 있는 개인의 권리를 국가가 침해하는 것이 더 큰 문제이다.

ICT를 활용한 의료 융복합 산업은 향후 100년을 이끌 차세대 먹거리가 될 가능성이 농후하다. 미국의 예를 보면 의료 산업 자체도 성장하고 있지만 의사와 환자의 관계에 기반한 헬스커뮤니케이션 분야의 성장이 눈부시다. 우리나라의 경우 기본적인 통신 인프라가 훌륭하고 스마트폰의 보급률이 높아 이를 통한 원격진료를 통해 삶의 질을 풍요롭게 할 수 있는 기반이 잘 조성되어 있다. 그러나 현재 국내 의료법상 원격 의료서비스는 불법이다. 업체가 고객에게 건강관리서비스를 제공하는 것도 불법이다. 미국의 경우는 이러한 디지털 원격 진단과 정보제공과 관련된 법적 규제를 이미 상당 부분 철폐했고 지금도 적극적으로 철폐 중이다. 이것이 환자와 의료업계 모두에게 비용 절감은 물론 그 효율성 면에서도 이점이 되기 때문이다. ICT 기반 의료 산업이 발전하기 위해서 이러한 규제 철폐는 선택이 아닌 필수이다. 이런 점에서 업체의 노력도 필요하다.

지난 4일 미래창조과학부는 민간단체인 '인터넷 검색서비스 제도 개선 연구반'이 5개월간 진행한 연구 성과물인 '인터넷 검색서비스 발전을 위한 권고안'을 발표한 바 있다.

인터넷 검색서비스의 공정성과 투명성을 높여서 인터넷 검색서비스 이용자의 권익을 증진하고, 인터넷 생태계의 건전하고 지속가능한 발전에 이바지함을 목적으로 만들어진 이 권고안은 현재 기형적인 영향력을 갖고 있는 포털사들이 자율적으로 문제를 해결할 수 있는 장을 마련한 것이다.

현재 공정거래위원회가 NHN의 불공정거래에 대한 전방위적 조사를 벌이고, 국회에서는 포털규제법안을 발의하고 있는 상황에서 적극적인 자율 규제를 통해 문제 해결의 실마리를 풀어나가야 한다.

우리는 이미 과다 규제로 인한 많은 부정적인 경험을 갖고 있다. 대한민국 표준 모바일 플랫폼인 위피(WIPI), 이미 위헌 판결을 받은 인터넷 실명제를 비롯, 제한적 본인확인제, 카카오톡의 VoIP 사용 문제 등 이러한 규제의 특징은 결국 폐쇄성이다. 정부가 주도해서 새로운 표준을 만들려는 시도는 미래적이지도, 창조적이지도, 그리고 과학적이지도 않다.

우리 ICT 산업은 해외 유수 사업의 침투를 방어하는 것이 아니라 선택과 집중을 통해 국내에서의 성공을 기반으로 세계를 대상으로 하는 비즈니스를 하는 것이다. 이를 위해서는 네거티브 규제와 같은 개방형 규제와 강력한 징벌적 배상제와 같은 보완책을 통해 적극적인 시장 개방의 기반을 마련해야 한다.

출처: 디지털타임스(2013년 10월 10일).

01 경제적 주문량모형

재고관리모형은 기준변수로 재고와 관련된 총비용을, 결정변수로 주문량, 주문횟수와 안전재고수준을, 환경변수로 해당품목의 수요가 확정적이냐 확률적이냐, 그리고 발주한 품목이 도착하기까지의 소요시간인 조달기간의 성격에 의해 영향을 받는다. 수요와 조달기간의 성격에 따라 확정적 재고모형과 확률적 재고모형으로 나눌 수 있다. 가장 간단한 형태의 재고모형인 경제적 주문량모형을 살펴보자.

1) 경제적 주문량모형

독립수요품목의 주문이 상당히 완만하더라도 최선의 주문량을 결정하기란 그렇게 쉽지 않다. 예를 들면, 5개월마다 재고를 보충하려는 정책은 발주비는 적을지라도 재고유지비는 상승한다. 합리적인 주문량을 결정하기 위한 것이 경제적 주문량(EOQ)인데, 연간 재고유지비와 연간 발주비의 합을 최소로 하는 주문량의 크기를 결정하는 것이 경제적 주문량모형(economic order quantity model)이다.

EOQ모형은 다음과 같은 가정을 전제로 한다.

(1) 수요율이 일정하다(예를 들면, 1일 수요는 항상 10단위).

(2) 품목이 로트로 구입되거나 생산되며, 발주한 품목은 전량이 한꺼번에 입고된다.

(3) 관련 비용은 두 가지밖에 없다. 이는 재고유지비와 발주비이다.

(4) 어떤 품목에 대한 결정은 다른 품목을 위한 결정과 독립되어 이루어진다(다른 품목과의 의존관계가 없다). 예를 들면, 같은 공

급자에게 많은 주문을 한꺼번에 해도 유리한 점이 없고, 단체 주문에도 할인이 되지 않는다.

(5) 수요와 조달기간은 일정하다. 수요율은 일정할 뿐만 아니라 알려져 있다. 조달기간도 일정하며 알려져 있다. 인도량은 주문량과 동일하다. 확실성이 있고 의사결정자가 언제 주문할지를 정확히 결정할 수 있기 때문에 품절은 일어나지 않는다.

2) 총재고비용

경제적 주문량의 가정을 전제로 해서 [그림 12-1]에 시간에 따른 재고수준이 나타나 있다. 시간의 경과에 따라 재고수준은 톱니와 같은 모양을 그리면서 주기적으로 변동한다. 어떤 기간 중의 평균 재고는 로트 크기(Q)의 1/2과 같다. 따라서 주문량 Q만큼 주문하게 될 때 드는 총비용은 다음과 같다.

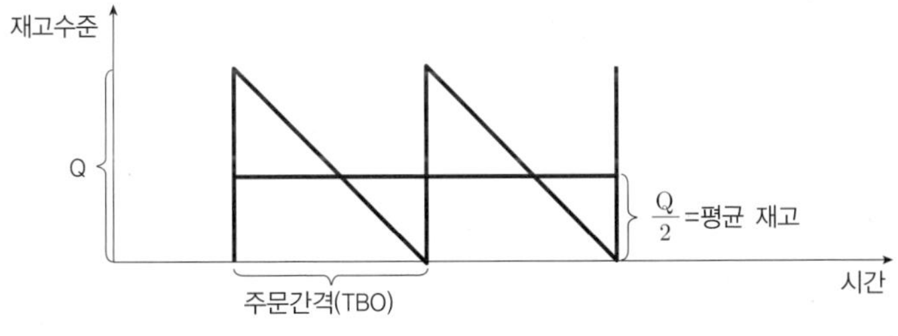

▮그림 12-1▮ 경제적 주문량

총비용 = 연간 재고유지비 + 연간 발주비 혹은 생산준비비, 즉

$$C = \frac{Q}{2}(H) + \frac{D}{Q}(S)$$

C: 연간 총비용
D: 연간 총수요
H: 연간 재고유지비용, 흔히 품목원가의 백분율로 표시
S: 일회 소요되는 발주비 또는 생산준비비(로트당 원으로 표시)
Q: 1회 주문량

연간 재고유지비는 평균 재고에 단위당 재고유지비를 곱한 것과 같다. 이 비용은 Q가 증가함에 따라 같이 증가한다.

연간 재고유지비=(평균 재고)×(연간 재고유지비)

연간 발주비=(연간 수요/1회 주문량)×1회 주문비이다.

총비용은 이 두 요소를 합친 것이다. 예를 들어 매년 1,200단위를 주문해야 하고 일회 주문량이 100단위라고 하면, 그해에는 12회의 주문이 발생한다. Q가 증가함에 따라서 주문횟수가 적어지기 때문에 연간 발주비 및 생산준비비는 감소한다. 왜냐하면 주문횟수가 적어지기 때문이다. 발주량을 크게 하면 평균 재고가 커서 연간 재고유지비는 커지고 발주빈도와 연간 발주비는 적어진다.

예제

D상회는 여러 상품을 취급한다. 이 선물가게에서 최고 판매고를 보이는 품목은 인형이다. 판매는 주당 18단위이고, 공급자가 단위당 판매가격 60원을 부과한다. 공급자와의 발주비는 45원이다. 연간 재고유지비는 인형 값의 25%이고, D상회는 연간 52주 동안 문을 연다. 390개의 일회 주문을 한다면 재고와 관련된 연간 총비용은 얼마인가?

해 D=(18단위/주당)(52주/연간)=936

H=0.25(60원/단위)=15원

$$연간\ 총비용\ C = \frac{Q}{2}(H) + \frac{D}{Q}(S)$$
$$= \frac{390}{2}(15원) + \frac{936}{390}(45원)$$
$$= 2{,}925원 + 108원 = 3{,}033원$$

3) 경제적 주문량의 계산

[그림 12-2]는 앞의 예제에서 인형에 대한 일회 주문량 Q의 변화에 따른 총비용의 변화를 보여 주고 있다. 재고유지비와 발주비가 주문량의 변화에 따라 변동하는 모습도 보여 주고 있다. 재고유지비와 발주비의 합이 총비용곡선으로 나타나 있다. 그래프에서 최적주문량, 즉 EOQ는 총비용곡선상의 최저점을 나타내 준다.

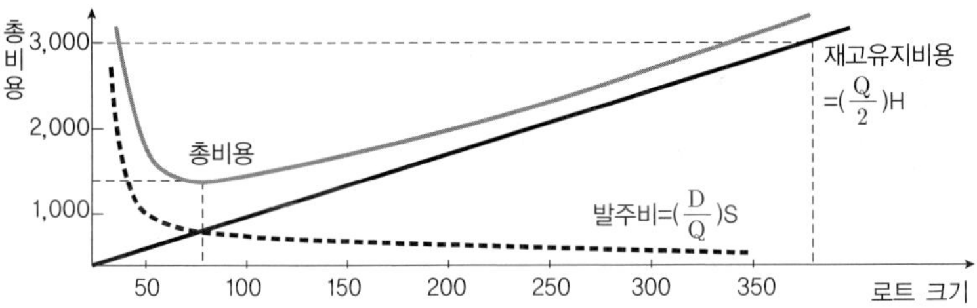

▮그림 12-2▮ 경제적 주문량의 결정

[그림 12-2]에서 보듯이 EOQ는 연간 재고유지비가 연간 발주비와 같을 때의 주문량이다.

$$\frac{Q}{2}(H) = \frac{D}{Q}(S)$$

위 식에서 Q를 놓고 풀면

$$\text{EOQ} = \sqrt{\frac{2DS}{H}}$$

EOQ공식은 F. W. Harris가 75년 전에 개발하여 오랫동안 사용되어 왔다. 그러면 연간 최적주문횟수는 어떻게 구할 수 있는가? 주문횟수는 총수요를 최적주문량으로 나누면 된다. 주문 간격(time between orders: TBO)은 Q단위의 주문을 다시 하는 데 걸리는 시간인데 주문횟수와 관련이 있다. 즉 주문횟수의 역수(逆數)인 최적주문량을 총수요로 나눈 것이다. EOQ를 사용해서 월 단위로 표현할 때 TBO는 다음과 같다.

$$\text{TBO} = \frac{EOQ}{D}(12\text{개월/년})$$

예제

인형의 EOQ와 연간 총비용을 계산하라. 얼마나 자주 주문해야 하는가?

해 EOQ는 75단위이고 비용은 1,124원이다. 이 비용은 현재의 390단위 주문비용 3,033원의 현 정책보다 훨씬 저렴한 것이다.

$$\text{EOQ} = \sqrt{\frac{2DH}{H}} = \sqrt{\frac{2(936)(45)}{15}} = 79.94,\ \text{즉 } 75$$

$$C = \frac{75}{2}(15\text{원}) + \frac{936}{75}(45\text{원}) = 562\text{원} + 562\text{원} = 1{,}124\text{원}$$

EOQ를 사용하여 주문 간격(TBO)을 (연간 52주 영업을 한다고 가정할 때) 월 간격과 주 간격으로 표현하면,

$$\text{TBO} = \frac{EOQ}{D}(\text{년: }12\text{개월}) = \frac{75}{936}(12) = 0.96\text{개월}$$

$$\mathrm{TBO} = \frac{EOQ}{D}(\text{년: } 52\text{주}) = \frac{75}{936}(52) = 4.17\text{주}$$

4) 민감도 분석

민감도 분석을 통해 중요한 매개변수를 변화시켜서 어떤 영향을 미치는지 분석할 수 있다. 민감도 분석은 다음과 같은 문제를 해결하는 데 도움이 된다.

(1) 수요율이 증가하면 주기재고는 어떻게 될까

D가 분자이기 때문에, EOQ(최선의 재고 사이클 수준)는 연간수요의 평방 루트의 비율로 증가한다. 그러므로 수요가 로트 크기는 증가되어야 하지만, 실제 수요보다는 낮은 비율이 된다.

이것 때문에 부품의 공유성이 크거나, 고객지향적 제품이 아닌 경우와 같이 반복성이 높으면 비용을 줄이는 데 도움이 된다. 달리 말하면, 두 부품(D1과 D2)의 수요가 부품의 공유성을 통해 D로 결합되면, D의 EOQ는 EOQ1과 EOQ2의 합계보다 더 적어진다는 의미이다.

(2) 발주비가 감소하면 주문량은 어떻게 될까

S를 줄이면 EOQ가 적어지고, 따라서 평균 재고 사이클도 감소된다. 주문량이 적으면 적을수록 경제적인 생산이 된다. 이 때문에 준비시간과 비용을 줄이려고 하는 것이다.

(3) D, H 그리고 S를 추정하는 데 있어서 오차는 어느 정도 중요한가

EOQ가 변수들의 제곱근의 함수이기 때문에, 추정에서 발생한 오차에 민감하지 않다. 다음 예에서 그 결과를 보여 주고 있다.

표 12-1 민감도 분석의 예

재고유지비(%)	발주비	최적주문량(Q*)	총비용	
			Q*의 경우	Q=75
24	44	75.63	1089.08	1089.12
24	46	77.33	1113.57	1114.08
26	44	72.66	1133.55	1134.12
26	46	72.29	1159.03	1159.08

5) 경제적 주문량모형의 한계

경제적 주문량은 앞서의 다섯 가지 전제가 만족될 때에만 성립된다. 그러나 이런 전제를 만족시키는 현실은 거의 없기 때문에, EOQ 모델이 실제 현장에서 적용되기는 어렵다. 다음은 여러 가정들을 완화시킨 경우를 설명하고자 한다.

02 수량할인모형

1) 개념

수량할인모형(quantity discount model)은 대량구매를 할 때 가격을 할인해 주는 것은 경제적 주문량의 전제에서 가격할인이 없다는 가정을 제거시킨 것이다. 가격할인이 있으므로 이제까지 고려하지 않았던 품목단가를 고려하여야 한다. 새로운 가격이 적용되는 발주량을 가격분기점(price break)이라고 한다.

〈표 12-2〉는 공급자로부터의 할인계획을 나타낸다. 그 품목의 가

격은 EOQ에서 가정된 것처럼 더 이상 고정되어 있지 않다.

▌표 12-2▐ 가격할인

주문량	단위가격(원)
0~99	4
100~199	3.50
200 이상	3.00

가격할인이 있는 경우 대단위구입으로 인하여 발생하는 추가적 이익(구매원가와 주문비의 감소)과 추가적 부담(재고유지비의 증가)을 서로 비교하여 발주량을 결정하여야 한다.

총비용은 재고유지비, 발주비와 구매원가로 구성된다. 주어진 단위당 구매원가 P_j와 연간 수요를 고려하고 재고유지비는 단위원가의 비율로 표현되는 경우도 있다.

$$C = \frac{Q}{2}(iP_j) + \frac{D}{Q}(s) + P_jD$$

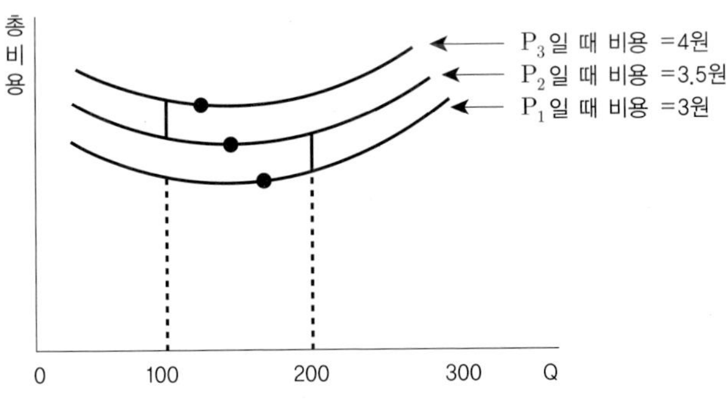

▌그림 12-3▐ 경제적 주문량의 결정

[그림 12-3]은 수량할인이 있는 경우 총비용곡선을 보여 주고 있다. 이 경우 Q=100인 곳과 Q=200인 곳에서 가격분기점이 있다. 이 가격분기점에서 불연속성을 가진 총비용곡선이다.

2) 최적주문량을 구하기 위한 과정

최적주문량을 구하기 위한 단계는 다음과 같다.

단계 1: 기본적 EOQ모형을 이용하여 최적주문량을 계산한다.

단계 2: 가격할인을 받기에 불충분한 최적주문량에 대해 이들 주문량을 가격할인을 받는 데 충분한 최소주문량으로 상향 조정한다.

단계 3: 각 가격수준의 총비용을 계산한다. 최소의 연간 총비용을 초래하는 주문량이 최적주문량이다.

예제

인형의 공급자는 더 많은 주문을 유도하기 위해 할인량을 제시했다. D상회의 연간 수요는 936단위에 이르고, 일회 주문비는 45원이며 연간 재고유지비는 인형의 단위가격의 25%이다. 총비용을 최소화하기 위해 D상회는 인형의 주문을 얼마만큼 하여야 하는가?
수량 할인 계획은 다음과 같다.

주문량	가격량(단위당)
0~299 300~499 500 이상	₩60 ₩58.8 ₩57

해 단계 1: 각 분류에 대해 EOQ모형을 이용하여 최적주문량 Q를 계산하고 실현 가능한 최소의 EOQ를 찾는다.

$$EOQ_{57} = \sqrt{\frac{2DS}{iP}} = \sqrt{\frac{2(936)(45)}{(0.25)(57)}} = 77\text{단위}$$

가장 낮은 가격단계에서 시작하면 77단위의 주문은 단위당 60원이므로 이 EOQ는 실현 불가능하다. 이제 58.8원 단계를 시도한다.

$$EOQ_{58.8} = \sqrt{\frac{2(936)(45)}{(0.25)(58.8)}} = 76\text{단위}$$

이 양 또한 불가능하므로 최상위층으로 이동한다.

$$EOQ_{60} = \sqrt{\frac{2(936)(45)}{(0.25)(60)}} = 75\text{단위}$$

이 양은 가능하다.

단계 2: 가장 낮은 가격 P1=57원은 불가능하므로 3단계로 간다.
단계 3: 최초의 실현 가능한 EOQ(75단위)의 총비용을 계산하고 75단위보다 더 큰 각 가격분기점의 양을 계산한다(300단위와 500단위).

$$C = \frac{Q}{2}(iP) + \frac{D}{Q}(S) + P_iD$$

$$C = \frac{75}{2}(0.25\times60) + \frac{936}{75}(45) + (60)(936) = 57.284\text{원}$$

$$C = \frac{300}{2}(0.25\times58.8) + \frac{936}{300}(45) + (58.8)(936) = 57.382\text{원}$$

$$C = \frac{500}{2}(0.25\times57) + \frac{936}{500}(45) + (57)(936) = 56.999\text{원}$$

최적구매량은 500단위로 이때 가장 많은 할인혜택을 받는다. 수량할인은 항상 단위가격이 가장 낮은 것만을 선택하는 것은 아니다. 즉, I가 크고 D가 작을 때에는 그렇지 않은 경우도 있다. 최적주문량은 500단위이다.

03 경제적 생산량모형(EPQ)

1) 경제적 생산량모형의 개념

기본적 EOQ모형에서는 주문량이 한 번에 모두 도착하는 것을 전제로 하였다. 즉, 조달기간이 일정하기 때문에 조달기간이 끝나 재고수준이 0이 되면서 모든 주문량이 동시에 도착하여 한꺼번에 입고된다. 그러나 이러한 가정은 현실적으로 맞지 않는 경우가 있다. 납품업자에게 품목을 주문했을 때 한 번에 모두 이를 공급받지 않고 조금씩 계속하여 공급받는 경우가 많다. 예컨대 철강 1,000톤을 주문하였을 때 이들 모두를 하루에 공급하기는 어렵기 때문에 하루에 몇 톤씩 며칠 동안 계속해서 공급받게 된다. 특히 주문한 철강을 오랫동안 사용하는 경우에는 더욱 그렇다.

이러한 환경에서 공급되는 기간에도 계속 사용하기 때문에 재고수준은 일시적이 아니라 완만하게 증가한다. 재고는 공급이 끝날 때 최고수준에 도달한 후 이제 공급이 끝났기 때문에 매일의 수요량(사용량)만큼씩 감소하기 시작한다.

이러한 재고의 증감패턴은 기업이 품목의 생산자이면서 동시에 사용자인 경우에도 적용된다. 기어이 매일 꾸준하게 그 품목을 생산하여 사용한다면, 즉 생산율과 사용률이 같으면 재고는 쌓이지 않는다. 그러나 기업은 일반적으로 한정량 생산(batch production) 방식을 취한다. 생산기간 동안에도 그 품목을 사용하기 때문에 재고는 한 번에 쌓이는 것이 아니라 일정한 기간 동안 점진적으로 쌓이게 된다.

생산의 경우 생산율이 사용률보다 크기 때문에 생산기간 동안 (생산율−사용률)의 비율로 증가한다. 예컨대 하루의 생산율이 20개이고 사용률이 10개이면 하루에 20−10＝10개의 비율로 재고가 증가한다. 만일 이 품목을 10일 동안 생산한다면 최대 재고수준은 10×10 ＝100이 된다. 이후 다른 품목을 생산하기 위하여 이 품목의 생산이 중단되는데 그러나 비생산기간에도 사용률은 그대로 발생하므로 재고는 매일 사용률만큼씩 감소하기 시작한다. 결국 재고는 고갈이 되고 다시 경제적 생산량(economic production quantity: EPQ)의 생산에 착수해야 한다. 이와 같은 주기가 계속해서 반복하게 된다. 이러한 경우 EOQ 분석의 목적은 경제적 생산량 Q를 결정하는 것이다. 만일

d＝사용률(usage rate) 또는 수요율(demand rate)/일
p＝생산율(production rate)/일
t＝생산일수

라고 정의하면 생산율 p가 수요율 d보다 큰 경우가 더욱 일반적이다. 만일 p＝d이면 재고가 쌓이지 않는다. p〉d이면 생산기간 동안에는 매일 (p−d)만큼씩 일정하게 재고가 증가하여 생산이 중단될 때의 최대 재고수준은 (p−d)t가 된다. 생산이 중단된 후의 재고는 일정한 비율 d로 계속 감소하여 완전 고갈된다. 이러한 재고패턴이 [그림 12−4]에 표시되어 있다.

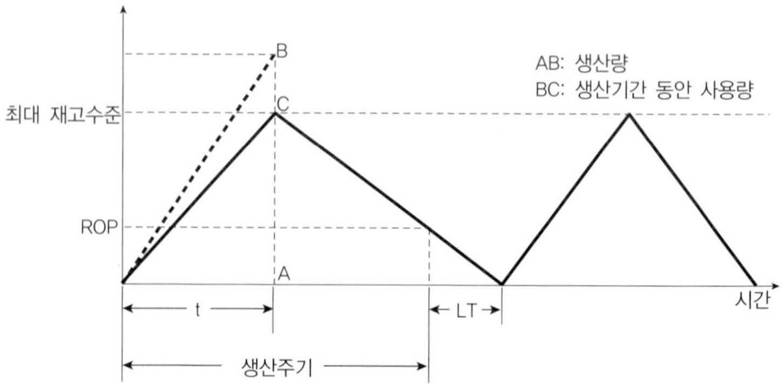

▌그림 12-4▐ 경제적 생산량모형의 재고패턴

2) 총비용의 결정

품목을 외부에 주문하는 것이 아니라 자체 공장에서 생산하므로 발주비 대신에 준비비용(setup cost)이 발생한다. 그런데 준비비용은 기본적 EOQ모형의 발주비용과 성격상 아주 유사하다. 준비비용은 생산량의 크기에 관계없이 매 생산량마다 일정하며 생산량 규모가 크면 클수록 생산횟수는 적어지고 따라서 연간 준비비용도 감소한다. 만일 D는 품목의 연간수요량이고 S가 1회 준비비용이라고 정의하면 연간 준비비용은 다음과 같다.

$$\text{연간 준비비용} = (\text{연간 생산횟수})(\text{1회 준비비용}) = \left(\frac{D}{Q}\right) \cdot S$$

앞에서 언급한 바와 같이 생산율 p가 수요율 d보다 큰 것을 전제로 하므로 매일의 초과생산량 (p−d)단위가 재고로 t일 동안 쌓이게 되므로 최대 재고수준은 다음과 같다.

최대 재고수준=(p−d)t

생산기간 동안 매일 p단위 생산량 Q단위를 생산하므로 Q=p·t 이다. 따라서 최대 재고수준=(p−d)$\frac{Q}{P}$=(1−$\frac{d}{p}$)Q이다. 평균 재고수준은 최대 재고수준의 1/2이므로 평균 재고수준=$\frac{1}{2}$(1−$\frac{d}{p}$)Q이다. 그러므로 연간 재고유지비는 다음과 같이 표현할 수 있다.

연간 재고유지비=(평균 재고수준)(단위당 연간 재고유지비)

$$= \frac{1}{2}(1-\frac{d}{p})Q \cdot H$$

연간 총비용은 연간 재고유지비와 연간 준비비의 합이므로 다음과 같다.

$$TC = \frac{1}{2}(1-\frac{d}{p})Q \cdot H + \frac{D}{P} \cdot S$$

만일 공장이 1년에 250일 가동했을 때 P단위(연간 생산율) 생산한다면

$d = \frac{D}{250}$ 이다. 따라서

$$p = \frac{P}{250}$$

$\frac{d}{p} = \frac{D/250}{P/250} = \frac{D}{P}$ 이다.

그러므로 위 식은

$$TC = \frac{1}{2}(1-\frac{D}{P})Q \cdot H + \frac{D}{Q} \cdot S$$로 표현할 수 있다.

위 식을 Q에 관하여 적분하고 이를 0으로 놓으면 경제적 생산량을 결정할 수 있다. 즉

$$Q^* = \sqrt{\frac{2DS}{\left(1-\frac{D}{P}\right)H}}$$

이 Q*는 총비용을 최소로 하는 경제적 생산량이다.

생산 개시와 다음 생산 개시 사이의 주기와 생산기간은 다음과 같이 구한다.

$$\text{생산주기(일)} = \frac{Q^*}{d} \quad \text{혹은} \quad \text{생산주기(연)} = \frac{Q^*}{D} \text{이고}$$

$$\text{생산기간(일)} = \frac{Q^*}{p} \quad \text{혹은} \quad \text{생산기간(연)} = \frac{Q^*}{P} \text{이다.}$$

예제

어떤 완구공업사는 장난감자동차를 조립하는 데 1년에 48,000개의 고무바퀴를 사용한다. 이 바퀴는 자체생산품목인데 하루 800개를 생산할 수 있다. 이 장난감자동차는 매일 일정한 수량을 조립한다. 고무바퀴의 단위당 재고유지비는 ₩100, 한 번의 작업준비비는 ₩4,500이다. 이 회사의 연간 가동일수는 240일이다.

(1) 최적 생산 로트량을 결정하라.
(2) 최소 총비용은 얼마인가?
(3) 최적 사이클 타임(생산주기) 일은 얼마인가?
(4) 최적 생산기간(일)은?

해 1년에 48,000개, 가동일수는 240일이므로 $d=\frac{48,000}{240}=200$(개/가동일)이다.

(1) $Q^*=\sqrt{\frac{2DS}{(1-\frac{D}{P})H}}=\sqrt{\frac{2\times(48,000)\times(4,500)}{(1-\frac{200}{800})100}}$

$=2,400$개

(2) $TC=\frac{1}{2}(1-\frac{d}{p})Q\cdot H+\frac{D}{P}\cdot S$

$=\frac{1}{2}(1-\frac{200}{800})2,400\times100+\frac{48,000}{2,400}\times4,500$

$=180,000$원

(3) $\frac{Q^*}{d}=\frac{2,400}{200}=12$(가동일)

(4) $\frac{Q^*}{d}=\frac{2,400}{800}=3$(가동일)

3) 단일기간 재고모형

어떤 품목은 일년 중 한 철에만 요구되는 경우도 있다. 계절품목이나 유행상품 등이 그 예이다. 조달기간은 구매기간보다 길며, 예기치 못한 많은 수요를 감당할 수 없는 경우도 있으며 한번 판매기회가 상실되면 다시 팔기 어렵다.

단일기간 재고모형(one-period decisions)은 종종 '신문배달소년 문제(Newsboy Problem)'라 불린다. 만약 신문팔이가 좌판대에서 팔려고 하는 충분한 신문을 사두지 않으면 판매기회를 잃어버린다. 구매자가 너무 많이 사면 어제의 신문은 아무도 원치 않으므로 나머지는 팔 수 없게 된다.

이러한 문제를 분석하고 최적주문량을 결정하기 위한 직접적인 방법은 성과표(payoff matrix)를 작성하는 것이다. 이 표는 예상되는 각 수요단계에서의 구입량에 대한 이익을 보여 주는 표이다. payoff matrix의 각 행은 서로 다른 주문량을 나타내며 각 열은 서로 다른 수요단계를 나타낸다.

$$\text{Payoff} = \begin{cases} pQ, & \text{if } Q \leq D \\ pQ - I(Q\text{-}D), & \text{if } Q > D \end{cases}$$

P = 시즌 내에 팔린 단위당 이익
I = 시즌 후에 처분된 단위당 손실
Q = 구입량
D = 수요수준

성과표를 계산한 후 최적의 주문량 Q를 구할 수 있다. 합리적인 방법은 수요확률을 고려하여 기대이익을 최대로 하는 Q를 선택한다. 이러한 품목들에 대해 이 방법은 이익을 극대화해 줄 것이다. 기대값은 단순히 산술평균이다. 특정 Q에 대해 (1) 수요가능성에 의한 열에서의 각 이익과 그 확률을 곱하고, (2) 이러한 소득을 더해서 기대이익을 산출한 후 최저주문량 Q를 찾는다.

예제

D상회에서 취급하는 한 품목은 크리스마스 장식품이다. 이 상회는 그 시즌동안 단위당 10원의 이익을 보았으나 시즌이 끝나고 단위당 5원의 손실을 보았다. 시즌수요에 대한 각 확률분포가 아래에 나와 있다. D상회 구매자는 장식품을 얼마나 주문해야 하는가?

수요	확률
10	0.2
20	0.3
30	0.3
40	0.1
50	0.1

해 각 예상수요에 대해 성과표를 만든다. 예를 들어,

기대이익은 Q=40, 그리고 D=50일 때

pQ=(10원)(40)=400원

반면에 Q=40이고 D=30이면 기대이익은

pQ−*I*(Q-D)=(10원)(30)−(5원)(40−30)=250원

이제 각 Q에 대한 기대이익을 계산하면 다음과 같다.

성과표 (단위: 원)

Q \ D	10	20	30	40	50	예상 성과
10	100	100	100	100	100	100
20	50	200	200	200	200	170
30	0	150	300	300	300	195*
40	-50	100	250	400	400	175
50	-100	50	200	350	500	140

Q=30에서 가장 큰 기대이익이 195이므로 최적주문량이다.

마무리사례 — 아마존 웹서비스 클라우드 한국서 지속적으로 성장

보너 보겔스 아마존 웹서비스 CTO

"삼성전자는 아마존웹서비스(AWS) 클라우드 방식을 이용해 스마트TV에 사용되는 스마트허브 애플리케이션을 개발하고, 한국뿐 아니라 해외 시장에 스마트TV 서비스를 제공하고 있습니다. 삼성전자뿐 아니라 한국의 중견 중소기업들이 AWS를 이용해 사업을 진행하고 있습니다."

25일 서울 양재동 엘타워에서 만난 보너 보겔스(Werner Vogels) AWS 최고기술책임자(CTO) 겸 부사장은 이렇게 말했다. 국내에서 아마존은 인터넷쇼핑몰로 알려져 있지만 기술기업으로서 다양한 사업을 진행하고 있다.

1995년 설립한 아마존은 벤처기업들이 IT자원과 관리자를 운영하는 데 어려움을 겪는다는 점에 착안, 2006년 자신들의 시행착오를 반영해 클라우드서비스를 제공하는 AWS를 내부조직으로 운영하기 시작했다. AWS는 사업을 시작하는 중견 중소기업뿐 아니라 대기업에 이르기까지 전 세계 사업을 하는 기업들에게 서버, 네트워크 자원을 제공하고 있으며 각 기업의 용도에 맞는 서비스도 제공하고 있다.

AWS의 지난해 매출은 20억 달러로, 올해는 지난해에 비해 두 배가량 성장할 것으로 예상된다.

보겔스 CTO는 "외부에서 볼 때 아마존은 쇼핑몰이지만 본질적으로는 기술 기업"이라며 "단순히 물건을 판매하는 것이 아니라 재고관리, 제품 추천, 구매에서 배송까지 이어지는 전 과정을 효율적으로 해결하기 위한 기술을 확보하고 있으며, 축적된 노하우를 AWS를 통해 다른 기업들과 공유하는 것"이라고 말했다. 또 기존까지 IT 분야가 중요하지 않다고 생각했던 기업과 분야에서도 IT자원이 중요해지면서 AWS의 역할이 중요해지고 있다고 말했다.

그는 "호텔 분야의 경우 경쟁이 치열해지면서 호텔체인 업체들이 숙박 일정을 관리하거나, 세미나 일정을 조율하는 등 IT 활용이 늘고 있으며, 이는 곧 호텔의 매출에도 영향을 미치고 있다."며 "이 같은 현상은 호텔업뿐 아니라 전자업체, 화장품업체 등 다른 산업에서도 확산되고 있다."고 말했다.

보겔스 CTO는 그동안 대기업 중심의 IT자원 활용이 중견 중소기업까지 확장되고, 기업들의 사업영역이 세계화되면서 클라우드가 지속적으로 성장하고 있다고 설명했다. 그는 "AWS의 한국 고객 중에는 삼성전자와 넥슨, 네오위즈 등 IT업체뿐 아니라 아모레퍼시픽 등 화장품업체도 있는데 이들의 특징은 한국뿐 아니라 해외시장에도 사업영역을 확장하기 위해 클라우드 방식을 택한 것"이라며 "반대로 해외기업들이 한국에서 사업을 하기 위해서도 AWS의 클라우드를 활용하고 있어 한국 시장에서 지속적인 성장이 예상된다."고 말했다.

출처: 디지털타임스(2013년 7월 25일).

13

Chapter

재고관리시스템

도입사례

SCM 전문가에 듣는다
타타가타 다스구타 언스트앤영 글로벌 SCM 파트너

실내 온도조절기를 만드는 다국적 제조기업인 A사는 날씨 변화가 온도조절기 교체와 신규 구매에 대한 영향을 조사해 분석했다. 이를 공급계획과 생산·배송·재고관리에 적용했다. 일반적인 수요예측과 별도로 날씨 변화에 따른 갑작스러운 수요증대에 대처하기 위해 빅데이터 분석을 적용한 것이다. AS 부품에 대한 비정형 데이터를 분석해 부품공용성, 유사부품, 대체가능부품 등을 파악해 원가절감 계획도 세웠다.

다국적 유통회사인 B사는 맥주 매출을 높이기 위해 빅데이터 분석을 활용했다. 맥주가 어떤 제품과 같이 진열돼 있을 때 매출이 늘어나는지를 분석한 것이다. 이 결과 기저귀와 맥주를 같이 놓고 팔면 매출이 증가하는 것으로 나왔다. 이후 B사는 맥주 판매대를 기저귀 옆에 배치해 매출증대 효과를 얻었다. 이 정보는 재고관리와 상품 구매 부서와도 공유했다.

위 두 사례는 공급망관리(SCM)에 빅데이터 분석을 적용한 대표적 사례다. 이처럼 SCM에 빅데이터를 적용하는 사례가 늘어나고 있다. 전통적인 방식의 수요예측과 재고관리, 물류와 배송 등을 수행하는 것이 아니라 다양한 정보를 데이터베이스(DB)화해 빅데이터 분석을 실시, 결과를 가지고 SCM을 수행한다. 그러나 아직은 SCM 빅데이터 분야가 초기여서 분석대상 데이터가 많지 않고, 전문가가 부족한 한계도 있다. 20여 년 이상 SCM 컨설팅을 수행한 타타가타 다스구타 언스트앤영 글로벌 파트너를 통해 SCM에 빅데이터 분석을 적용하는 방안을 들어 봤다. 다음은 다스구타 파트너와의 일문일답이다.

–SCM에 빅데이터 분석을 적용하는 개념은 생소한 것 같다. 어떤 것인지 설명해 달라.

“빅데이터 분석은 수년간 발전해 왔다. 그 개념이 SCM 분야까지 확대된 것이다. 페이스북, 트위터 등 소셜네트워크서비스(SNS) 정보를 활용해 판매와 수요를 예측한다. 재고관리와 물류도 효율화한다. 예를 들어 유통점에서 맥주가 어디에 진열돼 있어야 매출이 늘어나는지를 예측할 수 있다면 이에 따른 재고와 구매 등 다양한 SCM 프로세스도 최적화할 수 있다.”

–SCM에 대한 빅데이터 분석이 주로 수요예측에 초점이 맞춰진 것 같다. 제품 개발과 공급, 조달에 적용하는 빅데이터 분석 방안에는 무엇이 있는가.

"빅데이터 분석은 SCM의 전 프로세스에 적용 가능하다. 제품개발 영역에서는 SNS에서 제시되는 다양한 정보를 활용, 디자인과 성능 개발에 적용한다. 수요계획에서는 프로모션, 가격 변동 추이, 유통점 재고상황 등 기업 외부 유통망 정보와 SNS·기상 등의 정보를 접목해 수요예측이 아닌 수요측정 형태로 활용한다. 공급계획에서는 유통망 판매 추이 정보를 수요계획 수립 시 반영, 공급계획과 실시간으로 연결한다. 조달에서는 유통회사는 고객 소비패턴이나 성향을 분석해 해당 제품의 구매 협상 시 빅데이터 분석을 이용한다. 다국적기업은 세계에서 발생하는 구매행위에 대해 제품 코드가 아닌 문장, 이메일 등 비정형 정보를 분석해 공용품목, 대체가능품목을 찾아 구매원가를 절감한다."

–SCM 프로세스인 생산과 물류, 재고관리에 적용하는 빅데이터 분석 방안은 무엇인가.

"생산 프로세스에서는 공정 기계와 시스템에서 산출되는 방대한 데이터를 분석, 생산성 향상을 위한 시뮬레이션 수행과 최적 생산체계 수립이 가능하다. 생산설비로부터 발생하는 데이터를 분석, 설비 고장 예방과 정비도 한다. 물류에서는 수·배송 시 위성항법장치(GPS)로 데이터 기반으로 최적 수송경로를 확보한다. 수·배송 데이터 분석으로 운전자 성향 분석과 연료 절감, 차량 예정정비 계획을 수립한다. 재고관리는 수요계획에서 수집한 수요현황을 적정재고 산출을 위한 자료로 활용한다."

–한국 기업은 대기업 중심으로 SCM을 도입한 상태다. 그러나 아직 중견기업으로 확산해야 하는 이슈도 있다. 한국 기업이 SCM 수준을 높이기 위해 어떤 노력을 해야 한다고 생각하는가.

"SCM을 아직 도입하지 않았거나 도입단계에 있는 기업은 주기적 수요·공급 동기화 체계(S&OP)를 갖춰야 한다. 이를 기반으로 수요관리와 공급대응 능력을 강화해야 한다. SCM을 도입한 기업은 SCM 실행력 강화를 위한 프로세스와 시스템 정비, 조직 강화, 조직역량 강화 활동 등이 필요하다. 실제 판매 수요 정보와 비정형 빅데이터 정보 등 데이터 기반 계획과 성과평가가 이뤄져야 한다."

–SCM 분야에 적합한 데이터 과학자는 어떻게 양성해야 하는가. 기업은 데이터 과학자를 어떻게 확보하는 것이 효과적이라고 생각하는가.

"데이터 과학자는 새로운 직업이다. 이들의 배경은 물리학, 컴퓨터공학, 생물학 등 다양하다. 현재까지 SCM 전문가이면서 데이터 과학자인 인력을 찾기는 힘들다. 당분간 이 두 영역의 인력이 협업을 해야 한다. IT투자를 많이 한 기업도 전사자원관리(ERP)와 SCM시스템이 만든 정형화된 데이터조차 제대로 활용하지 못한다. 데이터 과학자나 데이터 분석가를 확보한 기업도 많지 않다. 전문가 양성을 위해 필요성과 활용가능성을 인지하고 투자를 해야 한다. 초기 전문가 교육, 전문 컨설턴트와 공동 업무 수행 등도 양성 방안이다."

–SCM체계에 빅데이터 분석을 적용하기 위해 어떠한 정보시스템 환경을 갖춰야 하는가.

"SCM과 ERP 시스템은 정보를 정형화해 관리하는 시스템이다. 내부 시스템과 외부로부터 유입되는 정보를 모아야 한다. 모델링할 수 있는 데이터마이닝시스템도 갖춰야 한다. 하둡 같은 오픈시스템을 활용할 수도 있다. 빅데이터 분석과 다양한 모델링, 필요 정보의 정형화 작업 등을 수행할 빅데이터 플랫폼도 필요하다. 빅데이터 플랫폼에서 분석된 데이터를 정형화된 정보로 구조화해 ERP와 SCM시스템에 반영해야 한다. 이 경우 필요한 인터페이스 개발과 기존 SCM, ERP시스템에 일부 수정이 따른다."

출처: 전자신문(2013년 3월 18일).

01 서론

1) 재고의 개념

재고의 개념은 회계학적인 의미와 자재명세서상의 의미로 나누어 설명할 수 있다.

(1) 회계학적 분류

생산공정에서의 재고는 회계학적으로 세 가지 형태(원자재, 재공품, 완성품)로 존재한다. 공장 내의 원자재는 하나 또는 그 이상의 공정을 거쳐 다양한 형태의 재공품으로 바뀐다. 재공품도 최종공정을 거치면서 완성품이 된다.

(2) 자재명세서

이미 앞 장에서 사무용 의자에 대한 자재명세서를 다음 [그림 13-1]과 같이 소개한 바가 있으며 이의 명칭에 대해서도 설명하였다.

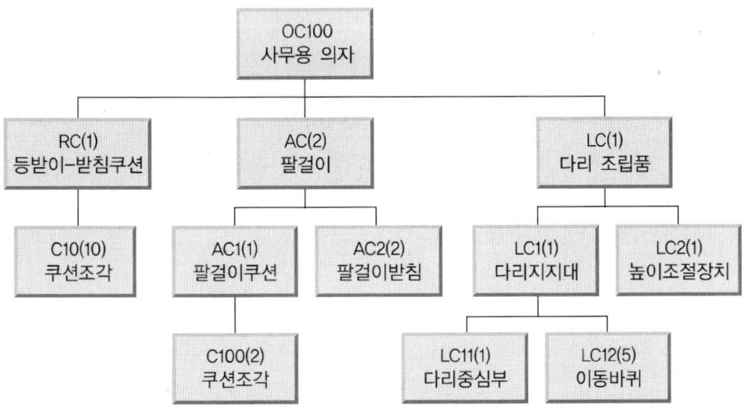

▌그림 13-1▐ 사무용 의자(OC100)의 자재명세서

여기서 재고관리시스템(inventory management system)은 시간의 경과에 따라 재고를 보충하려고 할 때 재고를 얼마나, 그리고 언제 보충하여야 하는지와 관련된 운영시스템을 의미한다. 보통 재고관리시스템은 연속검사시스템, 정기검사시스템과 기타 시스템으로 구분하여 설명할 수 있다. 이를 하나씩 설명하여 보자.

02 연속검사시스템(Q시스템)

1) 개념

재고관리시스템 중에서 연속검사시스템(continuous review system 혹은 정량발주시스템)은 어떤 품목이 재고에서 인출될 때마다 재고량을 검사해서 재주문할 시기인지 아닌지를 결정하는 것이다. 실제로 이들 조사는 연속적이라기보다는 하루에 한 번, 혹은 재고를 인출할 때마다 일어난다. 연속검사는 재고기록과 연결된 컴퓨터를 이용하여 쉽게 할 수 있다. 검사 때마다 품목의 재고상태 의사결정이 내려지고, 재고상태가 너무 낮으면 새로 주문을 한다.

재고상태(inventory position)는 미래의 수요를 만족시킬 수 있는 능력의 척도로 활용된다. 이것은 현재 보유재고와 예정된 입고에 달려 있다. 즉,

$$IP = OH + SR - BO$$

IP = 품목의 재고상태, OH = 현재 보유재고 수
SR = 예정된 입고량, BO = 미납주문이나 할당재고

미납주문(back order)이란 고객의 주문이나 요구를 만족시키지 못한 것을 의미한다. 이미 고갈된 제품에 대한 것으로 품절품목에 대해 고객이 나중에 주문을 만족시켜도 된다고 할 경우에만 가능하다. 고객이 거래선을 다른 데로 돌리는 경우는 해당되지 않는다.

할당재고는 과거의 수요를 만족시키기 위해 따로 남겨 두는 보유재고이다. 예를 들면, 현재 보유 중인 어떤 부품이 비록 실제로는 아직 창고에 그대로 있지만 그의 상위품목의 주문에 이미 할당된 것이다.

정량발주시스템은 때로 재주문점시스템(reorder point system), Q시스템, 고정발주량시스템으로 불리는데, 재주문점 R과 주문량 Q가 변수가 된다.

재고수준이 재주문점 R로 떨어지게 될 때마다 주문량 Q를 주문한다. 즉 최저 수준이 허용된다. 각각의 새로운 주문은 같은 크기 Q단위이다. 그러나 Q는 EOQ와 가격분기점 발주량(price-break quantity: 대량구매로 할인할 때의 최소주문량), 용기 크기(예: 트럭 적재량), 혹은 관리자가 선택한 여타 다른 주문량에 따라서 달라질 수 있다. [그림 13-2]는 이 시스템의 운영방법을 보여 주고 있다.

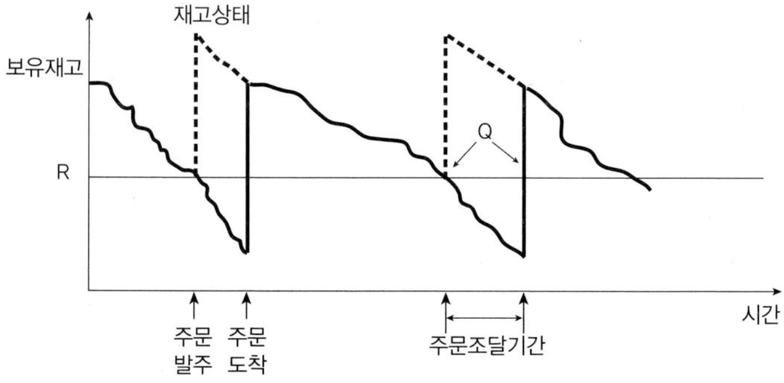

▌그림 13-2▐ Q시스템

[그림 13-2]에서 실선은 현재 보유재고를 나타내는데 사용률에 따라서 재고가 감소한다. 재주문점 R에 도달하면 새로이 Q단위만큼 주문한다. 현재의 재고는 조달기간 동안 주문이 도착할 때까지 계속 하락한다. 예정된 주문입고 시에 재고상태는 Q만큼 상승한다.

주의할 것은 재주문할 것인지를 결정할 때 현 보유재고(OH)가 아닌 재고상태(IP)와 재주문점 R을 비교하여 결정한다는 것이다.

예제

어떤 품목의 현재재고가 10단위뿐이고 재주문점 R은 100이다. 미납주문은 없으나 200단위의 예정된 입고가 있다. 새로 주문을 해야 할지를 결정하라.

해 IP＝OH＋SR−BO

＝10＋200−0＝210

IP(210)가 R(100)을 상회하므로 재주문은 필요 없다.

2) 재주문점의 선택

사용률이나 조달기간이 일정하지 않고 변동하는 경우에는 품절이 발생할 가능성이 있다. 그러므로 사용률이나 조달기간의 불확실성에 대처하기 위하여 조달기간 동안 품절이 발생할 위험을 줄일 여분의 재고를 보유해야 한다. 이와 같이 조달기간 동안 기대되는 수요보다 많이 보유하는 재고를 안전재고(safety stock) 또는 완충재고(buffer stock)라 한다.

일반적으로 수요 또는 조달기간의 변동이 있는 경우의 재주문점은 다음과 같다.

ROP＝조달기간 동안의 평균수요량＋안전재고

재주문점의 수준은 ① 수요율(demand rate), ② 조달기간의 길이(length of lead time), ③ 수요와 조달기간 변동의 정도, ④ 고객에 대한 서비스 수준(level of customer service)에 따라 변동된다.

수요와 조달기간의 변동에 따라 고려할 수 있는 경우는 여러 경우가 있을 수 있는데 이 중에서 비교적 일반적인 수요율은 변동하나 조달기간이 일정한 경우에 대해서만 고찰하고자 한다.

3) 서비스 수준의 결정

안전재고 및 재주문점의 적정수준은 재고부족비를 알고 있는 경우에도 결정할 수 있으나 대부분의 경우 재고부족비를 결정한다는 것은 상당히 어려운 일이므로 산업계에서는 안전재고나 재주문점을 산정하기 위하여 서비스 수준(service level)이라는 개념을 사용한다.

서비스 수준이란 제품을 구매하고자 하는 전체 고객 수에 대한 실제로 제품을 인도받는 고객 수의 비율을 말한다. 예를 들어 1년 동안 300명의 고객이 제품을 주문해 왔으나 실제로 285명의 주문은 만족이 되고 15명의 주문은 재고부족으로 만족되지 않았다고 하면 서비스 수준은 285/300=95%이다. 바꾸어 말하면 품절확률은 5%임을 의미한다. 따라서 서비스 수준과 품절확률(probability of stockout)과의 관계는 서비스 수준=1-품절확률이다.

안전재고의 수준을 결정하는 요소는 ① 평균수요율과 평균조달기간, ② 수요와 조달기간의 변동, ③ 요구되는 서비스 수준 등이다.

고객에 대한 서비스 수준이 결정되면 사용률이나 조달기간의 변동폭이 크면 클수록 이 서비스 수준을 만족시키는 데 필요한 안전재고의 수준은 더욱 작아진다. 똑같이 사용률이나 조달기간의 변동폭이 결정되면 서비스 수준의 향상을 가하기 위해서는 더 많은 안전재고를 필요로 한다.

안전재고수준을 결정하기 위해서 조달기간은 일정하지만 조달기간 동안 매일의 수요는 변동하여 정규분포로서 나타낼 수 있고, 매일의 수요는 상호 독립적이라고 가정하자. 이때 조달기간 동안의 평균수요량($\overline{D_L}$)과 수요량의 분포에 대한 표준편차를 알아야 한다. 매일의 평균수요(average daily demand)를 $\bar{\mu}$, 그의 분산을 σ_{μ}^2로 표시하면 조달기간 동안의 평균수요 $\overline{D_L}$은 매일의 평균수요에 조달기간을 곱하여 구한다.

즉, $\overline{D_L} = \bar{\mu} \times LT$

4) 정규분포의 이용

한편, 조달기간 동안의 수요량은 정규분포를 나타내는데 이 분포의 분산은 매일의 평균수요의 분산 σ_{μ}^2에 조달기간을 곱하여 구한다. 따라서 조달기간 동안 수요량 D의 분포에 대한 표준편차는 다음과 같다.

$$\sigma_L = \sqrt{LT} \cdot \sigma\mu$$

이를 그림으로 표시하면 다음 [그림 13-3]과 같다.

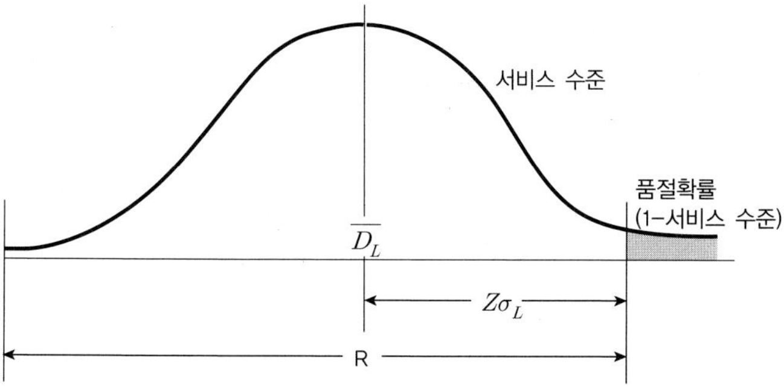

▮그림 13-3▮ 정규분포

σ_L은 안전재고의 결정에 영향을 미친다. 예를 들어 $\overline{D_L}$은 30이고 D의 범위는 28부터 32에 이른다면 최대 안전재고는 2단위이고 *ROP*는 32가 된다. 실제로는 고객에 대한 100% 서비스 수준을 보장하려면 비용이 많이 소요되므로 이보다 조금 낮지만 회사가 받아들일 수 있는 서비스 수준을 선정한다. 서비스 수준이란 결국 조달기간 동안의 수요가 *ROP*에서의 공급량을 초과하지 않을 확률을 말한다. *ROP*의 수준을 찾기 위해서는 다음의 공식을 이용한다.

$$Z = \frac{ROP - \overline{D_L}}{\sigma_L}$$

이는 다음과 같이 표시할 수 있다.

$$ROP = \overline{D_L} + Z \cdot \sigma_\mu$$
$$= \bar{\mu} \cdot \mathrm{LT} + Z \cdot \sigma\mu\sqrt{LT}$$

여기서 예컨대 95% 서비스 수준의 Z값은 부록 1로부터 1.645임을 찾을 수 있고 $\overline{D_L}$=2,000, σ_L=200, 그리고 서비스 수준 95%라면 이때의 안전재고는 1.645(200)=329이고 따라서 재주문점은 2,000+329=2,329이다.

5) 이산형 확률분포의 이용

수요의 분포가 정규분포라고 가정했으나 이산형 확률분포인 경우로 주어지는 경우도 있다. 이산형 확률분포는 조달기간 동안의 가능한 각 수요와 그에 대한 확률이 주어진다.

예제

과거의 기록에 의해 조달기간 동안 수요의 확률분포가 다음과 같이 주어져 있다. 조달기간은 2주일이고, 주별 평균수요는 18이다. 관리자는 90%의 서비스 수준을 설정하였다. 다시 말해서 D_L=60일 때만 재고부족이 발생하면 품절 확률은 10%이다. 재주문점과 안전재고는 얼마인가?

D_L(단위)	확률	누적확률
10	0.10	0.10
20	0.15	0.25
30	0.20	0.45
40	0.25	0.70
50	0.20	0.90 ← 서비스 수준
60	0.10	1.00
	1.000	

해 재주문점 R은 50이어야 한다. 조달기간 동안의 품절을 피하기 위한 확률은 0.90(=0.1+0.15+0.20+0.25+0.20)이다. 조달기간 동안 수요의 기대치 D_L은

D_L=10(0.10)+20(0.15)+ … +60(0.10)=36단위이다.

그래서 R=50에 대한 안전재고는 R=$\overline{D_L}$+B, 50=36+B, B=14단위가 된다.

03

정기검사시스템(P시스템)

1) 개념

어떤 품목의 재고수준이 연속적이기보다는 정기적으로 검사되는 경우가 있는데 이것은 정기검사시스템(periodic review system)이다. 새 주문은 각 검사 마지막에 이루어지고, 주문주기(P)는 고정되어 있다. P시스템은 Q시스템과 달리 재주문점이 없고 대신에 목표재고수준이 있으며, 발주량이 수요에 따라 변동하므로 EOQ를 갖지 않으며 주문기간이 고정되어 있다. 정기발주시스템의 예로서 매주 식품점에 공급하는 청량음료공급자를 들 수 있는데 매주 기계의 재고수준이 검사되어서 보충된다.

정기검사시스템은 정기발주시스템, 고정간격 재주문시스템이라고도 하며, 다음 [그림 13-4]와 같이 실시한다.

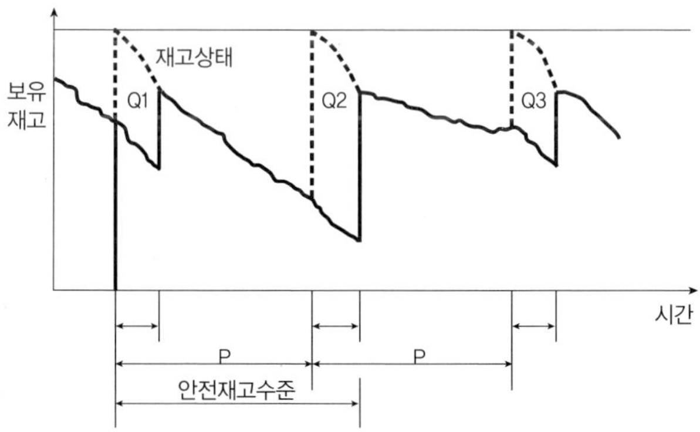

▌그림 13-4▐ 정기검사시스템

[그림 13-4]와 같이 검사 당시 재고상태가 재주문점 R 미만이면 충분한 재고가 주문되어 재고가 T수준(목표 혹은 최대 재고수준)까지 되도록 한다. 이 시스템은 보통 재고관리 담당직원이 순회하여 재고수준을 점검하는데, 조달기간이 정기적 관찰기간의 간격보다 항상 짧다면 미해결된 주문은 결코 없을 것이기 때문에 재고상태(inventory position)보다는 오히려 재고수준(inventory level)을 기초로 재주문점이 결정될 수 있다는 것이다. 이 경우 재고관리자가 어느 주문들이 미해결인지 확인할 필요가 없기 때문에 관리가 쉽다.

보통 각 품목들에 대한 재주문점은 선반 위의 꼬리표로 확인한다. 관리자는 단지 재주문점과 남아 있는 품목의 숫자를 비교하기만 하면 된다.

예제

아직 입고되지 않은 미납주문이 5단위가 있다. 지금이 재고를 검사해야 할 시점이다. 목표재고가 400이고 예정 입고량이 없을 때 재주문량은 얼마인가?

해 IP=OH+SR−BO

=0+0−5= −5단위

T−IP=400−(−5)=450단위

재고수준을 T단위까지 올리려면 450단위를 주문해야 한다.

2) 재주문간격의 선택

P시스템에는 P와 T 두 개의 매개변수가 있다. 재주문량 Q는 (T−IP)인데 EOQ를 활용할 경우도 있다. P를 주로 표현하면 1년에 52주가 된다.

재주문간격은 P는 Q/연간수요 D, 혹은 EOQ/d로 구해지는데 52로 곱하면 주간의 비율이 나온다.

3) 목표재고수준의 선택

Q시스템에서는 언제든지 주문이 가능하고, 곧 주문이 도착되기 때문에 조달기간 동안만 품절예방이 필요하였다. 그러나 P시스템은 좀더 긴 (P+L) 기간 동안 품절에 대비한 예방이 필요하다. 그래서 목표재고는 적어도 주기기간 (P+L) 동안의 예상수요와 같아야 한다. 그러므로

$$T=\overline{D}_{P+L}+B=\overline{D}_{P+L}+Z\sigma_{P+L}$$

이때 $\overline{D}_{P+L}$=P주기 동안 다음 검사일까지의 평균수요+조달기간 중의 평균수요
여기서 σ_{P+L}=P+L 기간 중 수요의 표준편차
Z=서비스 수준을 위한 표준편차

P시스템이 Q시스템보다 긴 기간 동안 수요의 불확실성에 대비하기 위해 안전재고가 필요하기 때문에 P시스템은 안전재고 σ_L을 상회하는 σ_{P+L}이 필요하다. 그래서 P시스템의 전체 재고가 약간 더 높다.

예제

어떤 품목의 수요가 평균 주당 40단위의 정규분포를 이루고, 표준편차는 15단위일 때, 조달기간은 3주일이고, 연간 영업기간은 52주이고 P시스템을 사용하고 있다. 400단위의 EOQ에 적합한 기간 P는 얼마인가? 80%의 서비스 수준을 위해 필요한 목표재고수준은 얼마인가?

해 먼저 D를 찾고, P를 찾는다.

$$D = \left(\frac{40단위}{주}\right)\left(\frac{52주}{연}\right) = 2,080단위$$

$$P = \frac{EOQ}{D}(52) = \frac{400}{2,080}(52) = 10주$$

10주마다 품목검사를 하게 된다. $P_T + L_T = 10 + 3 = 13$이므로

$$\sigma_{P+L} = \sigma_T\sqrt{P_T + L_T} = 15\sqrt{13} = 54$$

T를 계산하기 전에 Z값이 필요한데 80%의 서비스 수준이 부록 1에 나와 있다. 80%의 서비스 수준이므로 50%를 빼면 30%, 즉 0.3을 찾으면 Z=0.84이고 T는

$$T = D_{P+L} + Z \cdot \sigma_{P+L}$$
$$= (40단위/주)(13주) + (0.84)(54단위) = 565단위$$

매 13주마다 재고를 목표 재고수준인 565단위가 되도록 주문해야 할 것이다.

4) Q시스템과 P시스템의 비교

모든 상황에서 어떤 시스템이 가장 좋다고 말할 수 없다. 한 시스템의 이점은 다른 시스템의 단점이 된다.

P시스템의 이점은 다음과 같이 설명할 수 있다.

(1) 고정된 시간간격으로 보충이 이루어질 수 있다

고정된 보충간격은 배달시한이 일간, 주간, 월간 등으로 고정되어 수송될 경우에 적합하고 관리도 쉽다. 예를 들어 빵은 고정된 날짜에 특정 식품가게로 배달이 되는데, 배달경로가 표준화될 수 있게 해준다.

(2) 여러 품목의 주문을 한꺼번에 동시에 발주할 수 있다

이 점 때문에 가격분기점을 이용한 집단구매가 가능하다. 가격분기점이 없더라도 주문을 한꺼번에 함으로써 서류작업이 적어지고 발주비용이 감소된다. 또한 모든 주문품목이 동시에 선적되어 수송비를 절약하고 차량이용도를 높일 수 있다.

(3) 재고상태에 관한 정보가 정기적으로 요구된다

언제 재주문을 할 것인가를 결정하기 위해 연속적으로 관찰하는 Q시스템과는 다르다. 재고기록이 항상 최신의 것으로 바뀔 때, 이 시스템은 영속재고시스템(perpetual inventory system)이라고 한다.

한편 Q시스템의 이점은 다음과 같이 설명할 수 있다.

(1) 보충간격을 개별적으로 할 수 있다.
각 품목의 상태 파악 후 보충을 따로 하여 발주비용과 재고유지비를 감소시킨다.

(2) 일정량 이상이면 가격을 할인해 주는 경우처럼 고정된 주문이 유리한 경우가 있다. 트럭의 화물용량제한 등이 그 예이다.

(3) Q시스템은 조달기간 동안만 수요의 불확실성에 대비하여야 하지만 P시스템은 (검사기간+조달기간) 동안 그에 대비하여야 한다.

04

혼합시스템(hybrid system)

P, Q 시스템뿐만 아니라 이들의 변형된 시스템을 사용하는 경우도 있다.

1) 최소, 최대 재고시스템

최소, 최대 재고시스템(optional replenishment system)은 (s, S) system이라도 하며, P시스템과 유사하다. 이 시스템은 재고수준을 고정된 시간간격에서 검사한다. 만일 그 수준이 미리 정한 수준 이하나, 그 수준으로 떨어지면 예상되는 수요에 대비하기 위해 다양한 양의 주문을 한다. 이것은 P시스템의 T와 비슷하다.

그러나 재고수준이 최저수준으로 떨어지지 않으면 검사 후에도 주문을 하지 않는다. 최저재고수준은 Q시스템의 재주문점 R과 같다. 목표재고가 100, 최저수준이 60이면 최소주문크기는 40(100−60)이다. 지속적으로 검사하지 않기 때문에 검사비용과 주문비용이 상대적으로 클 때 유용하다.

2) 기초재고시스템

기초재고시스템(base−stock system)은 재고인출이 있을 때마다 보충주문을 하는 것이다. 주문량 Q는 인출량과 같다. 이 정책은 재고수준을 (조달기간 동안의 수요+안전재고)로 유지시켜 준다. 기초재고시스템은 주기재고를 최소화하는 방법이라고 볼 수 있다. 비행기의 엔진교체품 같은 매우 비싼 품목에 적당하다.

3) 시각관리시스템

시각관리시스템(visual system)은 현재 재고상태에 대한 기록이 필요 없기 때문에 관리하기가 좋다. 너트나 볼트 같은 저가의 안정적 수요를 보이는 품목에 쓰인다. 과대재고가 발생하지만 품목의 단가가 낮아서 재고유지비는 낮다.

두 기본시스템이 쓰이는데 단일저장통시스템(single-bin system)과 두저장통시스템(two-bin system)이다. 저장통시스템에서는 최대재고수준을 저장하고 저장선반이나 저장통에 표시해 둔다. 재고수준은 정기적으로 표시된다. 주유소의 가스저장탱크나 작은 부품의 저장통이 그 예이다.

두저장통시스템에서는 부품이 다른 두 개의 상자에 저장된다. 처음 저장통으로부터 부품이 바닥날 때까지 사용하고 다 쓰면 재주문점에 이르렀기 때문에 정량 발주한다. 그 이상의 수요는 조달기간 동안에 기대되는 수요와 안전재고를 담고 있는 두 번째 저장통으로부터 충족된다. 주문이 도착하면 처음의 통에 조달기간 동안의 기대수요와 안전재고를 담고 나머지는 둘째 통에 담아 바닥이 날 때까지 사용한다.

같은 원리를 한 저장통을 이용하는 것이 단일저장통시스템이다.

14

Chapter

적시생산시스템

도입사례

한국 코앞에 전진기지 … JIT<Just In Time: 적시생산시스템> 서비스 채비

총 1,700여 검사 받아야 출고, 감기만 걸려도 테스트 감각 떨어져
매일 아침 검사직원 건강도 체크
한국 소비자 입맛 맞춰 직접 설계 공장부문 품질조사 세계 1위 3차례
고객요구 발빠른 대처도 강점으로

인천공항에서 비행기로 1시간 30분, 부산항에서 쾌속선으로 2시간 55분이면 닿는 일본 규슈의 후쿠오카. 다시 시내에서 외곽으로 약 50㎞를 차로 달리자 거대한 노란색 굴뚝이 인상적인 도요타자동차 미야타 공장(일본 규슈 후쿠오카현 미야와카시 소재)이 모습을 드러냈다.

이곳에선 바로 '일본차의 자존심'으로 불리는 도요타의 프리미엄 브랜드 렉서스, 그 중에서도 대표 세단 모델인 ES시리즈의 수출용 차량이 생산되고 있었다.

1992년 설립된 미야타 공장은 도요타의 제2 거점 생산기지. 본사가 있는 중부 아이치 현에서는 주로 연구・개발(R&D)과 신차를, 동부 공장에선 아쿠아 같은 콤팩트 하이브리드를 담당한다. 금융위기 직전(2007년)만 해도 미야타 공장에서 44만 대의 차량을 생산했지만, 지금은 30만~35만 대(렉서스 6종, 도요타 2종)를 68초당 1대씩 만들고 있다.

도요타 측은 촬영은 특정 지역에서만 가능하고, 휴대폰 사용은 절대 안 된다고 거듭 당부했다. 공장 입구 홍보관에서 생산라인까지는 버스로 이동한 뒤, 공장 내부는 별도로 마련된 전동차를 탄 채 둘러볼 수 있었다. 공장에 들어서자 도요타는 공장 내부가 화이트 및 그레이 기반 색상으로 꾸며졌으며, 소음과 먼지를 획기적으로 줄였다는 말부터 꺼냈다. 라인을 따라 설치된 바닥 조명, 불량 발생 시 누구나 당겨 라인을 멈추도록 고안된 라인 옆으로 길게 늘어진 줄, 그리고 조립의 효율성을 위해 차체와 차체 사이에 미리 갖다둔 파란색 부품 박스 등은 현장 직원의 아이디어가 채택된 이곳만의 특징이라고 부연했다.

공장은 품질을 동일하게 맞추기 위해 자동화 설비를 많이 사용하고 있었다. 파워트레인의 경우 라인을 따라 옆에서 자동으로 부품이 공급됐으며, 기술자는 보조장치를 사용해 모듈을 아래에서 위로 차체에 끼운 뒤 나사를 조이는 것으로 공정이 끝났다. 이 동안에도 공장 바닥의 표식을 따라 움직이는 무인 자동차는 쉴 새 없이 부품을 운반해 왔다.

품질 체크는 주로 베테랑 스태프가 맡는다. 특히 기능검사, 조립검사에 투입되는 직원은 매일 아침 테스트를 거쳐 몸에 이상이 없을 때만 일을 할 수 있다. 감기만 걸려도 감각이 떨어진다는 것이다. 2,700여 개의 부품으로 만들어진 렉서스는 총

1,700여 개의 검사를 받아야 출고가 가능하다. 특히 '다쿠미(장인)'로 불리는 숙련된 기술자가 렉서스 품질의 원동력. 7,700명에 달하는 미야타 공장 근로자 중 다쿠미는 19명에 불과하다. 품질 체크는 물론 후배 교육을 맡고 있다. 도장 공장에서 페인트를 분사하는 로봇팔의 움직임도 다쿠미의 손동작을 컴퓨터로 프로그래밍화해서 재현한 것이다.

미야타 공장은 근로자의 평균 나이가 32세로 젊은 편이다. 복잡한 공정에 대한 이해도가 높아 JD파워가 실시한 미국 신차품질조사(IQS) 세계 공장 부문에서 3번이나 1위를 차지했고, 올해도 2위에 올랐다.

최근에는 한국 · 미국 · 중국 등의 소비자 수요에 발빠르게 대응하기 위해 공장에서 조립 이외에 직접 설계 및 개발도 진행할 예정이다. 현재 하이브리드 모터 개발을 준비 중이며, 이미 200명 이상의 설계 개발 기술자 채용도 마쳤다.

도요타 관계자는 "전 세계 70여 곳의 도요타 공장 가운데 품질 경쟁력이 세 손가락 안에 드는 공장"이라며 "한국의 부품 조달과 고객 요구에 대한 대처가 더 빨라질 것"이라고 말했다.

니하시 이와오 도요타자동차 규슈 사장은 "부산 고객은 서울에 있는 딜러에게 주문하는 것보다, 규슈에 직접 주문하는 게 빠를 정도"라며 "품질은 공정에서 나온다는 생각으로 모든 직원이 고품질에 대한 강한 자부심을 갖고 있다."고 강조했다.

출처: 헤럴드경제(2012년 8월 28일).

01

적시생산의 정의

린 생산 혹은 적시생산시스템(Just-In-Time: JIT)은 본래 도요타(Toyota) 자동차회사에서 내부의 운영과정 및 협력업체와의 관계를 관리하기 위해 사용되었던 방식이다. 린 생산이란 낭비를 최대한 제거하는 데 초점을 두고 있다. 공급사슬에서 발생하는 불필요한 이동과 활동, 과잉재고는 린 프로세스의 실현을 위해 개선의 대상이 된다. 공급사슬이란 용어는 공급사슬을 구성하는 모든 단계가 고객에게 가치를 제공하는 활동이 되어야 한다는 것이다. 만일 어떤 단계가 가치를 창출하지 못한다면 그 단계는 프로세스에서 제거되어야 함을 의미한다.

린 생산이란 제조기업의 생산활동을 관리하는 시스템으로서 공장 관리자로 출발해서 나중에 도요타 자동차회사의 제조담당 부사장을 지냈던 타이치 오노(Taichi Ohno)와 일본경영자협회 소속으로 도요타의 산업공학 훈련프로그램을 담당하고 자신이 개발한 작업준비 시간 감축 기법에 대해 컨설팅했던 시게오 싱고(Shigeo Shingo)에 의해서 본격적으로 소개되었다. 따라서 연구소, 학계나 컨설팅 회사에 의해서 먼저 개발된 후에 실제 경영활동에 적용되었던 다른 제조관리 기법들과 달리 JIT는 먼저 실제적으로 활용되고 있던 관리기법을 후에 학문적인 체계로 발전시키는 독특한 형성 과정을 가지고 있다.

JIT가 무엇인지에 대한 정의는 학자마다 매우 다양하다.

불필요한 생산의 제거에 초점을 맞춘 홀(Hall, 1983)은 린 생산을 "필요한 것만을 생산해서 필요한 때에 정확하게 필요로 하는 곳으로 운반해 주는 것을 강조하는 체계"로 정의하고 있다. 소위 '무재고생산(stockless production)' 혹은 '무재고(zero inventories)시스템'은 이러한 견해를 잘 표현하고 있는 린 생산의 다른 명칭이라고 할 수 있다.

숀버거(Schonberger, 1983)는 "JIT의 아이디어는 간단하다. 판매되려는 시간에 알맞게 완성품을 생산·인도하고, 완성품으로 조립할 시간에 알맞게 반조립품을 생산·인도하고, 반조립품화할 시간에 알맞게 가공부품을 생산·인도하고, 가공부품으로 변형시킬 시간에 알맞게 구매재료를 주문·인도하는 것이다."라는 주장을 통하여 시간적인 측면에서 적시생산을 강조한 바 있다.

또 다른 관점에서는 JIT를 모든 낭비(waste)를 철저하게 제거할 수 있는 시스템으로 정의하는 경우도 있다(Japanese Management Association, 1986). 간단히 말해서 이는 물건을 만드는 방식에서 최상의 합리성을 추구하는 것, 즉 낭비를 철저히 제거하고자 하는 철학에 바탕을 둔 생산운영시스템이라고 정의한다.

여기서 낭비는 일곱 가지로 대표되는데 과잉생산으로부터 낭비, 대기시간의 낭비, 운송의 낭비, 재고의 낭비, 공정의 낭비, 동작의 낭비와 제품결함의 낭비가 그것이다.

낭비의 제거, 적시공급의 결과는 바로 생산흐름의 효율화와 신속화를 가져온다는 점이다. 헤이코(Heiko, 1989)는 "공급업체로부터 자재 도달까지 생산 프로세스 중의 변환 과정을 거쳐서 고객에게 완성품을 인도하기까지의 총 경과시간을 의미하는 '생산리드타임(production lead time)'을 극소화하기 위한 생산시스템의 설계 및 관리가 린 생산의 목표이다."라고 주장하였다.

린 생산은 바로 이러한 활동들이 효율적으로 이뤄지게 만듦으로써 생산리드타임을 최소화하는 데 핵심적인 목표를 두고 있는 것이다. 생산리드타임이 줄어든다는 것은 그만큼 작업 대상물이 생산운영 시스템 내에 머무르는 시간이 줄어든다는 것을 의미하며 이는 곧 원자재재고, 재공품재고, 그리고 완성품재고가 줄어든다는 의미이고, 바로 생산의 속도와 효율성이 높아진다는 것을 의미한다. 그러나 생산리드타임을 줄이기 위해서는 앞서 나열한 다양한 활동들의 시간들을 감축시켜야 한다.

즉, 신뢰성 있는 협력업체로부터 원자재를 구입하여 불필요한 수취검사를 없앤다든가 종합적 품질경영 활동들을 통해서 불필요한 재작업 혹은 작업낭비를 없애는 것, 작업준비 과정을 효율화함으로써 비생산적인 기계사용시간을 줄이는 것, 고객의 수요에 알맞게 제품을 조립하여 불필요하게 창고에 보관해 놓는 시간을 없애는 것과 같은 다양한 노력들이 뒷받침되어야 한다.

02 기업전략과 관련된 적시생산 의사결정

기업전략과 관련하여 첫째, 대량의 반복생산을 위한 최저원가의 달성이고 둘째, 지속적인 품질관리를 요한다. 생산운영전략과 관련해서는 재고자산회전률, 노동생산성의 향상을 추구한다. 이를 구체적으로 설명하면 첫째, 재고-로트 크기 최소화, 안전재고 최소화를 추구한다. 둘째, 경쟁적 우위로 낮은 원가와 일관적인 품질을 실현한다. 셋째, 포지셔닝 전략으로 공정중심전략이 아닌 제품중심전략을 추구한다. 넷째, 공정설계는 작업준비 시간 최소화와 초 단위 작업준비 시간을 지향한다. 여기서 작업준비 시간(setup time)은 외적 작업준비 시간(기계가동 중에서도 수행할 수 있는 준비활동)과 내적 작업준비 시간(기계를 멈추어야 할 수 있는 준비활동)으로 구별하며, 한 단위 작업준비[(single setup: 한 자리 숫자, 즉 10분 미만)로 된 작업준비 시간)]와 초 단위 작업준비(one-touch setup: 1분 미만의 경우)로 나누어진다. 제품별 배치, 집단관리 기법과 1인 다작업장을 지향함으로써 작업준비 횟수를 줄인다. 가능한 한 자동화를 추구한다. 작업인력의 유연한 관리를 지향한다.

다섯째, 작업관리는 작업 확대, 합의관리와 교육훈련을 통한 유연하고 협동적인 작업인력의 관리 방법을 모색한다.

여섯째, 생산능력과 관련하여 생산능력 완충(예: 추가 노동력, 추가 장비)을 제거한다.

일곱째, 설비유지관리는 기계중단의 횟수와 기간을 최소화한다.

여덟째, 자재관리는 부품 공급자와 경쟁관계가 아닌 협조 지향적이다.

아홉째, 기준생산계획을 수립하는 데 있어서 원·부자재의 표준화와 기준생산계획의 안정성을 유지하며 균일부하(load leveling)를 추구한다.

열째, 품질은 작업자가 검사요원의 역할까지 함으로써 책임을 지고 근원부터 통제(quality at a source)한다. 품질개선 활동을 위해 QC 서클을 사용한다.

표 14-1 부품 공급자와 기업 간의 관계유형과 특징

특성/관계유형	거래 상대자로서의 관계	동반자로서의 관계
공급자 선정	다수의 공급선	소수의 공급선
선정 기준	가격	비가격 기준(납기, 품질 등)
가격결정	• 가능한 저가격 • 단기 계약 • 교섭력에 기초	• 정당한 대가 • 장기 계약 • 신용에 기초
공급자와 생산 공정	• 구매자와 무관 • 최종 제품의 검사에 초점 • 공정의 안정성이 목표	• 구매자와 밀접한 관계 • 공정 통제에 초점 • 공정의 향상이 목표
생산 일정계획	• 매우 신축적 • 일정한 변화 인정	• 실행해야 할 계약(공약) • 확실한 약속
품질관리	• 공급자의 책임 • 합격품질 수준	• 공동의 노력 • 지속적인 향상
신제품	• 최종적으로 공급자 개인 • 공급자는 제품설계의 책임 없음	• 처음부터 공급자 개인 • 공급자 설계기술 높이 평가
정보이전	최소한으로	• 중요시, 규칙적 • 문제해결 정보 일정하게 교환

03 적시생산시스템의 운영

린 생산은 최소의 자재, 재공품 및 완제품 재고를 이용하여 생산활동을 달성하기 위한 여러 활동들을 의미한다. 이 방식에서 모든 부품은 적시에 다음 단계로 공급되어 완성되며 빠른 속도로 프로세스의 모든 단계를 거친다. 린 생산은 필요하기 전까지는 아무것도 생산하지 않는다는 논리에 기반을 두고 있다.

모든 생산은 실제로 수요가 발생할 경우에 시작된다. 이론적으로

어떤 제품이 시장에서 판매되면 이는 즉시 풀 시스템(pull system: 당기기 방식)의 마지막 단계에 대한 작업 수요가 발생하게 된다. 이는 다시 시스템의 상위 단계로 전파되어 하위 단계의 수요가 인접한 상위 단계의 생산을 이끌어 낸다. 린 생산에서 풀 시스템의 프로세스가 문제없이 작동하기 위해서는 프로세스의 모든 단계에서 높은 수준의 품질 보증, 공급자와의 밀접한 관계, 그리고 최종 제품에 대한 예측 가능한 수요 등이 필수적이다.

린 생산 방식을 운영하기 위한 조건들을 설명하면 다음과 같다.

1) 초점화된 공장 네트워크

과업의 단순성, 반복성, 경험, 그리고 동질성이 경쟁력을 가져온다는 개념에 기초한 초점화 공장(focused factory)은 생산의 비효율성을 제거시키고 제조 프로세스와 관련한 복잡성을 최소화하려는 시도라고 할 수 있다. 초점화 공장은 관료적 구조가 가지는 복잡성을 줄이고 제품과 프로세스의 다양화와 관련한 복잡성을 최소화하며, 물리적인 제약성을 최소화하려는 노력들을 포함하고 있다. 제한된 수의 제품을 생산하도록 설계된 종업원 300인 이하의 소규모 공장으로 '공장 내 공장(factory within factory: FWF)'의 형태를 갖는 것은 초점화 공장의 예가 될 수 있을 것이다.

스키너(Skinner, 1974)는 초점화 생산시스템을 개발하기 위한 네 단계의 접근법을 제안한 바 있다.

첫째, 먼저 기업의 목표와 전략을 명확하고 간결하게 명시해야 한다.

둘째, 목표와 전략의 내용이 "제조 부문에게 무엇을 의미하는지"로 바꿔야 한다.

셋째, 생산시스템의 각 요소에 대해 세심한 조사를 한다.

넷째, 기업의 목표와 전략에 합치된 초점을 이끌어 낼 수 있도록 구조적 요소들을 재구성한다.

2) 집단관리 기법(GT)

집단관리 기법(group technology: GT)은 공통적인 개념과 원칙, 문제 및 과업들을 조직화하는 것(grouping)으로 정의될 수 있다. 이 기법은 불필요한 중복을 피하고 문제를 해결함과 동시에 한 활동에서 연관성이 없는 다른 활동으로 전환시키는 데에 필요한 작업준비 시간을 최소화하기 위해서 표준화를 활용하고 있다.

첫째, 동일한 기계에서 유사한 부품이나 부품군(part family)을 처리하기 위한 순서를 정하거나, 둘째, 하나 혹은 여러 개의 부품군을 처리하기 위한 제조 셀(manufacturing cell: 기계와 자재처리 장비를 모아놓은 것)을 만드는 것, 셋째, 설계 단계에서 이전의 설계 내용을 인출하거나 부품 표준화를 위해 부품의 코드를 정하는 것, 그리고 넷째, 기존에는 사용할 수 없었던 측정 자료나 정보를 얻어 내기 위해서 구매해야 할 재료, 부품, 구성부품의 코드를 정하는 것 등이 이 기법에 속한다.

집단관리 기법은 단속 프로세스의 하나인 잡숍(job shop) 형태를 보다 흐름지향적인 운영체계로 전환하는 단계에서 주로 이용된다. 기능이나 프로세스별로 기계를 집단화하기보다는 부품군에 요구되는 작업경로나 자재 흐름에 따라서 기계를 집단화하게 된다. 이와 같은 집단화는 공장 내의 부서 간 부품의 이동과 대기에 따르는 시간을 전반적으로 감소시키게 되는 것이다.

3) 작업준비 시간 단축

작업준비 시간의 단축(reduced set-up time)은 린 생산의 기초적인 관리 기법의 하나이다. 작업준비 시간이 오래 걸릴 경우 긴 작업준비 시간을 보상받기 위해서 규모의 경제(economies of scale)와 경제적 주문량(EOQ)의 개념을 맹목적으로 사용하기 쉽다. 작업준비를 수행하기 위해서 필요한 시간을 줄임으로써 EOQ 자체를 줄일 수 있다는 것에 초점을 맞추고 있는 것이다. 작업준비 시간을 줄이면 로트 크기를 줄임과 동시에 빈번한 로트 변환이 가능해지므로 다양한 제품을 생산할 수 있다. 또한 작업장의 작업부하가 균일하게 유지될 수 있으며, 품질 개선과 재고 감축 그리고 비생산적인 기계시간의 감축을 통해 생산능력을 증대하고 보다 효과적으로 기계를 이용할 수 있는 긍정적 결과를 가져오게 된다.

4) 종합적 설비보전(TPM)

재고를 감축하고 후속 작업장에 부품을 적시에 공급하는 체계를 가지게 되면 장비의 보수·유지가 린 생산의 핵심적인 역할을 담당하게 된다. 린 생산에서 TPM(total productive maintenance) 기법은 정기적인 일정에 따라서 엄격하게 실시되는 예방적 보수유지(proactive preventive maintenance)와 기계교체 프로그램을 적용하는 것으로 구성되어 있다. TPM의 목표는 작업 중에 고장 등으로 계획되지 않은 기계의 중단을 제거시키는 것에 있다. 따라서 TPM을 효과적으로 수행하기 위해서는 작업자가 기계의 보수·유지에 대한 지식, 기계를 조정하고 간단한 수리를 실행할 수 있는 능력, 기계의 보수·유지 기능에 대한 적극적인 책임의식을 가지고 있어야 한다.

이와 같은 TPM의 개념은 기계의 효율성을 높일 수 있을 뿐만 아니라 작업자로 하여금 기계에 대한 부분적인 책임의식을 가지게 함으로써 인력관리의 효과성을 개선시킬 수 있는 것이다. 예방적 보수유지에서 더욱 발전하여 기계의 성능을 개선하여 생산성을 높일 수 있는 아이디어를 제안할 수 있는 TPM으로 발전되었다.

5) 다기능 작업자

다기능 작업자(multi-function employees)는 다른 린 생산 관리 기법들을 지원하는 핵심적인 역할을 한다. 작업자로 하여금 다양한 기능 부문에서 여러 개의 상이한 기계에 대한 훈련을 받게 하는 것이 주 내용이다. 이렇게 함으로써 작업자의 유휴시간을 줄이고, 수요 변화에 적응할 수 있는 유연성을 창출하며, 생산성과 문제해결 능력을 개선할 수 있다. 다기능 작업자는 '작업자에 대한 관심'의 측면을 강조하는 것뿐만 아니라 GT를 보완하고 다른 린 생산의 구성 요소들인 TQC, 품질분임조, TPM, 균일한 작업부하 등을 지원하는 기능을 가지고 있다.

서구식 경영에서 구조조정에 의한 정리해고의 장벽을 낮추는 노동시장의 유연성을 강조하지만, 노동 자체의 유연성이 더욱 중요하다. 다양한 작업을 수행할 수 있는 다기능 능력 및 새로운 기술에 대한 빠른 습득 등 노동 자체의 유연성은 아직까지도 종신고용의 철학이 남아 있는 일본에서는 더욱 효과적이며 적합하다. 일본의 많은 기업들에서 공장의 작업자들 간의 다기능 수행뿐 아니라 사무직 및 관리직도 필요시에는 생산라인에 투입되어 작업할 수 있는 기술을 갖추고 있다.

6) 균일한 작업부하

균일한 작업부하(uniform workload)는 전반적인 수준과 부분적인 수준에서 모두 제조 시스템에서 발생하는 일일 작업부하의 변동을 감소시키게 된다. 전반적인 수준에서는 매일 판매될 최종 제품들만을 모델별 수요에 맞추어서 믹스하여 동일하게 생산함으로써 이를 달성하게 된다. 균일한 작업부하에 대한 주생산일정(MPS)은 대략 36개월 정도의 긴 기간을 대상으로 수립하게 되며, 대략 10~30일 주기로 재계획이 이뤄지게 된다. 계획에 대한 편차는 매일 10% 이내로 그리고 주생산일정에서의 일정 기간에 대해서도 10% 이내로 유지되어야 한다. 고객 수요의 변동은 총자원의 사용이 균일하게 유지되는 한 매일 처리되는 특정 제품의 로트 생산 횟수를 변화시킴으로써 대응할 수 있다.

부분적인 수준에서의 균일한 작업부하는 최종 조립단계를 통제점으로 사용함으로써 달성될 수 있다. 최종 조립단계에서의 균일한 작업부하를 가진 MPS를 구축하고 하부 생산 프로세스의 작업준비 시간을 단축함으로써 모든 선행 프로세스에 대해 균일한 수요를 만들어 주게 되는 것이다. 생산 로트의 크기를 1개로 만드는 목표하에 자재 흐름 경로에 있는 각 프로세스들에 대해 라인 균형화(line balancing)를 추구하게 된다. 균일한 작업부하는 재고의 감축과 아울러 기계이용률의 개선, 노동력 효과성의 증대, 그리고 린 생산 납품과 관련한 공급업체와의 협력 증대를 가능하게 한다.

7) 칸반시스템

린 생산은 기본적으로 주문생산(make-to-order)이다. 칸반시스

모바일 게임 산업을 위한 JIT 진흥정책

JIT(Just In Time), 1990년대 후반에 꽤 유행했던 단어다. 원자재, 재고 등을 쌓아 놓지 않고 수요에 맞춰 생산하는, 도요타가 주도했던 획기적인 생산방식이다. 당시 IT 분야에 있거나 혁신을 담당한 사람이라면 한 번쯤은 들어보고 공감했던 단어다. 최근 일본 지진을 겪으면서 JIT 생산방식에 대한 회의적인 견해도 나오지만, 그 기본개념은 산업계의 생산뿐만 아니라 정부 정책과 개인의 자원관리에도 전략적으로 중요하다.

시의적절한 정부 정책이 얼마나 중요한지는 우리나라와 미국의 금융위기 극복과정을 통해 알 수 있다. 2008년 금융위기 당시 달러대비 원화 가격이 1,500원을 넘어서면서 우리 금융시장이 패닉상태였으나 '한미 통화스왑'이라는 정책수단을 통해 시장안정화를 꾀했다. 미국도 양적완화 정책으로 부동산과 주식시장을 안정시키면서 전체 금융시장의 안정을 기했다.

엄청난 변화를 겪는 모바일 게임 시장을 보면, 시의적절한 정책이 절실하다. 스마트폰 117이 대중화하면서 모바일 게임 개발 자체가 완전히 달라졌다. 뿐만 아니라 오픈마켓을 통해 게임을 제공받는 구조인 터라 적극적으로 이용자를 찾아야 하는 상황이다. 오픈마켓이기에 하루 사이에도 너무 많은 어플이 올라와 단순히 올려놓기만 해서는 눈 깜짝할 사이에 어디론가 사라지고 만다.

시장이 이렇다 보니 모바일 게임 개발사들은 좋은 게임을 개발하고도 시장의 평가를 제대로 받지 못한다. 개인이나 중소개발사 입장에서는 고객 접근이 여간 어려운 게 아니다. 소비자 인지도와 모바일 게임 노출 빈도를 높이기 위해 다양한 광고와 바이럴 마케팅을 운영하고, 전문 고객관리 체계를 만드는 등 많은 자본을 투자해야 소비자의 선택을 받는 게 현실이다.

그렇다고 120억 달러에 달하는 세계 모바일 게임 시장에서 우리가 방관자나 조연으로 남을 수는 없다. 미래 먹거리를 위해서도 절대 놓칠 수 없는 시장이다. 그래서 보다 시기적절하고 디테일한 정책수단이 활용되어야 한다.

일부 모바일 게임 기업이 보여주는 글로벌 시장에서의 가능성은 이제 구체적인 시장 확대로 이어져야 한다. 이는 몇몇 선두 기업의 힘만으로는 불가능하다. 좀더 다양한 아이디어를 담은 우수한 게임이 준비되어야 한다. 어렵게 구축한 노하우, 즉 글로벌 마케팅 채널을 최대한 활용함으로써 우리의 저력을 보여 줄 필요가 있다. 여기에 정부 역할이 필요하다. 정부가 중견기업과 중소개발자・기업이 유연하게 협력할 수 있게 윤활유 역할을 해야 한다. 그래야 우리 기업이 자본 동원력이 탄탄한 글로벌 기업들과 경쟁할 수 있을 것이다. 전문 퍼블리싱 기업의 노하우를 활용해 중소기업의 모바일 게임을 해외로 진출시키는 게 시의적절하다. 이러한 정책을 초석으로 삼아 우리 모바일 게임 산업계가 글로벌 진출이라는 하나의 목표로 결집하여 값진 성공신화를 이루길 바란다.

출처: 전자신문(2011년 11월 1일).

15

Chapter

구매와 개발의 공유적 협업과 공급사슬관리

도입사례 — 中企 공공구매 대폭 손질 … 민 · 관 선정위 구성

21일 경제관계장관회의서 방안 확정

정부가 민 · 관이 참여하는 조달물자 선정위원회를 구성하는 등 중소기업 제품의 공공구매 제도를 대폭 손질했다.

중소기업청은 21일 오전 서울 세종로 정부서울청사에서 개최된 경제관계장관회의에서 이 같은 내용의 '신기술제품 공공구매 촉진 방안'을 확정했다고 밝혔다.

방안은 중소기업 신기술개발제품의 공공 조달시장 진입문턱을 완화하기 위해 조달청이 정부와 중기협단체, 학계 등 전문가가 참여하는 민 · 관 조달물자 선정위원회를 구성하기로 했다.

위원회는 매월 정기적으로 개최되며 조달청이 운영하는 국가종합전자조달시스템인 '나라장터' 종합쇼핑몰에 등록하는 기술개발제품의 적합성을 심의하는 기능을 담당한다.

공공조달의 효율성을 극대화하면서 중소기업에게 새로운 사업기회를 제공하고 정부의 거래비용을 최소화한다는 취지다. 나라장터 종합쇼핑몰에 등록하는 중소기업에게는 조달교육이나 컨설팅, 구매기관 알선 등의 서비스도 제공한다.

기술개발제품은 성능인증 등 국내에서 기술력을 인정받은 제품으로 공공기관의 우선구매대상에 포함된다.

중소기업 기술개발제품의 적정가격을 보장하기 위해 나라장터 종합쇼핑몰 다수공급자계약(MAS) 경쟁 시 낙찰 하한율을 등록가격의 90%로 제한해 최저가 부담도 완화해 주기로 했다. 낙찰 가격을 최소 등록가격의 90%까지 보장하겠다는 것이다. 기술개발제품이 최저가 낙찰제로 제값을 받지 못하는 부작용을 방지하기 위한 조치다. 다수공급자계약은 다수의 업체들과 각종 물품에 대해 연간 단가계약을 체결하는 제도다.

이밖에 연구개발 전문 중소기업이 직접 제품을 생산하지 않더라도 다른 중소기업과 협업을 통해 공공조달 시장에 참여할 수 있는 기회도 부여하기로 했다.

아울러 공공기관이 기술개발제품을 구매하지 않는 경우 중기청에 구체적인 사유를 통보하고 기관별 공공구매 실적을 작성해 국회에 제출하도록 했다.

이번 방안은 중기청과 조달청이 지난 7월 체결한 '중소기업 기반의 창조경제 조기 구현을 위한 양해각서'에 따라 추진된 협업과제다. 한정화 중기청장은 "이번 방안은 중소기업 제품의 공공부문 시장 확대는 물론 이를 통한 민간부문 시장 확대를 지원하는 계기가 될 것"이라며 "2017년까지 5조4,000억 원 규모의 기술개발제품 생산 증가와 4만8,000개의 고용 창출 효과가 기대된다."고 말했다.

출처: 머니투데이(2013년 8월 21일).

01 구매와 개발의 공유적 협업의 필요성

새로운 제품개발을 위한 마케팅부서와 생산활동을 담당하는 생산부서, 구매업무를 수행하는 구매부서가 서로 연결되어 업무를 하면 부분적으로 단독적으로 처리하는 것보다 훨씬 더 효율적이다.

제품개발의 개념화하는 단계에서부터 구매부서가 적극 나서서 생산과 마케팅 부서들이 필요로 하는 것들을 준비해야 하는 것이다. 서로 간의 욕구를 파악하고 나서 이에 맞출 수 있는지를 검토하는 단계와 실제로 협업에 돌입하는 것들이 필요하다.

이와 같은 공동업무를 가장 효율적으로 수행하는 구매 관련 시스템은 공급사슬관리(supply chain management: SCM)이다. 공급사슬관리는 구매부터 생산과 마케팅을 동시에 연결하는 전반적인 기업시스템이라고 볼 수 있다. 전략적 자원관리를 구매단계와 판매단계까지 확장한 형태라고 볼 수 있다. 이 장에서는 공급사슬관리를 통해서 효율성 있는 구매구조와 판매구조의 협업에 대해 설명하려고 한다.

02 협업을 위한 공급사슬관리의 구매와 개발

공급사슬관리란 기업의 제조-판매-배송까지의 전체 과정을 하나의 통일된 흐름체로 보는 경영기법들 중 하나이다. 1982년에 두 명의 외국인 컨설턴트들이 제안한 간단한 개념에서 발전하기 시작하여 2014년 현재까지 약 30년 동안에 현격한 발전을 이룩한 중요한 기법이다.

다양한 원재료들을 구입하고 이를 원재료 공급업체들이 제조업체의 생산시설이 있는 곳까지 공급하고, 다양한 원재료들을 활용해서 제조업체가 새로운 제품을 만든다. 그리고 이 제품을 도매상들을 통해서 소매상들에게 공급하거나 혹은 제조업체가 직접 소매상들에게 제공하는 것이다. 또한 최종소비자들이 제품을 구매해서 직접 가지고 가거나 혹은 전자상거래를 통해서 구매하게 되면 소매업체가 소비자가 있는 곳까지 유형의 제품을 공급하는 것을 포함한다. 그러고 나서 소비자들이 그 제품을 쓰고 버리면 버린 제품들을 수거하여 재활용해서 다시 원재료 공급업체들로 이전되는 전체의 흐름을 합해서 공급사슬관리라고 표현한다.

관리란 말은 원래 기업체가 통제할 수 있는 내부적인 경영기법이다. 경영학과의 중요한 과목들인 인사관리, 운영관리, 마케팅관리, 재무관리 등이 전부 기업의 내부 통제하에서 수행되는 활동들을 의미한다. 그런데 공급사슬관리는 기업 내부에서 일어나는 것들도 일부 포함하지만 상당수의 업무들은 기업 외부에서 발생한다. 따라서 공급사슬관리라는 표현은 적절하지 않고, 공급사슬통합(supply chain integration)이라는 말이 더 적절하다는 지적도 있다. 그런데 거의 모든 경영 기법들의 명칭이 그러하듯이 1982년에 올리버와 웨버라는 두 명의 컨설턴트가 공급사슬관리라고 이름을 붙이고 나서 수많은 책들에서 언급하고 있으므로 현재는 그냥 공급사슬관리가 대표적인 명칭이라고 간주되고 있다.

공급사슬관리의 최종목표는 고객가치향상(customer value enhancement)이다. 고객가치향상이란 전자상거래로 제품을 구매하는 최종소비자들이 가장 원하는 것을 가장 잘 충족시켜 주는 것을 통해서 고객의 기대를 충족시키고 고객에게 보다 더 좋은 결과를 가져다 주는 것을 말한다.

고객가치란 고객이 기업체에게 원하는 것에 대한 고객기대가치와 기업체가 지속적으로 고객에게 제공하는 고객지속가치 두 가지로 분류가 가능하다.

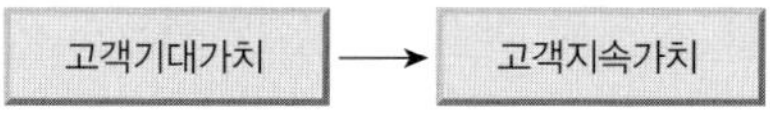

▌그림 15-1▐ 고객가치

고객기대가치는 고객이 기업체에게 바라는 것이다. '나는 빨간 스웨터를 싸게 사고 싶다.'라는 기대를 가진 고객에게 특정의 전자상거래 업체가 가장 상큼하고 매력적인 빨간색의 스웨터를 가장 저렴한 가격에 제공한다면 고객은 자신의 기대가 충족된 것에 만족하게 된다. 고객만족(customer satisfaction)이란 고객기대에 대한 기업체의 제품이 비슷해지면 만족도가 높아지고, 이와 반대로 고객기대에 비해서 기업체의 제품이 상당히 부족하게 되면 만족도가 낮아지는 것이다.

다시 말해서, 고객만족이란 기업체가 제공하는 제품과 서비스의 절대적인 평가가 영향을 미치는 것이 아니라, 주관적으로 고객이 가지는 기대수준에 얼마만큼 적절하게 대응했느냐에 따라서 결정이 된다. 고객만족이 높다는 것은 고객기대가치를 잘 충족시켰다는 것이다.

또 다른 고객가치에는 고객지속가치라는 것이 있는데 이것은 고객이 고객카드를 만들고 기업체의 제품을 지속적으로 구매하면 매번 구매할 때마다 기업체가 고객에게 적립금을 주어서 고객으로 하여금 장기적으로 그 전자상거래업체를 활용하게 하는 것이다.

우리나라의 거의 모든 전자상거래업체들이 활용하는 고객멤버십 제도는 구매할 때마다 일정액의 포인트를 주어 어느 정도 적립이 되면 그것을 가지고 상당 금액의 제품을 무료로 살 수 있다는 것이다. 이것은 고객을 장기적인 자사의 고객으로 유지시키기 위한 것이다.

전자상거래 공급사슬관리업체의 최종목표는 고객의 기대가치와 고객의 지속가치를 높여서 고객들이 전반적으로 가치 있는 쇼핑을 했다는 느낌을 주게 하는 것이다.

03 공급사슬관리의 기본구조

1) 공급사슬관리의 기본구조 이해

공습사슬관리의 기본구조는 크게 다음과 같이 구성되어 있다.

원재료공급업자 → 하청생산업체 → 배송업체 → 마케팅업체 →

유통업체 → 배송업체 → 소비자 → 리사이클링업체 → 원재료공급업자

▌그림 15-2▌ 공급사슬관리의 기본구조

전자상거래의 형태에서 공급사슬관리가 어떻게 나타나는지를 단계별로 설명하면 다음과 같다.

설명의 편의성을 위해서 개인용 선풍기를 전자상거래로 판매하는 업체의 경우를 기술하고자 한다.

첫째, 고철상 아저씨들이 전국의 쓰레기통이나 혹은 버려진 고철들을 전부 수집한다. 어떤 때는 중고로 버려진 가전제품들도 수집하고 혹은 아파트촌을 돌아다니면서 중고가전제품을 싸게 구입한다. 이렇게 고철들을 전부 수집해서 철강업체로 넘긴다. 철강업체는 고철상들이 수집한 각종 철이 들어간 제품들에서 철을 분리해 낸다.

둘째, 선풍기 생산업체는 미리 제작한 선풍기 금형에 녹인 철물을 부어서 선풍기를 생산한다. 선풍기를 직접 판매할 수도 있으나 시장브랜드가 없을 경우에는 유명한 선풍기 업체들(예: 한일선풍기)에게 제품을 공급한다. 한일선풍기의 경우에는 자체적으로 생산하는 경우도 있고 혹은 하청을 준 선풍기 생산업체에서 한일이라는 브랜드까지 부착된 상태로 납품을 받는다.

셋째, 한일선풍기업체의 하청생산업체는 자사가 직접 배송하는 경우도 있고 혹은 외부의 배송업체에게 연락을 해서 자사의 창고에 입고된 선풍기를 한일선풍기로 배송을 완료한다.

넷째, 한일선풍기가 마케팅업체가 된다. 그들은 장기간 광고와 품질로서 유지해 온 선풍기의 이미지를 관리하면서 판매를 시도하게 된다. 한일선풍기는 제조업체이기 때문에 자사가 직접 판매를 하지는 않는다. 간혹 제조업체가 직접 마케팅에 나서는 경우가 있으나(현대자동차회사가 현대자동차 대리점을 직접 운영한 경우, 삼성전자회사가 삼성전자 대리점을 직접 관리하는 경우) 대부분 제품들의 경우에는 제조업체는 제조만 하고 판매는 유통업체가 맡아서 한다. 따라서 한일선풍기는 자사의 제품을 팔아줄 유통업체들(인터넷 쇼핑몰, TV홈쇼핑)을 접촉해서 결정이 되면 한일선풍기를 제공하겠다는 계약을 맺는다.

다섯째, 인터넷 쇼핑몰업체들은 공급받기로 한 한일선풍기의 이미지 사진을 찍어서 쇼핑몰에 올린다. 물론 사전에 가격협상을 하여 공급받는 가격에 적절한 마진과 판매가격도 정해서 쇼핑몰에 올린다. TV홈쇼핑업체의 경우에 몇 개의 샘플을 받아서 케이블방송을 통해서 쇼호스트가 시연을 하면서 판매한다.

여섯째, 인터넷 쇼핑몰에서 고객이 한일선풍기를 구매하고 신용카드나 온라인 무통장 입금으로 결제를 마치면 인터넷업체는 배송업체에게 연락을 한다. 배송업체는 의뢰받은 제품을 인터넷 쇼핑몰업체에게 받아서 최종소비자에게 배송한다.

일곱째, 소비자는 자신이 주문하고 결제해서 배송받은 제품이 원래 주문한 것과 동일한 규격의 제품인지를 확인한다. 그리고 몇 년 동안 사용한다.

여덟째, 소비자가 한일선풍기의 평균제품수명한도 내에서 사용하다가 더이상 제품을 사용하기가 힘들어지면 버리게 된다. 혹은 새로운 선풍기 모델의 구매의욕이 생기면 중고 한일선풍기를 구입한 가격의 10% 정도에서 리사이클링업자에게 판다. 리사이클링업자들은 전국 곳곳에서 "중고삽니다." 하고는 트럭을 타고 돌아다니거나 혹은 아파트촌에서 중고제품을 판매할 사람들을 기다린다.

아홉째, 리사이클링업체는 이렇게 수거한 중고제품들을 모두 원재료공급업자들에게 재판매한다. 원재료공급업자들은 중고제품들의 철성분을 뽑아낼 수 있는 정도를 보고서 매입가격을 정해서 리사이클링업체에게 지불한다.

이와 같은 것이 보통 전자상거래 공급사슬관리의 핵심과정이다. 이 과정들을 크게 두 가지로 분류한다. 마케팅업체를 중심으로 해서 그 앞의 과정을 구매구조라고 부르고, 마케팅업체를 중심으로 해서 그 뒤의 과정을 판매구조라고 부른다.

구매구조는 보통 경영학에서 말하는 생산조달 및 제품생산의 과정이라고 볼 수 있고, 판매구조는 보통 경영학에서 말하는 제품판매 및 고객관리의 과정이라고 볼 수 있다.

2) 공급사슬관리의 구매구조의 내용

구매구조란 기본적으로 제품원재료의 조달과 이를 바탕으로 한 생산과정을 의미한다. 공급사슬관리가 제대로 작동하기 위해서는 일단 각종 자재들을 구매한 후에 이것들을 활용해서 새로운 가치를 창출하는 제품을 만드는 것이다.

전자상거래에서는 현재 구매구조란 제품이 완성되고 난 후에 좋은 제품을 전자상거래 업체가 주문계약을 하는 형태를 의미한다. 전자상거래 업체들은 대부분 별도의 제품보관을 위한 물류창고를 가지고 있지 않고(혹은 보유하고 있는 경우에도 비교적 소규모인 경우가 대부분) 업체와 계약을 통해서 자신들이 필요로 할 때 받으면 되는 것이다. 그러나 구매계약을 제대로 결정하지 않으면 고객에게서 선주문을 받고 난 후에 제품을 못 주게 되어 판매기회 손실이 생길 수 있다. 전자상거래업체가 단기적으로는 고객에게 대금을 반환해 주어야 하고 장기적으로 고객신뢰의 문제가 생길 수 있다. 따라서 전자상거래업체들은 구매구조를 확실하게 만들려고 많은 노력을 기울인다. 구매업체들을 직접 방문해서 대면접촉을 가지거나 혹은 구매업체가 요구하는 수량만큼을 지속적으로 구매를 하면서 장기간의 신뢰관계를 구축해야 한다.

3) 공급사슬관리 개발구조의 내용

공급사슬관리의 개발구조란 전자상거래로 고객에게 판매하고 나서 대금을 받은 후에 배송을 해주는 것이다. 전자상거래업체는 일단 고객으로부터 대금을 먼저 받기 때문에 대금손실이 일어나는 경우는 거의 없다. 전자상거래에서 외상거래를 하는 경우는 전 세계적으로 거의 알려져 있지 않은 것으로 보아서는, 전 세계의 거의 모든 전자상거래가 선결제 후에 후배송이라는 시스템을 활용하는 것으로 보인다.

고객에게서 대금을 받고 난 후에 가지고 있는 재고 중에서 배송을 시키거나 혹은 재고부족인 경우에는 구매업체에게 연락해서 제품을 공급받은 후에 배송하면 된다. 고객이 기입한 배송지로 정확하게 배송하면 되는데 이것은 대부분의 경우 택배나 혹은 3자 물류를 활용하므로 문제가 생기지 않는다. 배송문제가 생기면 택배회사나 3자 물류업체가 책임을 지므로 큰 문제가 안 된다.

3자 물류란 외부업체에게 물적 유통을 의뢰하는 것이다. 물적 유통이란 배송, 하역, 운반, 포장과 같은 것들을 의미한다. 1자 물류란 기업이 직접 하는 것을 의미하고, 2자 물류란 기업의 자회사가 독립해서 기업체의 물류를 하는 것을 말하고, 3자 물류란 기업 외부의 물류전문 업체를 활용해서 위탁배송을 의뢰하는 것이다. 전가상거래업체들은 대부분의 경우에 3자 물류를 활용하고 있다.

04 공급사슬관리의 설계, 운영, 평가

1982년에 공급사슬관리의 개념이 처음 세상에 선을 보인 이후에 수없이 많은 책들과 논문들이 나왔다. 그런데 대부분의 책들과 논문들이 핵심으로 다루는 주제들은 크게 설계, 운영과 평가이다. 2000년대까지도 공급사슬관리라고 하면 주로 오프라인 위주에서 진행이 되어 왔다. 그러다가 온라인이 발달하면서(특히 델 컴퓨터와 같은 초대형 컴퓨터 유통업체가 인터넷 마케팅으로 세계 1위가 되면서) 온라인에서 공급사슬관리의 설계도 중요시되고 있다. 그러나 아직까지도 오프라인의 공급사슬관리의 노하우에 비해서 온라인의 공급사슬관리의 노하우는 상당히 비약하기 그지없다. 하나씩 설명하면 다음과 같다.

1) 공급사슬관리의 설계

공급사슬관리의 설계(design)란 공급망을 효율적으로 시스템화시키는 것이다. 설계란 구매구조와 판매구조를 하나의 통일된 개념하에서 연결시켜 제품원재료 구매 과정부터 최종 소비자에게까지의 판매과정의 일관적인 체계화를 구축하는 것을 의미한다.

설계의 핵심은 전략적 구매(strategic sourcing)를 통해서 최소의 비용(lowest cost)으로 팔릴 수 있는 제품을 확보하는 라인의 구축과 또한 이렇게 확보된 라인을 통해서 조달받은 제품을 고객데이터베이스 분석을 통해서 나온 고객의 욕구에 최적으로 맞추어 가는 라인을 구축하는 것에 있다.

설계의 핵심은 제조업체와 판매업체 양자 간의 결합과정의 강도와 직결된다. 오프라인 공급사슬관리의 가장 유명한 설계의 사례로 언급되는 것이 미국의 유명한 소비재 제조업체인 P&G와 미국의 유명한 소비재 판매업체인 Wall-Mart의 사례이다. P&G는 창립한 지 170년이 넘는 유명한 미국업체로서 우리들에게도 잘 알려진 브랜드들인 팬틴, 비달사순, 위스퍼, 프링글스와 같은 생활필수품을 판매하는 업체이다. Wall-Mart는 창립한 지 50년이 넘은 미국의 할인점인데 2000년대 넘어서는 세계 최고의 유통업체로 각광을 받고 있고, 미국에만 3천 개가 넘는 할인점을 보유하고 있다.

P&G와 Wall-Mart는 제조와 판매(다시 말해서, 제조와 유통)가 굳건하게 협력해야만 서로 이득을 볼 수 있는 상호이득구조(Win-Win Structure)를 만들 수 있다는 공통인식을 하게 되었다. 제조업체가 유통업체를 파트너로 생각하지 않고 제품을 비싸게 팔려고 하면 단기간으로는 제조업체에게 이득일지 모르지만, 유통업체가 장기적으로는 다른 제조업체를 선택하게 되면 제조업체로서도 손해라는 인식을 한 것이다. 이와 비슷하게, 유통업체 입장에서도 가능한 한 싸게만 구입하려고 하면 단기적으로는 가능하나 장기적으로는 제조업체가 품질이 떨어지는 제품을 공급하거나 혹은 공급중단을 할지도 모른다는 위험을 인식한 것이다.

공급사슬관리의 가장 중요한 핵심개념들은 투명성과 신뢰이다. 투명성이란 서로 자사의 비밀을 상대방에게 제공해서 상대방의 입장에서 완전한 정보를 가지고 의사결정을 할 수 있게 만드는 것을 말한다. 공급사슬관리의 미국전문가들이 공통적으로 말하는 것이 자료와 정보의 투명한 제공이 없이는 빼어난 공급사슬관리의 설계는 불가능하다는 것이다. 그런데 그동안 우리나라의 많은 제조업체와 유통업체의 공급사슬관리가 실패했던 이유 중에는 무자료거래와 같은 불투명한 요인들이 많았다. 우리나라에서는 거래를 하면서 자료가 없이 그냥 제품과 대금이 별도로 지불되는 형태가 있다. 우리나라 전체 제조유통 거래 중에서 수십 퍼센트에 달할 것으로 추산되는 무자료 거래는 우리나라 오프라인의 공급사슬관리의 구축에 장애요인으로 작용해 왔다. 그러나 온라인상에서의 거래에서는 무자료거래가 거의 불가능하다. 온라인으로 주문하고 온라인으로 대금이 지불되면 거의 모두 자료가 남게 되기 때문이다.

투명성과 더불어서 또 다르게 중요한 요인은 신뢰이다. 제조업체가 유통업체를 믿을 수 있어야 하고, 반대로 유통업체가 제조회사를 믿을 수 있어야 하는 것이다. 서로 믿지 못하는 관계에서 양사가 협력적 관계를 구축하는 공급사슬관리를 만든다는 것은 불가능하다.

P&G와 Wall-Mart는 양사의 컴퓨터시스템을 연결시켰다. Wall-Mart에서 P&G의 제품이 한 개가 팔리면 바로 실시간으로 P&G의 생산시스템에 정보가 전달된다. 일정 수량 이상이 팔리게 되면 자동적으로 P&G는 그 제품의 생산에 돌입하는 것이다. 이와 관련된 것들은 사전에 양사가 합의해서 결정하면 되는 것이다.

또한 P&G의 직원이 Wall-Mart에 파견되고, 반대로 Wall-Mart의 직원이 P&G의 회사에 파견되는 것이다. 제조업체의 직원이 유통업체에서 자사제품이 판매되는 방식을 관찰하고 분석하고, 이와 반대로 유통업체의 직원이 제조업체에서 자사가 취급하는 제품이 어떻게 만들어지는지를 분석하는 것이다.

이 두 회사의 오프라인상의 공급사슬관리의 설계구조는 세계 최고급 수준으로 알려져 있다.

우리나라 전자상거래업체들 중에서 이와 같은 수준으로 공급사슬관리를 구축한 곳은 없는 것으로 알려지고 있다. 이와 같이 높은 수준이 아니더라도 제조업체와 판매업체가 서로 상당한 수준의 신뢰관계를 구축해야 장기적인 효과를 볼 수 있을 것이다.

2) 공급사슬관리의 운영

공급사슬관리 설계가 되고 나면 이를 운영해야 한다. 구매구조를 확립하고 난 이후에 판매구조와도 연결시키면서 동시에 업무를 진행해야 한다. 보통 설계 후에 다음의 다섯 가지 업무들이 전자상거래에서 공급사슬관리의 운영에 해당한다고 볼 수 있다.

(1) 수요예측

수요예측이란 소비자의 수요를 예측하는 것이다. 공급사슬관리가 구축되어 있다면 전자상거래업체가 1년 단위로 판매가 가능한 수요를 어느 정도 예측하게 된다. 수요예측은 제품의 형태나 가격 그리고 경쟁상황 등에 따라서 변화가 심할 수가 있다. 그래서 정확한 수요예측은 쉽지가 않다. 그러나 수요예측이 없이 생산계획을 잡을 수는 없는 것이다.

우리나라 현실에서는 보통 기존제품의 경우에는 전년도에 판매한 실적에 기인해서 약간의 매출 증가를 희망해서 한 10% 정도를 올려서 예측하는 것이 보통이다. 전년도에 10억을 팔았다면 올해는 11억 정도를 팔 수 있을 것이라고 예측을 하는 것이다.

신제품의 경우에는 기존의 판매 데이터가 없기 때문에 경쟁업체의 기존제품과 비교해서 수요예측을 하는 것이 보통이다. 혹시 경쟁제품도 없는 시장에 완전히 새로운 제품의 경우에는 주관적인 수요예측을 하는 것이 보통이다. 이때에는 하나의 수치로 수요예측을 하는 것이 아니라, 최소판매 예측량과 최대판매 예측량을 각각 추산해서 그 안에 실제 수요가 포함될 수 있도록 구간추정을 하는 것이 보통이다. 정규분포의 신뢰구간의 추정방식을 활용하면 비록 완전한 시장 신제품의 경우라도 어느 정도는 믿을 수 있는 수요예측이 된다.

(2) 생산계획

전자상거래 업체가 수요예측을 완전히 객관적으로 하거나 혹은 일부 주관적으로 수행하고 난 후에 제조업체에게 알려주면 제조업체는 이에 따라서 생산계획을 수립하는 것이 보통이다. 이것이 공급사슬관리의 핵심내용이다.

판매업체가 이 정도 팔 수 있다고 예측한 것을 제조업체가 받아들여서 그 정도 생산하는 것이 공급사슬관리의 제조와 유통의 통합이 된다. 그렇지 않고, 판매업체가 예측한 수요 데이터를 무시하고 제조업체가 별도의 생산에 들어간다면 그것은 공급사슬관리의 통합 형태라고 볼 수 없다.

제조업체는 생산계획을 수립하는 것이지, 실제로 생산에 돌입하는 것은 아니다. 미리 생산을 하게 된다면 시장상황이 여의치 않아서 판매가 불가능해지면 모든 재고부담은 제조업체에게 돌아오게 된다. 앞의 P&G와 Wall-Mart의 실시간 정보공유는 한 개 팔리면 한 개를 바로 생산할 수도 있다는 개념이다. 제조업체가 유통업체의 실시간 판매상황을 알 수 있으므로 제조업체가 유통업체를 믿고 생산에 들어간다는 것이다.

그러나 아직까지는 우리나라에서 전자상거래 공급사슬관리에서 미국처럼 제조와 유통의 시스템이 통합된 것은 없으나, 앞으로는 이런 정도로 서로 연계해야 한다는 지적이다.

(3) 창고확보

생산계획이 잡히면 언젠가는 생산을 해야 하고 그리고 이를 보관할 창고가 필요하게 된다. 창고 없는 생산현장은 사실상 불가능하다. 일본의 도요타자동차에서 땅값이 비싼 일본에서 무재고로 바로바로 생산하는 JIT라는 개념을 만들었다. 우리나라에서 이와 같이 JIT식으로 전자상거래업체에 맞추어 줄 수 있는 제조업체는 아마도 없을 것이다. 이유는 JIT식으로 할 수는 있는데 그렇게 되면 보관비용은 거의 들지 않으나 생산을 수없이 해야 하므로 생산초기스타트업을 시키는 비용들이 많이 들고 또한 생산한 제조업체에서 전자상거래업체까지 배송하는 비용이 많이 들게 된다. 도요타자동차는 품질 1위의 세계적으로 유명한 업체에서 제품의 단가가 엄청나게 비싸므로 가능했을 수도 있다. 그러나 전자상거래로 팔리는 대부분의 소비재들은 판매가격이 몇만 원에서 기껏해야 몇십만 원이므로 생산과 배송 비용이 너무 과다해지면 비용이 거꾸로 올라갈 가능성이 높아진다.

제조업체가 생산가동을 할 때 일정 수량 이상을 생산하지 않고 찔끔찔끔하게 되면 생산비가 올라간다. 그래서 제조업체들이 보통 예측된 수요치를 받아 보고 나서 생산을 한꺼번에 많이 하는 것이다. 그리고 남는 것을 창고에 보관하다가 전자상거래업체가 다시 주문을 하면 창고에 있던 것을 보내는 것이 보통이다.

(4) 배송관리

창고에 확보된 물건을 전자상거래업체에서 연락이 오면 바로바로 배송하는 것이 보통이다. 우리나라 소비자들의 절반 정도가 서울과 수도권에 밀집되어 있고, 서울은 특히 교통이 복잡하다. 따라서 주문이 들어올 때마다 즉각즉각 배송을 하게 되면 물류비가 엄청나게 나간다. 그래서 제조업체들이 판매업체에게 자체적으로 작은 창고를 준비하라고 요청하는 경우가 꽤 많다. 판매업체가 작은 창고를 확보하고 자신의 쇼핑몰에서 상당히 잘 나가는 제품들은 어느 정도 기본적인 수량을 확보해 두는 것이다. 이렇게 되면 제조업체도 한 번에 대략적으로 많은 물량을 배송하게 되고 단위당 배송비용을 줄일 수가 있다.

(5) 재고관리

공급사슬관리에서 가장 중요한 의사결정이 필요한 것이 재고관리이다. 제품을 생산하고 나서 아무리 많이 팔아도 재고가 남게 되면 그 자체로 기업체에게는 상당한 마이너스가 된다.

▮표 15-1▮ 재고관리의 중요성 (단위: 원)

시나리오 1		시나리오 2		시나리오 3	
판매가격	10,000	판매가격	10,000	판매가격	10,000
매입원가	7,000	매입원가	7,000	매입원가	7,000
개당이익	3,000	개당이익	3,000	개당이익	3,000
판매수량	100	판매수량	90	판매수량	70
판매이익	300,000	판매이익	270,000	판매이익	210,000
재고	0	재고	10	재고	30
재고손실	0	재고손실	70,000	재고손실	700,000
총이익	300,000	총이익	200,000	총이익	0

〈표 15-1〉은 판매되지 않고 남은 재고는 기업체에 엄청난 부담을 준다는 것을 보여주기 위해서 개발된 것이다.

원가가 7,000원인 제품을 전자상거래로 10,000원에 팔면 개당 3,000원의 이익이 생긴다. 100개를 구매해서 전부 다 동일한 가격으로 판매하면 이 전자상거래업체는 300,000원이 총이익을 얻는다. 재고가 전혀 없이 생산한 모든 제품들은 완판했을 때의 상황이 시나리오 1에 나와 있다.

시나리오 2는 100개 중에서 90개를 팔았을 때의 상황이다. 100개를 매입해서 90개를 팔았을 때의 상황은 상당히 양호한 것이다. 판매하지 못한 제품은 계산의 편의상 판매가 불가능하다고 하자. 그러면 개당 3,000원짜리를 90개 팔아서 270,000원이 생기고 7,000원짜리 10개를 팔지 못해서 손해가 되면 총이익은 200,000원이 된다. 시나리오 1에서는 100개를 다 팔았고, 시나리오 2에서는 오로지 10개를 못 팔았는데 총이익은 3분의 2로 줄어들었다. 재고가 그만큼 총이익에 마이너스 영향을 많이 미친다는 것이다.

시나리오 3은 매입한 100개 중에서 70개를 팔고 30개를 팔지 못했을 때의 상황이다. 현실에서는 100개를 사서 70개 정도 판 것은 비일비재하게 일어난다. 절반을 파는 경우도 많다. 일단 70개를 팔고, 30개를 못 팔면 총이익이 0원이 된다. 시나리오 1에 비해서 총이익이 300,000원이 줄게 된다.

재고는 이만큼 중요한 것이다. 전자상거래업체의 공급사슬관리에서 가장 관심을 기울여야 하는 것이 재고관리라는 것을 보여 주는 사례이다.

3) 공급사슬관리의 평가

공급사슬관리의 설계를 하고 운영하고 나면 그 결과를 평가해 보아야 한다. 공급사슬관리를 오프라인에서 평가하는 것은 상당히 많은 방식이 있다. 계량적인 방법도 있고, 그냥 정성적인 방법도 있다.

그러나 우리나라 전자상거래업체의 공급사슬관리의 운영 정도를 평가하는 방식은 아주 간단한 두 가지가 있다. 개념적으로 명백하고 그리고 현실적으로도 쉽게 적용할 수 있다. 물론 미국에서 개발된 복잡하고 정교한 평가방식에 비하면 정확도는 좀 떨어진다고 볼 수 있으나, 실용적인 면에서는 더 좋을 수도 있다.

미국은 신용시스템이 잘 발달했고 그리고 투명한 의사결정의 필요성을 제조업체와 판매업체들이 잘 인식하고 있어서 미국식 평가가 적합할 수 있다. 그러나 우리나라는 신용시스템이 아직도 미비하고 그리고 많은 의사결정들이 투명하지 않다.

우리나라 전자상거래업체가 쉽게 활용할 수 있는 평가기준은 다음 두 가지이다.

첫째는 구매과정에서는 최소 비용의 원칙이다. 구매를 최소로 했는가 하는 것이다. 만약 구매를 다른 방식으로 하는 것이 더 저렴하다면 구태여 이번에 사용한 방법을 하지 않는 것이 더 좋았을 것이다. 더 저렴한 방법이 있다면 다음번에는 그 방법을 사용하는 것이 필요하다. 기업경쟁력의 한 가지 핵심은 저렴한 구매이다. 따라서 이에 맞추어서 최소의 비용으로 필요한 것을 구매했느냐의 여부이다.

매번 구매를 할 때마다 최소로 하겠다고 하면 제조업체가 공급거절을 할 수도 있다. 그래서 현실에서는 보통 연간계획을 한다. 이것

(3) 공급사슬관리의 판매구조

구매한 제품을 인터넷 사이트를 통해서 판매할 때에도 소비자들의 욕구를 지속적으로 충족시키려고 노력해야 한다. 소비자욕구는 항상 변하기 때문에 과거에 성공했던 방식으로 지속한다고 해서 경쟁력이 강화되는 것은 아니다.

소비자들이 원할 것 같은 것들을 공급사에서 지속적으로 공급을 받아서 판매를 해야 한다. 전자상거래 공급사슬구조에서는 소비자들이 구매한 제품이 팔리면 바로 공급사가 이러한 제품을 공급해 주어야 한다. 이것이 Computer-Assisted Ordering이라고 불린다. 공급사슬관리의 판매구조의 초보적인 단계로서 한 개가 팔리면 한 개가 바로 공급이 되는 것이다. 다시 말해서, 인터넷 사이트에서 책 한 권이 팔리면 공급하는 출판사에서는 그 책 한 권을 바로 배송해 주는 것이다.

Computer-Assisted Ordering은 초기단계이고, 이것이 어느 정도 성공하게 되면 CPFR(collaborative planning, forecasting, and replenishment)로 넘어가게 된다. 이것은 전자상거래 공급사슬관리 판매구조의 가장 발달한 단계이다. 인터넷 사이트를 운영하는 회사와 이 회사에 제품을 공급해 주는 회사가 상호 간에 신뢰관계를 형성하고 소비자들에게 필요로 할 것 같은 제품을 같이 개발해서 함께 판매하는 형태이다. 과거에는 아동서적이 많이 팔렸는데, 요즘은 주부 상대의 소설책이 잘 나간다고 파악이 되면 출판사와 책 사이트 운영회사가 같이 기획해서 주부 상대의 책을 만들어서 판매하는 것이다. 2000년대에 들어서서 미국에서는 어느 정도 발전하고 있으나, 전 세계적으로는 현재 초기 단계라고 할 수 있다.

마무리사례 ## 잡스 사후 잊혀진 단어 '혁신'

세계 최고의 혁신기업으로 많은 사람들이 애플을 지목한다. 하지만 최근에는 이러한 결과를 무작정 인정하기 어렵다. 애플을 최고의 혁신기업이라고 인정하기 싫은 것일까. 그전에는 당연하다고 생각하던 것들에 대해 지금은 왜 의문을 품게 될까. 아울러 애플을 대신하는 혁신기업이 어디인가라는 질문에 대해 뚜렷한 답을 찾을 수 없다. 애국적 차원에서 세계 최고의 스마트폰을 파는 삼성전자를 택할 것인가. 아니면 최근 미국 조사에서 나온 혁신을 대변하는 '퓨얼밴드'와 신기한 운동화 '플라이니 트레이서'를 만든 신발회사 나이키인가. 아마존도 거론되고 있고, 웨어러블 바람을 일으키면서 구글 글래스를 선보인 구글도 이야기되고 있다.
다만 이들 기업 가운데 하나를 꼭 집어 애플을 대체할 혁신기업이라고 의견을 모으기는 어렵다. 차세대 혁신기업에 대한 생각이 이곳저곳으로 분산이 되고 있다는 것 자체가 예전에 애플과 같은 대표 혁신기업이 없다는 반증이다.
한국은 어떤가. 우리나라 최고의 혁신기업은 ICT(정보통신기술) 분야에서 어떤 위치에 있는가. 수년 전 '카카오톡'이 기존의 틀을 깬 새로운 모바일 서비스로 등장했다. 당시 카카오의 혁신에 대해 반론을 제기할 사람은 그리 많지 않다. 다만 현재의 국내 모바일 분야에서 새로운 혁신 기업은 어떤 기업인가. 아직도 카카오가 혁신기업의 표상이 돼야 하는지. 아니면 다른 기업이나 사람, 특정 기술 가운데 새로운 혁신이 시작되고 있는지 명확치 않다. 국내 대표적 혁신기업으로 확실하게 떠오르는 곳이 없다.
최근 IT기업들은 혁신이 아니라 제품의 판매량 · 매출규모 · 서비스확장 · 고객확보 등 수치 늘리기에 여념이 없다. 수치만 놓고 보면 모두들 잘 나간다. 더할 나위 없이 태평성대요, 하는 일마다 일취월장이다. 참으로 풍요롭다.
2007년 아이폰이 첫선을 보였을 때 많은 사람들이 열광했다. 신제품이 나오면 매장 앞에서 밤을 새우며 기다렸다. 양손에 아이폰 박스를 들고 나오며 환호성을 지르는 사람들의 행복해하는 얼굴들이 주마등처럼 스쳐 지나간다.
최근에도 주요 기업의 모바일 신제품이 나올 때마다 매장 앞에 줄은 끊이지 않는다. 하지만 확실히 그 감동은 예전과 다르다. 최근 제품들은 더 넓고 크게, 더 밝고 오래, 더 가볍고 얇게, 아울러 더 멋지면서도 더 싸게 공급된다. 그러나 이렇게 뛰어난 제품과 풍요 속에서도 더 이상 고객은 열광하지 않는다.
아이폰이 나온 지 6년 만에 사람들은 스마트폰을 가전제품처럼 대하기 시작했다. 불과 수년 전만 해도 새 제품이 나올 때마다 '혁신'에 환호했던 분위기와는 다르다. 누가 어떤 제품을 더 넓고 밝게 만드는가 하는 게 관심사가 됐고 추가되는 기능 몇 가지 정도에 관심이 몰린다. 누가 더욱 깔끔한 디자인과 얇은 제품으로 추격해

오는지가 궁금
이 와중에 스티
야에서 혁신을
지 않고 긴장
지루하고 따분
스티브 잡스가
다. 그는 적어
다. 오늘 남은
한 것은 아이폰
다는 것이다.
한국은 스마트
장했다. 하지만
이상의 혁신을
시 했던 말이
니라면 왜 여기
우리 IT기업도
야 한다. 그게

고 꼽은 비중은 14%에 불과했다. 오히려 '(제품을 고를 때) 추천을 받는다'는 비중이 14%에 달한 것이 눈길을 끈다.

반면 전력소모와 브랜드인지도는 각각 9%, 6%로 나타나 절전효과나 브랜드가 김치냉장고 선택에 큰 영향을 미치지는 않는 것으로 나타났다. 여기에는 김치냉장고 시장이 삼성전자와 LG전자, 위니아만도, 대우일렉의 경쟁 체제라는 점도 작용하는 것으로 보인다. 경쟁자 모두 이미 브랜드인지도가 높은 만큼 소비자 입장에서는 브랜드인지도를 크게 따지지 않고 제품을 구입한다고 볼 수 있는 것이다.

◇ '매장 가서 직접' 비중 80% 달해

김치냉장고를 구입하는 데 필요한 정보는 어디에서 얻을까. 전체 수집 데이터 중 하이마트가 75%에 달했다. 롯데마트(3%)와 디지털프라자(2%) 등도 눈길을 끈다. 홈쇼핑 비중도 12%에 이른다. 반면 가격비교 사이트는 4%, 옥션과 G마켓 등 오픈마켓은 각각 2%에 머물렀다.

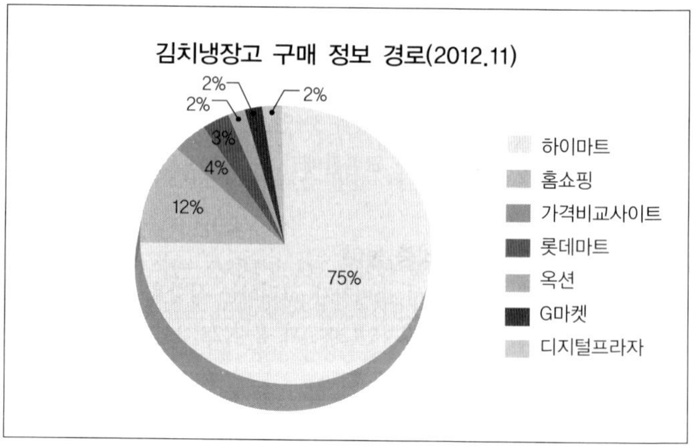

이는 김치냉장고를 구입할 때 고려사항으로 꼽았던 디자인, 용량과도 관계가 있는 것으로 보인다. 결국 직접 제품 디자인과 내부 수납공간을 눈으로 확인할 수 있는 오프라인 매장에서 정보를 얻는 소비자가 80%를 넘는다고 볼 수 있다.

물론 80%라는 수치가 '매장에서 제품도 구입한다'는 것은 아니다. 제품에 대한 정보 습득을 직접 방문으로 해결하는 비중이 높다는 것뿐이다. 결국 오프라인 매장에서 직접 제품을 만져보며 확인한 다음 오프라인이나 온라인, 홈쇼핑 등 구입 행동으로 넘어간다는 걸 알 수 있다.

◇ 절반은 여전히 뚜껑형 찾는다

소셜에 자주 언급된 브랜드를 살펴봤다. 결과를 보면 지난 3개월 동안은 위니아만도 딤채가 915번, LG전자 디오스 573번, 삼성전자 지펠아삭이 342번 언급됐다. 또 다른 경쟁자인 대우일렉 클라쎄는 223번으로 최하위를 기록했다.

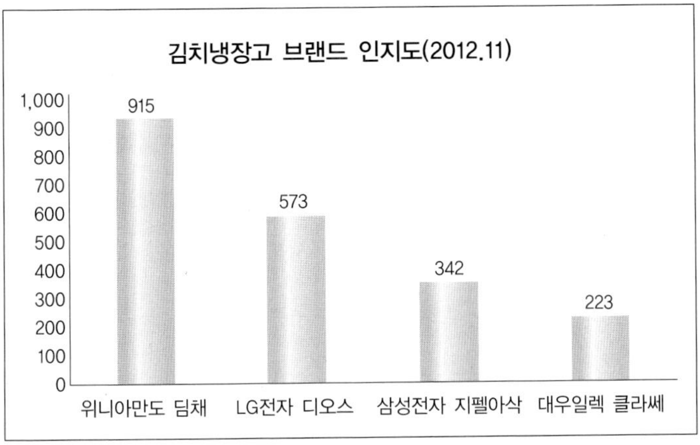

물론 단순 빈도만 집계한 만큼 소셜미디어에서 많이 언급만 됐다고 해서 반드시 소비자가 선호하는 브랜드라고 볼 수는 없다. 하지만 브랜드에 대한 선호도를 떠나 위니아만도 딤채에 대한 인지도 자체가 높다는 것은 확인할 수 있다.

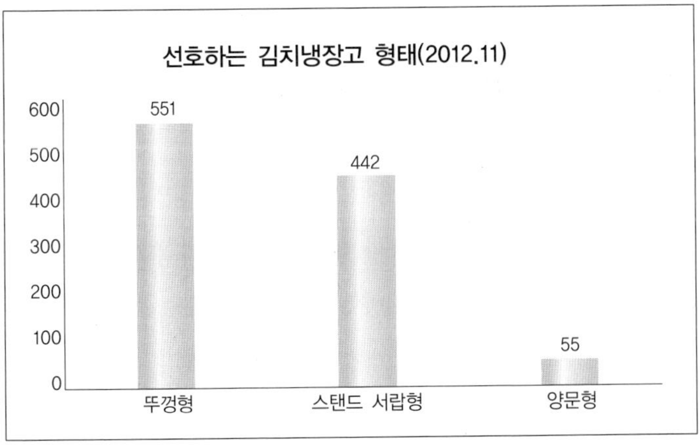

한편 소비자가 선호하는 김치냉장고 형태로는 전통적인 뚜껑형이 551번을 나타냈고 스탠드 서랍형은 442번으로 10% 차이를 보였다. 반면 최근 가전업체가 경쟁적으로 선보인 양문형 김치냉장고는 55번 언급되는 데 그쳤다.

출처: 전자신문(2012년 11월 20일).

01 구매와 개발의 협업을 위한 정보기술

1) 정보기술이 구매와 개발의 협업을 위한 경쟁력 강화요인

공급사슬관리에서 정보기술의 도움이 없이는 경쟁력 있는 업무실행이 불가능해진다. 공급사슬관리가 1990년대와 2000년대에 급속하게 발전할 수 있었던 이유는 그 당시에 미국 주도하의 정보기술(information technology)의 놀라운 발전에 기인한다고 볼 수 있다. 수많은 새로운 정보기술들이 등장하면서 제조와 판매의 통합이 가능해지게 되었다. 또한 인터넷의 상업화로 실시간 통신이 가능하게 되었고, 심지어는 인공위성을 활용한 배차시스템의 관리까지도 가능하게 되었다.

정보기술은 대용량 데이터의 처리를 가능하게 해주었고, 원거리 통신도 가능하게 만들어 주었으며, 세밀한 관리도 가능하게 해주면서 공급사슬관리 발전의 견인차가 되었다. 경쟁기업체들보다 더 빠른 성장을 원하는 전자상거래업체들은 지속적으로 현재 발전되는 정보기술의 동향에 민감하게 반응해야 한다. 최고경영층의 정보기술의 중요성을 인식하고 중간경영층과 하위경영층들이 정보기술의 다양한 개념과 기법들을 터득해서 전략적으로 활용하는 자세가 필요하다. 이와 같은 관점에서 현재까지 개발된 공급사슬관리의 정보기술 기법들 중에서 중요한 것들을 하나씩 설명하면 다음과 같다.

2) ECR

ECR(efficient consumer response)은 식품 위주의 공급사슬관리 기

법이다. 1992년에 미국의 식품공급업체들과 식품유통업체들이 공동으로 소비자 가치를 증대하기 위하여 식품의 공급사슬관리를 최대로 효율적으로 관리하려는 움직임에서 시작되었다. 식품공급업체와 식품유통업체 간의 원거리 통신이 직결되어 있으면 팔리게 되는 식품제품의 종류와 수량을 실시간으로 파악할 수 있으므로 효율적인 재고관리와 바람직한 생산계획이 가능해진다. 그후 유럽에서 18개의 기업체들이 협력해서 추진했고 우리나라에서도 1999년에 정부주도로 ECR의 도입이 추진되었다.

그러나 미국과 유럽은 거의 전부 식품취급업체에 POS가 완비되어 있다. POS(point-of-sale system)란 편의점이나 슈퍼마켓에서 흔히 볼 수 있는 계산을 할 때 붉은빛이 나는 POS 리더(reader)기와 관련된 전체 기기들을 의미한다. 슈퍼마켓에서 고객이 세 개의 식품 제품들을 구매한 후에 캐셔에게 주면 캐셔가 일일이 식품포장에 붙은 바코드를 읽히게 된다. 바코드의 정보들이 POS 리더기로 읽히게 되면 계산대에 총가액이 얼마라고 뜨게 된다. 이것이 있어야 유통업체의 식품판매현황에 대한 정보들이 바로바로 수집이 가능하다. 그런데 우리나라에는 백화점, 할인점, 편의점과 대형회사형 슈퍼마켓 이외의 거의 대부분의 중소형 식품판매업체들(동네 슈퍼, 구멍가게, 재래시장의 점포들)은 POS가 안 되어 있다.

POS가 없으면 식품유통업체가 자신들이 하루에 몇 개를 얼마에 팔았는지에 대한 정확한 정보를 알 수가 없다. 그냥 그들이 주먹구구식으로 하루에 몇 개를 대충 팔았고, 오늘 얼마를 받았다는 것만 알 수 있다. 많은 중소형 식품유통업체들이 가끔 많이 팔고도 망하는 경우가 나오는데 정확한 손익계산을 하지 않아서 생기는 문제이다. 2010년을 넘어도 현재 우리나라의 식품유통업체들 중 절반 이하는 POS가 완비되어 있지 않아서 미국식이나 유럽식의 ECR은 현재로서는 불가능하다.

3) QR

QR(quick response)이란 의류 위주의 공급사슬관리 기법이다. 식품의 공급사슬관리인 ECR과 거의 동시에 미국에서 발전된 것이다. 내용은 거의 비슷하고, 단지 QR은 의류공급업체와 의류유통업체의 거래관계라는 점에서 다르다. 의류는 식품에 비해서는 표준화가 덜 되어 있고(식품은 대량생산 기법을 통해서 생산이 가능, 그러나 의류는 대량생산보다는 소규모 생산이나 수작업 생산 혹은 주문생산이 많고) 제품의 특징들이 다양해서 공급사슬관리가 그렇게 쉽지 않다.

미국의 리바이스 청바지의 경우에는 공급사슬관리가 잘 되어 있는 사례이다. 미국의 소비자가 리바이스 청바지 회사의 홈페이지에 접속해서 자신이 구매하고 싶은 청바지와 비슷한 것을 고르고 80% 정도는 그냥 리바이스가 이미 만들어 놓은 것을 고르나 나머지 20% 정도는 자신의 취향대로 여러 가지로 주문 선택을 할 수가 있다. 그리고 이것을 주문하고 결제하면 리바이스 청바지 회사에서 바로 의류공급업체의 컴퓨터로 이전이 되고 생산이 되어 그후에 다시 리바이스 청바지 회사의 의류유통업체로 배송된 후에 최종적으로 구매한 소비자에게 전달이 된다.

4) RFID

RFID(radio frequency identification device)는 라디오 주파수를 이

용해서 접속이 가능하여 거의 모든 터미널에서 바로바로 정보를 전달받아서 업무가 가능한 시스템이다. 우리나라에는 아직 도입이 별로 안 되어 있으나 앞으로는 활발하게 활용될 것으로 예측된다.

기본적으로는 IC 칩과 무선통신을 이용해서 제품에 부착이 되면 기존의 바코드보다 훨씬 더 많은 정보들을 RFID가 내장하고 활용 가능하게 해준다. 제품공급업체가 RFID 칩을 내장한 제품을 생산해서 트럭으로 수송하는 순간부터 그후 모든 과정들을 공급사슬관리상에서 통제를 원하는 사람들은 모두 알 수 있다.

예를 들어, 전자상거래업체가 노트북 공급업체에게 RFID를 내장한 상태로 공급해 달라고 하면 생산된 이후에 트럭으로 전자상거래업체에까지 오는 모든 과정이 추적이 가능해진다. 그리고 전자상거래 업체가 고객의 주문을 받아서 고객에게 배송을 하는 과정도 모두 추적이 가능하다.

5) EDI

EDI(electronic data interchange)는 공급사슬관리의 공급업체와 유통업체가 사전에 거래행위에 대해서 표준화를 시도하고 이 표준화에 따라서 컴퓨터로 정보를 주고받는 행위를 말한다. 주문과 관련된 서류들, 납품과 관련된 서류들, 대금청구와 관련된 서류들이 모두 사전에 양자 간에 약정한 대로 표준화가 되어서 사람의 개입이 없이 자동적으로 컴퓨터로 이동이 되는 것이다.

EDI는 주로 세 가지로 구성되는데 그것들은 표준, 사용자시스템, 통신네트워크이다.

EDI는 미국의 유명한 Fortune 500대 기업체들은 다 사용하고 있으나, 미국의 중소형 업체들은 잘 사용하지 않고 있다. 우리나라도 EDI를 사용하는 기업체들은 별로 없는 것으로 알려지고 있다.

EDI는 사전에 약정한 대로 진행이 되므로 공급사슬관리상에서 일어나는 공급과 관련된 연락비용이나 판매와 관련된 관련 비용들이 모두 절감될 수 있다는 막대한 장점이 있다.

그런데도 왜 미국의 중소형 기업체들이 잘 쓰지 않는 것일까? 또한 우리나라에서도 많이 사용되지 않는 이유는 무엇일까?

이유는 비용 때문이다. 효과적이고 장기적으로는 도움이 된다는 것을 인식하고 있으나 단기적으로 막대한 초기투자비가 들기 때문에 많은 중소형 업체들이 꺼려하고 있는 것이다. 앞에서 보았던 POS를 우리나라의 대형 유통업체들은 거의 다 완비하고 있는데, 중소형 유통업체들은 초기비용이 많이 들어서 하지 않는 것과 비슷하다. 또한 POS가 되어서 모든 자료가 투명하게 되면 세금을 정상적으로 내야 한다는 것도 부담이 될 수 있다.

6) e-Procurement

e-Procurement란 e-Catalogue를 사용해서 인터넷에서 조달하는 과정을 말한다. 우리나라의 경우에는 아직까지도 제품공급업체들이 제품유통업체에게 편지, 배달 혹은 전화로서 카탈로그를 전달하는 경우가 대부분이다. 간혹 발전이 된 전자상거래업체들은 공급업체로부터 전자카탈로그를 받아서 이것을 가지고 자신들이 필요로 하는 제품에 대한 주문을 한다.

인터넷 기반의 전자상거래의 기본적 목적인 시간을 줄이고 쓸데없는 비용 낭비를 막는다는 측면에서는 전자카탈로그로 주문하는 시스템이 조기에 확립되어야 할 것이다.

7) CPFR

CPFR이란 Collaborative Planning, Forecasting, and Replenishment의 약자이다. 구매와 판매의 협업을 최적화하기 위해서 공급 → 조달 → 판매의 직결체계를 형성하고 유지하는 것이 필요하다. 구매단계부터 판매 쪽과 협업을 깊숙하게 논의해서 구매와 판매가 직결되는 방식으로 모든 것을 추진하는 것이다. 상호 간에 정보공유를 하면서 채찍효과를 방지해야 한다. 채찍효과란 초기에 판매되는 것보다 실제 소비자 가수요가 증폭하였다고 오판하면서 구매물량을 늘리는 것이다. 이렇게 되면 실제보다 많은 구매를 해서 나중에 판매부진에 빠질 수가 있다. CPFR을 추진하면 채찍효과를 급속하게 줄일 수가 있다.

찾아보기

■ 저자약력

박경종

한양대학교 산업공학과 학사
한양대학교 산업공학과 석사
한양대학교 산업공학과 박사
현재 광주대학교 경영학과 교수

윤재홍

연세대학교 행정학과 학사
Kansas University 경영학과 석사
연세대학교 경영학과 박사
현재 동아대학교 경영학과 교수, 경영문제연구소 소장, 한국지식서비스학회 회장

한동철

성균관대학교 건축공학과 학사
서울대학교 경영학과 석사
Saint Louis University 경영학과 박사
현재 서울여자대학교 경영학과 교수

구매관리

2014년 3월 5일 1판 1쇄 인쇄
2014년 3월 10일 1판 1쇄 발행

지 은 이 박경종 윤재홍 한동철
펴 낸 이 최용구
펴 낸 곳 이프레스

주 소 (140-846) 서울시 용산구 원효로 89길 19 (원효로1가)
전 화 537-1720(영업부), 537-1721(편집부), 537-1711(팩스)
이 메 일 epress01@naver.com
홈페이지 www.epress1.com
등 록 2009년 12월 10일 제16-2710호

기획마케팅 최용구 장만동 송대용
책임편집 석기은 최윤정 황가연
본문편집 예나루
표 지 SDY

ISBN 978-89-90245-48-9 93320

정가 15,000원